项目资助

国家社会科学基金教育学一般项目“赋权增能视角下教师课程领导力研究”（BHA170128）

江苏第二师范学院学术著作出版基金资助项目

教师课程领导力的理论建构和实践样态

王淑芬 / 等著

Theoretical Construction and Practical Patterns of Teacher Curriculum Leadership

中国社会科学出版社

图书在版编目（CIP）数据

教师课程领导力的理论建构和实践样态 / 王淑芬等著. —北京：中国社会科学出版社，2023. 12

ISBN 978 – 7 – 5227 – 2934 – 3

Ⅰ. ①教… Ⅱ. ①王… Ⅲ. ①课程建设—教学研究 Ⅳ. ①G420

中国国家版本馆 CIP 数据核字(2023)第 247645 号

出 版 人 赵剑英
责任编辑 赵 丽
责任校对 王 晗
责任印制 王 超

出 版 中国社会科学出版社
社 址 北京鼓楼西大街甲 158 号
邮 编 100720
网 址 http://www.csspw.cn
发 行 部 010 – 84083685
门 市 部 010 – 84029450
经 销 新华书店及其他书店

印 刷 北京明恒达印务有限公司
装 订 廊坊市广阳区广增装订厂
版 次 2023 年 12 月第 1 版
印 次 2023 年 12 月第 1 次印刷

开 本 710 × 1000 1/16
印 张 18.5
字 数 296 千字
定 价 89.00 元

前　言

2001 年全面启动的基础教育课程改革不仅确立了全新的教育管理制度框架，构建了适应素质教育要求的基础教育课程体系，而且重塑了远超 1000 万中小学教师的教育教学方式，改变了两亿多学生的学习方式，这是中华人民共和国成立以来规模最大、影响深远的一次基础教育改革。

在这一教育改革过程中，基础教育的课程体系、结构、内容等被全面重构，尤其是相关教师的角色定位发生了深刻变化。随着新课改的推进，我们发现，教师在推动课程改革的过程中起着关键的“最后一米”作用，教师也由课程执行者转变为课程参与者、课程领导者。这是立德树人的根本要求，也是落实国家课程政策的现实需要。

基于上述背景，本书围绕赋权增能和教师课程领导力的关系，循着中国课程领导本土化建构的足迹，尝试系统梳理教师课程领导力的主要文献，开展相关的理论探索和案例研究。

在理论探索方面，本书试图厘清教师课程领导力的理论渊源、核心概念、构成要素和影响因素，揭示教师课程领导力的作用机制，并建构教师课程领导力研究的一个基本框架。具体包括：（1）对教师课程领导力的理论发展脉络进行溯源。众多领导理论流派都为教师课程领导力研究提供了可资借鉴的依据。但在课程实践中，教师具体采用哪一种或哪几种领导形态，应当视具体的领导情境和现实的课程问题而论。（2）教师课程领导力是随着领导力、课程领导、教师领导力理论的发展而不断发展的，教师课程领导力既是过程，又是行为；既有特定的领导情境，又有明确的目标指向。(3) 教师课程领导力的研究框架是以教师课程领导力的影响因素（个人、人际、环境）为课程变革的起点，以课程领导的4个要素为理论视角，这4个要素包含了为什么（愿景）、做什么（课程问题）、谁来做（共同体）、怎么做（引领方式），以教师的专业影响力为作用机制。

在实证研究方面，首先，依据教师课程领导力的研究框架，设计了调查问卷，在江苏省内选择典型区域进行问卷调查和访谈，并在此基础上选择3个典型案例进行个案研究，访谈了包括校长、中层干部、普通教师在内的不同对象。其次，通过整理、分析调研数据和结果，揭示影响教师课程领导力发展的因素，总结不同案例学校中教师课程领导的成功经验。最后，从赋权增能的视角探寻教师课程领导力的提升策略，并提出相应的政策建议，以期为中国教师课程领导力的提升提供一套有章可循的经验，为促进课程改革提供有益借鉴。

教师课程领导力既是课程改革中的重大理论课题，又是课程改革中的重大实践问题。本书从理论和实践两个方面回答并呈现了教师课程领导力的重要关切。但随着“互联网＋教育”“双减”政策以及国内外环境的急剧变化，新的不确定性给基础教育和身处其中的中小学教师带来了新的挑战，提出了新的要求。笔者希望通过本书的研究，为读者提供有价值的参考，也为进一步拓展和更新教师课程领导力的研究范畴提供启示和借鉴，还为未来的跨学科和交叉学科研究提供一些铺垫。

目　录

第一章

课程领导的本土化研究

21 世纪初，中国启动基础教育课程改革，这场持续 20 多年的课程改革呈现出一个显著特点，即国外（主要为西方）课程思想的广泛引进与本土文化守护、继承和发展之间构成的创新张力。这 20 多年间出现的颇多关于课程思想、理论和变革“失语”、本土化、本土建构、文化自觉、中国特色等方面的学术研究，便是这种张力的集中彰显和渐进释放。在课程改革进入下一个十年之际，我们应该在充分吸收前期研究成果的基础上，聚焦于具体的课程概念、范畴和思想，深入分析和探讨它们从国外引进到本土理论和实践内化、自主创新所经历的具体转化过程。

本书聚焦课程领导研究，有两个重要原因：一是其符合从国外引进的“本土化建构”的首要条件，“‘课程领导’新近产生于美国”① “在中国……在 21 世纪之前很少有人提及”②；二是其不仅具有理论价值，而且具有重要的实践价值。它“为我们揭示了课程开发过程中的政治、文化的一面，是课程理论的一个重要突破”，“从某种意义上说，课程领导在实践上的意义要远大于其理论意义。这不仅在于课程领导本身是一

① 钟启泉：《课程论》，教育科学出版社 2007 年版，第 257 页。

② 靳玉乐：《课程论》，人民教育出版社 2015 年版，第 375 页。

个实践问题，而且在于它能够给实践提供极大的帮助”①。中国近20年关于课程理论本土化的论文、著作，有一个毫无争议的共识：立足、观照和扎根本土实践是本土化的根本路径。或者说，只有付诸实践的可能性，才有本土化的可能性。

第一节　课程领导的理论渊源

“课程领导”，是一种用以革新“课程管理”的新的教育思想和新的教育实践领域。② 因此，要深入研究课程领导，就必须划定课程领导的外部疆界，并限定由什么来构成其理论渊源。学者们通常认为，课程领导的基础包括哲学基础、管理学基础、课程理论基础和领导理论基础，它们共同促进了课程领导的发展。本书对这4个基础领域进行考察，目的是要确定和厘清课程领导力的理论依据和动力源泉。

一　哲学基础

20世纪中期，哲学领域进入了后现代转向。福柯的后结构主义、伽达默尔的哲学解释学、罗蒂的新实用主义等理论纷纷登台亮相。后现代不是反现代，而是在现代性上的反思和延续，对元叙事持不确信的态度，批判性、多元化、非中心、解构、平等、对话、关注复杂情境、尊重个体体验等，都是后现代主义哲学理念的表现特点。

后现代主义对各领域的影响都是巨大的。在后现代思潮影响下，人们也开始批判和反思现代课程，促使课程从技术性的、实践导向的非理论的和非历史的领域，转变为一个理论化的、概念自主的、运动变化的领域。其中，涌现出一批持后现代思想的课程研究者，如帕特里克·斯莱特里、迈克尔·W. 阿普尔、皮特·麦克莱伦等；也催生出

① 靳玉乐：《课程论》，人民教育出版社2015年版，第384—385页。

② 钟启泉：《从“行政权威”走向“专业权威”——“课程领导”的困惑与课题》，《教育发展研究》2006年第7期。

以开放系统和混沌理论为基础的后现代课程观、以生态问题为主题的后现代生态课程观，以及乌托邦取向的后现代课程理论、后现代女性主义课程理论等建设性后现代课程，代表人物如小威廉姆·E. 多尔、艾伦·布洛克、内尔·诺丁斯等。特别是小威廉姆·E. 多尔，他在代表作《后现代课程观》中，主张后现代不是封闭思维的元描述，而是在开放与封闭之间确定动态关系，并不断发出挑战超越自我的元描述。他总结后现代具有 4 个特点：接受复杂性、根基于区域性或情境性、与辩证性游戏、尊重不可言喻性，这 4 个特点都对课程有借鉴意义。①他对后现代的理解不同于尤尔根·哈贝马斯的现代性完结观和其他后现代主义者的无助与无意义感，强调课程的非线性、建构性，使得他的后现代课程观独树一帜。

当然，在后现代思潮影响下，课程反思、课程改造进一步发展，"课程开发范式"逐渐走向"课程理解范式"。课程研究逐步摆脱对其他学科与理论的依赖，进一步倡导思想解放和与研究者个人的兴趣，进一步关注教育和课程中的现实问题，如课程新航线思想、全球化背景下殖民主义课程观、课程未来学、科技发展对课程影响的反思、后结构主义游牧的课程思考方式、课程动态学等，涌现出威廉姆·M. 雷诺兹、诺埃尔·高夫、卡伦·佛耐丁等现代课程研究者。

总之，后现代思潮对课程领域的影响是巨大的。经过理性主义祛魅之后的课程领域，曾经的标准单一、范式僵化、内容苍白等缺点被后现代主义的大旗一扫而光，课程领域伴随整个人文学科一起开始"返魅"。各种理论背景下的课程话语体系、多元视角中的课程理解文本竞相登场，课程开发从追求标准转向崇尚理解，课程范式从普适主义现代课程范式到追求不确定性、生成性、创造性，提倡边缘叙事、内在关怀、多元声音，催生新的课程目标，重塑教育的目的和意义。至此，课程研究重新焕发出蓬勃的生机和多样化的发展状态。

---

① ［美］小威廉姆·E. 多尔：《后现代课程观》，王红宇译，教育科学出版社 2000 年版，第 43 页。

二 管理学基础

课程理论在产生之初就与管理学理论有着千丝万缕的联系。“课程”作为独立的研究领域，诞生于社会效率运动中，当时的经济和社会发展受到传统管理理论的深刻影响，科学、效率、标准化是各行业的追求目标。在此背景下，课程领域诞生了第一个理论——“目标模式课程理论”，无论是其创始人约翰·F. 博比特，还是后来的发展者威瑞特·W. 查特斯、哈罗德·O. 拉格、查尔斯·H. 贾德、罗尔夫·W. 泰勒，都认可科学管理学原理——泰罗制，看重高效率和高产出，主张科学主义课程管理范式。

1929 年，美国股票市场崩溃以及随之而来的经济危机削弱了社会效率运动在课程领域的影响，“进步主义”提倡的社会改革和社会重建要素逐渐取代“社会效率主义”。杰罗姆·S. 布鲁纳领导了学科结构运动，推行学科结构主义课程改革，目标管理模式的主导地位受到批判。

20 世纪 70 年代开始，从英国延展到其他国家的“新管理主义”之风，掀起了对科学管理学的反思浪潮，人们纷纷反对泰罗制的控制模式，主张管理应压缩层级、灵活机动，强调分权、赋权、平权。继而，以泰罗制管理模式为基础建立的课程领域“泰勒原理”也成为目标靶向，“鉴于泰勒原理的产生及其产生的重大影响，其后相当多的课程理论都是在反思和批判泰勒原理及目标模式的基础上形成的”。[①] 英国的劳伦斯·斯腾豪斯在批判目标模式的基础上，于 1975 年出版《课程研究与开发导论》，建立了“过程模式课程理论”。

进入 21 世纪，课程领域研究除了躬身自省之外，也十分关注管理学理论的发展和动向。如今，管理学更加强调研究人、关怀人、调动人的积极性对管理的重要性。“人们认为，一个成功领导者的角色不是去命令、控制和监督，而是倾听、合作、引导和协调，这种管理思想与当时社会中追求民主、公平、公正的社会思潮遥相呼应，广泛影响

① 丛立新：《课程论问题》，教育科学出版社 2000 年版，第 54 页。

着社会变革。”[①] 管理学领域的新发展——模糊管理理论、复杂系统管理理论、学习型组织理论等，都对课程理论和实践有新的启迪。课程领导概念的出现就是管理学理论影响下的结果，体现了一种民主、开放、沟通、合作的管理新理念。[②]

三　课程理论基础

1910 年，美国学者约翰·F. 博比特在芝加哥大学开设了一门名称极为简单的新课——“课程”。1918 年，他将授课讲义以《课程》为书名出版，这是“课程”作为一个研究领域诞生的标志。20 世纪 30 年代，进步教育协会对中学学校课程进行了一场综合研究和实地实验，被称作“八年研究”，这也是历史上最重要的课程研究。该研究的评价小组主任是罗尔夫·W. 泰勒，随后他将“评价”引入课程开发程序，补充约翰·F. 博比特的课程开发流程，提出了完整的“课程开发目标模式”，就是“泰勒原理”，成为课程理论界的里程碑。罗尔夫·W. 泰勒因此成为现代课程理论的重要奠基者，被称为“现代课程论之父”。

以“目标模式”为代表的“课程开发范式”是传统课程领域的发展方式。课程开发范式下的经典著作，除了约翰·F. 博比特的《课程》，还有 1923 年威瑞特·W. 查特斯的《课程编制》、1949 年罗尔夫·W. 泰勒的《课程与教学的基本原理》、1957 年史密斯和肖斯的《课程开发的基础》，以及 1962 年希尔达·塔巴的《课程开发：理论和实践》。

课程开发范式具有明显的工具取向，伴随着社会的发展，这种工具取向的弊端日益明显。在哲学和管理学理论的影响下，学者们开始了探索课程理论的新阶段。20 世纪五六十年代，杰罗姆·S. 布鲁纳和约瑟夫·施瓦布等人领导了结构主义课程改革运动，也被称为“新课程运动”，是课程现代化进程中的重要里程碑。约瑟夫·施瓦布提出“实践

---

① ［美］利奥·H. 布拉德利：《课程领导：超越统一的课程标准》，吕立杰等译，中国轻工业出版社 2007 年版，第 1—3 页。

② 靳玉乐、赵永勤：《校本课程发展背景下的课程领导：理念与策略》，《课程·教材·教法》2004 年第 2 期。

性课程理论”，认为课程开发应当立足于具体的课程实践状况，从课程实践的各种事实出发，而不是套用现成的、普遍的、科学的课程原理。1960—1970 年，历经十年轰轰烈烈的“新课程运动”改革虽以失败告终，但是，其进一步推动了“校本课程运动”的兴起。校本课程是以学校为核心的课程计划，课程的主导权、管理权被下放，允许学校以自己的教育哲学观为基础来开发课程。

20 世纪八九十年代以来，“课程理解范式”逐渐取代“课程开发范式”，成为新的发展潮流。“课程理解范式”的拥护者们组成了“概念重建学派”，他们主张建构性知识观和多样化课程本质。其下分为两个派系，一是“存在经验课程论”派别，代表人物是威廉姆·F. 派纳，其代表作是《理解课程》，体现了一种个体—社会路径；二是“批判课程论”派别，代表人物是迈克尔·W. 阿普尔，代表作是《意识形态与课程》，体现了一种社会—个体路径。

课程理论从“开发范式”转向“理解范式”，意味着课程理论从工具取向走向价值取向，冲破了科学主义管理范式的藩篱，催生了新的课程管理范式，直接导致“课程管理模式”向“课程领导模式”的转化。

四　领导理论基础

课程领导与领导学理论的发展息息相关。领导学开端于 20 世纪初，直到 20 世纪 80 年代发展为一门独立学科。20 世纪 60 年代，北欧一些国家提出了“教学领导”，20 世纪 80 年代传到北美等地。随后，又在“催化领导”影响下，“课程领导”取代“教学领导”。[①] 现代领导理论日益成为课程领导理论发展的动力源泉，并把课程领导的发展推向新的巅峰。人们发现，组织发展的成败与领导者有着密切的关系，“课程的领导不是在控制人，而是在引导人作出高层次的判断与自我管理，鼓励相关人员投入可持续发展的生活方式”。[②]

① 张树德：《试谈当前西方的学校课程领导重构问题——一种基于学生学习水平提高的分析》，《当代教育科学》2005 年第 10 期。

② ［美］罗伯特·G. 欧文斯：《教育组织行为学》，窦卫霖等译，华东师范大学出版社 2001 年版，第 316 页。

领导理论经历了从古典理论到现代理论的转变。最初出现的古典理论，包括权变理论、领导特质理论、风格理论等，20 世纪 70 年代后期开始，人们不满足于古典理论，继而发展出新的领导理论。可以说，对领导的理解，在学校以及人类社会的其他各个领域，都在经历着一场重大变革。20 世纪八九十年代，转变型领导行为代替了命令与控制型领导行为，[①] 于是，“现代领导理论”登场。现代领导理论包括转化式领导理论、分布式领导理论、道德领导理论、团队领导理论等。

转化式领导理论和分布式领导理论是现代领导理论的主要代表。转化式领导体现的是一种“英雄领导”理念，由詹姆斯·麦格雷戈·伯恩斯提出，主要观点是发挥领导者个人的能力和魅力，转化组织成员的观念、态度，建构共同的组织愿景，从而促进组织转化与革新。1978 年，詹姆斯·麦格雷戈·伯恩斯在《领导》一书中，区分了两种不同类型的领导——交易式领导和转化式领导，前者的特点是被动交易，满足组织成员马斯洛需要层次体系中较低层次的需求；后者的特点是主动转化，满足组织成员马斯洛需要层次体系中较高层次的需求。伯特·南纳斯等认为，领导者通过积极的和创造性的权利交换，去鼓励组织成员进行组织革新，因此，转化式领导的关键是授权。[②] 转化式领导理论影响下的课程领导研究注重领导者的个人特质、角色以及学校愿景，在此基础上诞生了“创造性课程领导理论”和“革新型课程领导理论”。

分布式领导体现了“领导英雄”的理念，由斯皮兰和哈里斯提出，主要观点是民主、赋权、合作、分享。20 世纪 90 年代后期，转化式领导受到挑战，快速发展的社会要求组织提高应变能力，社会环境的剧烈变化迫使组织日益扁平化，完成组织任务需要多成员共同分担责任，发挥集体的智慧和力量。彼得·圣吉提出“学习型组织”的概念，提倡“去中心的领导者”和“领衔学习者”，认为组织革新需要领导者和组织成员的共同努力。学习型组织的拥趸托马斯·J. 萨乔万尼提出“领导者

① 于泽元：《课程变革与学校课程领导》，重庆大学出版社 2006 年版，第 139 页。
② 冯大鸣：《美、英、澳教育管理前沿图景》，教育科学出版社 2004 年版，第 53 页。

的领导者”新定位，主张由领导者建立学习共同体，通过分布于组织中的各团队的领导“流”来改革，他把学校视为“学习的社区和道德领导的中心”，詹姆斯·G. 亨德森提出生态的学校文化。[①] 有学者提出“重建学校”的概念，认为学校是“学习共同体”，建立在这样的背景下的分布式领导，主张把领导权力赋予各个组织成员，不再集中于英雄领导者一人身上，有利于调动团队成员的积极性和参与性。

现代领导理论中还有一些较为著名的理论，如建构式领导，由兰伯特提出，它以建构主义学习理论为基础，主要观点是组织成员共同参与愿景建构，在建构过程中产生能动的交互影响。兰伯特在 1995 年出版的《建构式领导》中指出，领导是组织成员共同参与建构的历程，是领导者和被领导者互动和互惠的过程，因此，在课程领导中，是领导者运用领导学的理论、方法和策略，并借助教师专业能力实现提升学生学习效果这一终极目的。[②] 教师是教育团体中主动的建构者，而不是被迫的执行者，教师不应盲从领导者的过度权威，而应与领导者一起走向组织的共同目的——学生的学习。此外，近年来影响较大的还有道德领导理论，代表人物有美国教育领导者托马斯·J. 萨乔万尼和加拿大教育者迈克尔·富兰。托马斯·J. 萨乔万尼的著作《道德领导：抵及学校改善的核心》强调道德的作用，提出了 5 种水平的领导权威：科层权威、心理权威、技术—理性权威、专业权威、道德权威。我们也注意到，澳大利亚学者迈克珀森将近年来课程领导领域新生的话语体系总结为 3 类，除了“文化话语”和“个人话语”之外，还有一类即“道德话语”。

第二节　课程领导研究的发展脉络

1952 年，美国哥伦比亚大学的哈里·帕素的博士论文——《以小组

① 钟启泉：《从“课程管理”到“课程领导”》，《全球教育展望》2002 年第 12 期。
② 沈小碚、罗人会：《课程领导问题探析》，《教育研究》2004 年第 10 期。

为中心的课程领导》，首次提出了“课程领导”的概念。1955 年，贺拉斯·曼·林肯学校研究所进行了为期 14 个月的有关“课程领导”的研究项目，出版了《培训合作研究的课程领导者》。1976 年，格莱尼丝·尤鲁发表《课程领导的新内涵》，指出课程领导是教育改革的关键所在，课程领导的目标旨在能对社会乃至全球出现的问题与挑战提出新的解决方法①。

20 世纪 70 年代，校本课程开发运动兴起，涌现出一批与“课程领导”研究相关的学者和成果，如比卡瑞设计了一套课程领导训练方案，推动大学和地方学校合作课程开发，出版了研究成果《在学校内部发展课程领导》；劳伦斯·W. 高斯林调研了课程领导者的功能、能力和领导行为；② 约翰·A. 罗斯研究了校长的课程领导策略；③ 路易斯·M. 伯曼用“表演”和“演员”隐喻课程领导与课程工作者，“表演”所拥有的欣赏、超越、质疑、更新和传递等特质可引导“演员”富有成效的工作。④ 20 世纪 80 年代，一些学者如里奥·H. 布拉德利、艾伦·A. 格拉索恩、罗伯特·C. 哈特菲尔德、杰拉尔德·D. 百利、格兰·菲尔德令等对课程领导的概念做了进一步拓展。里奥·H. 布拉德利于 1985 年出版了《课程领导与发展手册》一书，提出课程领导者的 6 项任务。⑤ 艾伦·A. 格拉索恩在《课程领导》一书中对课程领导者的职责进行了详细描述。⑥ 罗伯特·C. 哈特菲尔德视教师为同伴课程领导者。⑦ 杰拉尔

① 汪菊：《课程领导研究：一种综合的观点》，硕士学位论文，华东师范大学，2004 年。

② Goslin, L. W., "District Level Curriculum Leaders in Missouri Schools: Perceptions of Ideal Functions", *Competencies and Leadership Style*, http://www.eric.ed.gov, 1980/2021-8-30.

③ Ross, John A., "Strategies for Curriculum Leadership", *The Australian Administrator*, Vol. 5, No. 2, 1981, pp. 1-6.

④ Berman, L. M., *Curriculum Leadership: That All May Feel*, Value, and Grow, http://www.eric.ed.gov, 1977/2021-8-30.

⑤ Bradley, L. H., *Curriculum Leadership and Development Handbook*, New Jersey: Prentice-Hall, Inc. b, 1985.

⑥ Glatthorn, Allan A., *Curriculum Leadership*, Glenview, Illinois: Scott, Foressman and Company, 1987.

⑦ Hatfield, R. C., "Designing Faculty Curriculum Leader Roles", http://www.eric.ed.gov, 1989-12/2001-8-31.

德·D. 百利提出了有效课程领导者应坚持的45条原则。[①] 格兰·菲尔德令在《课程领导者手册》中指出了课程领导者的主要任务。[②] 这一时期还出现了具有代表性的课程领导模式，如美国堪萨斯州开发的CLI模式，加拿大萨科其万省开发的DIME模式，澳大利亚迈克珀森、布鲁克和艾利奥特等人建构的“促进有效教学与学习的课程领导模式”。[③] 这些模式大都围绕如何“有效”进行课程开发，即制定课程目标、选择课程内容、组织与评价课程等技术性问题。这些课程领导模式于20世纪90年代逐渐在各国推广，进入实际应用阶段。

20世纪90年代中期以后，课程领导研究从技术性应用转向民主与革新，从交易式领导向转化式领导转变，具体的代表人物有布鲁贝克、亨德森、克森、霍索恩、格拉索恩等。1994年，美国布鲁贝克出版了代表作《创造性课程领导》，并于2004年出版了修订版，名为《创造的课程领导：激励和赋权学校共同体》，这成为西方课程领导研究的标志性成果。布鲁贝克提出“创造性的课程领导”的观点，分析了课程理论的工学取向、诠释学取向和批判理论取向，认为不同的理论取向引导了不同的领导方向和方法，并将三种理论取向归并为两类课程取向，即将工学取向课程对应称为“外在课程”，将另两种取向的课程归纳为“内在课程”。他强调内在课程的重要性，呼吁课程领导者要让组织的愿景反映出个人的愿景，以及营造良好的组织文化。[④]

20世纪八九十年代，詹姆斯·G. 亨德森和凯瑟琳·R. 克森提出民主的课程领导观，主要特征是“分享”，就是要对教师进行赋权增能，使他们获得决策的能力，积极参与决策中。詹姆斯·G. 亨德森和另一作者理查德·D. 霍索恩合作出版了《转型的课程领导》。该书认为，课程是师生共同建构的，在学习共同体中批判反思，课程领导者是实践折中

① Bailey, Gerald D., “How to Improve Curriculum Leadership-Twelve Tenets”, http://www.eric.ed.gov, 1990-01/2001-8-31.

② Fieldling, G., “Curriculum Leader's Handbook”, http://www.eric.ed.gov, 1990-11/2001-8-31.

③ 黄旭钧：《课程领导：理论与实务》，心理出版社2003年版，第24页。

④ Brubaker, D. L., *Creative Curriculum Leadership*, Thousand Oaks, California: Corwin Press, 1994.

问题解决的系统化改革者、培养合作努力的协同合作者、陈述道德立场的公开支持者、主动意义创造的建构认知者。① 书里还讨论了理想的课程领导者角色的5种图像：教育理想家、系统变革者、协同的合作者、教育革新的公开倡导者、建构认知者。艾伦·A. 格拉索恩的观点是，“课程领导所发挥的功能在使学校的体系及其学校，能达到增进学生学习品质的目标”，② 阐述了校长在不同层次的课程领导中扮演的角色，强调校长在课程团队的合作中起领导作用，提出实施“能动分享式的领导”。③

中国以钟启泉为代表的学者从21世纪初开始研究课程领导。吕国光在《中小学管理》2001年第8期、黄显华在《全球教育展望》2002年第7期、杨明光在《河南教育》2002年第11期、钟启泉在《全球教育展望》2002年第12期的杂志上分别发表了“课程领导”的相关论文。2003年，“国际课程研究促进协会”在上海举办的第一届世界课程大会探讨了课程领导。2005年，由教育部人文社会科学重点研究基地华东师范大学课程与教学研究所和上海市嘉定区教育局共同主办的“课程领导与学校管理创新”国际学术研讨会召开。课程领导也从学习与讨论转向应用与实践。基于詹姆斯·G. 亨德森和凯瑟琳·R. 克森“民主的课程领导观”，张华提出实现“民主的课程领导”的三大诉求：一是创建“课程共同体”，完善国家、地方、学校三类课程共同体，并谋求彼此的良性互动，“校长、教师、学生”三者的视野应当永远处于核心；二是移植“审议文化”，通过广泛民主参与，对一个实践性问题产生尽可能多的行动方案，经过缜密思考、仔细权衡，选择最好的或最适合的行动方案，审议即会话，审议即探究；三是为课程改革立法，以保障中国课程改革的持续性。④

---

① Henderson, J. G. & Hawthorne, E. D. , *Transformative Curriculum Leadership*, New Jersey: Prentice-Hall, Inc. , 2000; Henderson J G, Kesson KR. , *Understanding Democratic Curriculum Leadership*, New York: Teacher's College Press, 1999. 参见黄显华、朱嘉颖等《课程领导与校本课程发展》，教育科学出版社2005年版，第53页。

② ［美］艾伦·A. 格拉索恩：《校长的课程领导》，单文经等译，华东师范大学出版社2003年版，第25页。

③ ［美］艾伦·A. 格拉索恩：《校长的课程领导》，单文经等译，华东师范大学出版社2003年版，第25页。

④ 赵中建、邵兴江：《推动学校本位的课程改革——“课程领导与学校管理创新”国际学术研讨会侧记》，《全球教育展望》2005年第12期。

学者们放眼国际，积极引进、介绍其他国家和地区的课程领导成果，如单文经等翻译艾伦·A. 格拉索恩的著作《校长的课程领导》，纳入由钟启泉等主编的“当代教育理论译丛”，于2003年由华东师范大学出版社出版；2007年，吕立杰翻译里奥·H. 布莱德利的著作《课程领导——超越统一的课程标准》出版发行。此外，论文方面，还有崔成前发表于《教学与管理》2004年第13期的《从课程设置看美国的课程领导模式》以及同年第31期发表的《加拿大中学课程领导模式及其启示》；张树德发表于《外国教育研究》2005年第9期的《试析社会转型过程中澳大利亚的课程领导》，发表于《当代教育科学》2005年第10期的《试谈当前西方的学校课程领导重构问题——一种基于学生学习水平提高的分析》；郑东辉发表于《外国教育研究》2005年第9期的《试论课程领导的发展》；徐佳发表于《全球教育展望》2008年第3期的《课程领导的多种形态与研究动向——访澳大利亚柯尔廷大学科林·马什教授》；陈效飞、傅敏发表于《河北大学学报》（哲学社会科学版）2013年第1期的《美国批判课程领导的理论向度及成长路径研究》；黄声华、尹弘飚发表于《当代教育与文化》2018年第6期的《香港课程领导研究二十年》；等等。学者们对国际课程领导研究做了详细的梳理与归纳，如黄旭钧将课程领导的发展总结为4个阶段：（1）要素确立期（20世纪70年代至80年代初），主要任务是确立课程领导的要素与特征；（2）概念发展期（20世纪80年代初至90年代初），主要是验证和拓展课程领导的概念，确立课程领导的功能、任务，制订课程领导的具体行动方案或指导手册，出现了一批代表性学者；（3）模式建立期（20世纪90年代中期以后），形成课程领导模式，既作为课程领导的理论基础，又指引课程领导的实践，如CIL、DIME课程领导模式、促进有效教学与学习的课程领导模式等；（4）实际应用期，对课程领导模式的推广与实施，以及修订与补充。①

同时期，一些本土的研究成果也应运而生。2004年，郭元祥主编的

① 黄旭钧：《课程领导：理论与实务》，心理出版社2003年版，第2—5页。

《走向课程领导：武汉市第四十九中学研究性学习案例研究》；同年，《课程·教材·教法》集中刊登了一批课程领导的论文，有李定仁、段兆兵的《试论课程领导与课程发展》，靳玉乐、赵永勤的《校本课程发展背景下的课程领导：理念与策略》，张廷凯的《革新课程领导的现实意义和策略》；《教育研究》也发表了沈小碚、罗入会的《课程领导问题探析》等。学者们对课程领导谈了自己的理解与看法。如杨明全认为，"课程领导是课程实践的一种方式，是指引、统领课程改革、课程开发、课程实施和课程评价等活动的行为的总称，它的目的是影响课程改革与开发的过程和结果，实现课程改革和开发的目标"。① 李定仁认为，"课程领导是指为了实现课程目标，在一定条件下对课程领域的组织和人员施加影响的过程，具有决策、组织、引导三个基本职能，对课程的形成、实施、改革与发展都具有重要影响"。② 沈小碚、罗入会认为，课程领导强调课程领导者运用领导学的理论、方法和策略，并借助教师专业能力实现提升学生学习效果这一终极目的。③ 之后，有关本土实践应用的成果持续涌现，如《教育理论与实践》2005 年第 5 期发表了马云鹏等人的《谈新课改下农村中小学校长的课程领导》；2014 年，鲍东明、于泽元基于全国范围的广泛调研，在《中国教育报》上发表了《校长课程领导能力有待提高——我国中小学校长课程领导观念与行为调查报告》，盘点与总结中国校长课程领导力的现状与困境；等等。可以说，课程领导研究已经在中国大地上生根开花。

第三节　课程领导的本土化研究类型

我们通过检索 CNKI 期刊论文数据库中自 2001 年至今的、以"课程领导"为篇名的相关论文，按照相关性、权威性、新颖性以及研究的连

① 杨明全：《试论中小学校长的课程领导》，《河南教育》2002 年第 11 期。
② 李定仁、段兆兵：《试论课程领导与课程发展》，《课程·教材·教法》2004 年第 2 期。
③ 沈小碚、罗入会：《课程领导问题探析》，《教育研究》2004 年第 10 期。

续性、深入性等文献筛选原则，精选近200篇论文进行内容分析，在探寻课程领导的理论渊源和发展脉络的基础上，尝试归纳课程领导本土化建构的基本发展阶段。

依据历史与逻辑相统一的认识方法论，我们从近20年的课程领导研究中能看到相对清晰的本土化建构的脉络，其大致分为6种研究类型：拿来参照式、溯源追踪式、学理审议式、实践植培式、去路径依赖式和理路构造式。从整体发展进程来讲，这6种研究类型虽然在一定程度上体现出本土化的先后时序，但不能简单、绝对地把这6种类型局限于某个具体时间段，或把某篇具体论文、某位研究者简单归入某个阶段或类型。

这6个阶段发生的时间以及各阶段持续时间的长短，与研究者们所在行政区域课程改革的推进力度和发展速度密切相关。地区间教育发展不平衡、课程改革启动时间不一致、教育观念和实践能力参差不齐，这些都会影响不同地域空间研究者的关切。因此，我们并不能以明确的起止时间来泾渭分明地对应这6个发展阶段。

本土化对研究者个体而言可能是一种文化自觉行为，但对群体来讲，则还处于一种自在自为、各行其是的状态，因此，论文发表时间的先后和其所处本土化阶段的前后既有可能是对应的、也有可能是错位的；某篇具体论文的观点可能不止关涉某段本土化进程，某位作者所做出的本土化贡献也不一定局限于某个特定阶段或研究类型，可能是贯穿始终的。

一　拿来参照式研究

无论从发展的时序还是从发展的逻辑来看，把国外理论拿来参照既是本土化之因，也是本土化的第一推动力。本土化并不是从国外理论被引介拿来之后才开始的，“从我国‘放眼看世界’的那一刻起，伴随着国外理论、思想、思潮的涌入，本土扬弃就已经开始了……我国课程理论研究从一开始，就有着针对本国课程事实的意识”①。从不

① 刘家访：《我国课程理论本土化的问题及未来走向》，《教育研究与实验》2006年第5期。

想不愿“拿来”、被逼被迫“拿来”，到鲁迅先生倡议主张的果敢勇猛而又沉着辨别地“拿来”，再到改革开放以解放思想、培育活力、孕育创新之“拿来”，“拿来”一直是我们本土发展的有机构成。在众多关于“本土化”的界定中，具有“国际视野”始终是重要内涵。虽然“拿来”的思想良莠不齐，虽然“拿来”的动机以及面对“拿来”的情感颇为复杂，虽然“拿来”之后如何用和有何用充满不确定性，但是，“拿来”对于筚路蓝缕求生存、励精图治争发展、运筹帷幄谋复兴的我们来讲，重要且必要。

（一）理论参照

拿来以语词为载体的思想、理论，如想引起反响，必须在相似性和反差性上谋求一种平衡。相似太多则过于熟悉，易让人熟视无睹；反差太大则又过于陌生，让人读起来拗口而难以心生共鸣。“课程领导”在相似性和反差性上有着较好的平衡性，从而能在很短的时间内得到诸多呼应。

“课程领导”孕育于教育民主化、教育个性化、学习终身化，教育改革学校本位化的国际大背景①；在中国，则是推行基础教育课程改革、确立三级课程管理体制的产物。在本土语境中，领导和管理并没有先进与落后之别，常常被混合使用，但是，西方学术擅长通过语词变化来重建概念、迭代理念，因此，“课程领导”是作为革新“课程管理”的术语而被拿来。“这个术语之所以‘新’，主要表现为意在摆脱历来的‘管理’思想自上而下的官僚体制的‘监控’、‘管制’。”② 如同书法起笔是行笔和收笔的基础，“从‘课程管理’到‘课程领导’”成为此后课程领导研究的起笔，即使没有用二元论的思路来分割对立领导与管理之间的关系，术语“课程领导”的使用基本都是建立在革新课程管理理念和内涵的基础之上的。有学者提出，“随着课程改革和课程问题研究的深入，对课程领导的研究也从课程管理的研究中分离出来，成为课程理论研究

① 赵中建、邵兴江：《推动学校本位的课程改革——“课程领导与学校管理创新”国际学术研讨会侧记》，《全球教育展望》2005 年第 12 期。

② 钟启泉：《从“课程管理”到“课程领导”》，《全球教育展望》2002 年第 12 期。

的一个新领域"①,"课程领导作为一种新的管理理念，意在突破传统课程管理的局限，强调合作与交流、民主与开放。"②"许多进入新课程改革实验的学校，仍然沿袭过去的管理方式'有条不紊'地靠惯性进行管理，在热闹的改革现象下面，僵硬的管理机制顽强地按自己的轨道运行……新课程实施对学校课程领导的革新要求和革新策略，兼及当前迫切需要引起关注的课程领导问题。"③

在课程改革的语境下，被赋予变革力量和使命的概念总是能够得到认同和呼应。2003 年 10 月举行的第五届"课程领导与课程评价的理论与实施"研讨会、2005 年 10 月举行的"课程领导与学校管理创新"国际学术研讨会，都表明在课程改革初期，"课程领导"这个术语已被学界逐渐接受。课程论研究者们在"管理"和"领导"的交叠和差异之中，在初步内化和整合异域课程领导术语的前缀定语（民主的、转化的、权变的、革新的、创新的、批判的、分布式等）和课程领导结构的不同向度（技术领导、人性领导、教育领导、政治领导、文化领导等）之后，逐渐厘清课程领导的特定理念、内涵和职能。④

从权力主体和实施来讲，课程管理权力集中于管理者，强调"行政权威"；而课程领导主张权力下移，提倡多层面主体民主分权，强调"专业权威""道德责任"。

从决策职能和价值诉求来讲，课程管理注重提供秩序和维持日常运作，着力于标准化、"控制人"的行为管理和组织运作，旨在稳定和高效地"正确做事"；课程领导注重变革和创新，强调实施主体通过专业思想和人格魅力来凝聚利益相关者，激励教育热情、唤醒教育智慧，建

① 李定仁、段兆兵：《试论课程领导与课程发展》，《课程 · 教材 · 教法》2004 年第 2 期。

② 靳玉乐、赵永勤：《校本课程发展背景下的课程领导：理念与策略》，《课程 · 教材 · 教法》2004 年第 2 期。

③ 张廷凯：《革新课程领导的现实意义和策略》，《课程 · 教材 · 教法》2004 年第 2 期。

④ 赵中建、邵兴江：《推动学校本位的课程改革——"课程领导与学校管理创新"国际学术研讨会侧记》，《全球教育展望》2005 年第 12 期；钟启泉：《从"行政权威"走向"专业权威"——"课程领导"的困惑与课题》，《 教育发展研究》2006 年第 7 期；钟启泉、岳刚德：《学校层面的课程领导：内涵、权限、责任和困境》，《全球教育展望》2006 年第 3 期；林一钢、黄显华：《课程领导内涵解析》，《全球教育展望》2005 年第 6 期。

立共同体愿景，“相信人”“引导人”，着力于战略性问题的探讨和解决，旨在富有意义、创意和突破性的“做正确的事”。

从决策推行和实践动力来讲，课程管理是自上而下直线式的行政命令推行和执行过程，学校课程实践动力来源于外部，学校和教师被动执行课程决策；课程领导采取民主决策，是一种持续变化、充满活力的互动过程，共同体成员都基于其专业权责、自我驱动做出决策，开展实践，强调集体专业自觉。

从本土化的结果来讲，一个国外理论被关注、参照的最核心、本质的内容，往往大多会被化为己需、化为己用。

（二）实践参照

理论参照让我们了解到国外研究者关于课程领导的所思所述，随之很自然就会让人生发了解“课程领导”先行国家所作所为的实践参照愿望。相对于追求抽象性、纯粹性和完备性的理论逻辑来讲，实践逻辑则更注重具体性、实效性和平衡性。关于国外课程领导实践操作方面的研究，我们的研究大致包含 3 个组成部分：描述某国具体课程设置、课程运作方式和特点，揭示课程领导模式及其背后的理论范式、历史基础和社会依据，在此基础上归纳阐述其对于中国实施三级课程管理体制、推进各层面课程领导的启示。

有学者开展了美国课程领导模式研究，① 介绍了美国课程管理体制的历史成因和现实特点。美国建国后没有对课程体制作出任何规定，1791 年的宪法修正案第十条规定：“凡是宪法未曾给予联邦而又未曾限制给予各州的权利，都是保留给各州人民的。”1837 年，马萨诸塞州首先立法规定成立“州教育委员会”，确立了美国教育实行州级管理、教育分权的制度。因此，美国各州对课程的规定都是相对笼统且有弹性的，而且各州一般只规定高中的最低毕业要求。最低要求的优点在于，必修课程相对少，留出较多的时间给学生选修实用性的、为社会所需要的技能性课程。所有这些都给了学区或学校以较大的自由安排课程的空间和

① 崔成前：《从课程设置看美国的课程领导模式》，《教学与管理》2004 年第 13 期。

余地，在这种课程运作模式中，社会、学区、学校、教师、家长共同参与课程，形成伙伴关系。社区主要定位在为学生学习和就业服务的层面上，通过印发手册、召开会议等形式向学生展示社会上对各种职业的需求，帮助学生认识自己；学校为学生设置不同的选课模式，定期或适时地召开学生会、家长会或课程推介会；学生可以根据自己的兴趣、爱好和特长以及家庭背景等选择自己喜欢的模式，充分发挥特长，形成优势；学生也可通过参与课程决策委员会或其他形式对课程提出意见和建议；教师一般会在高中开始前的一段时间指导学生把整个高中课程选择好，还可通过教师联合会参与课程政策的制定以适应家长和学生的需求。

有学者开展了加拿大课程领导模式研究，① 也是从分析该国教育体制开始。加拿大民族众多，公民的文化背景、信仰、生活习惯差异很大，使其成为一个典型的教育权分立的国家。加拿大没有统一的教育部、国家课程、统编教材，各省设立教育部，各省法律对教育进行具体规定，国家层面的教育事务由各省教育部长理事会进行协商协调。加拿大的初高中学校都设有常设课程（核心课程）和选修课程（补充课程），有的省份还设有地方课程，初中的常设课程（主要为母语、数学、社会、科学）比例达到60%—70%。虽然是教育分权的课程领导模式，但这种常设课程的相对一致性有助于共同文化的形成和人才的国内流动与调配。研究者指出，常设课程的存在使得加拿大分权式课程领导模式可以向着分权和集权的中间方向寻求一种平衡，加拿大教育部门力图打破省、地区之间的狭窄界限，寻求建设部分相对统一的课程的可能性。加拿大初中选修课程的比例大概为15%，高中选修课的比例约为40%，有的学校甚至高达60%，更加突出多样性。选修课程注重职业性和实用性，开阔学生眼界，引导学生初步接触多门类的知识和技能，发现、引导和培养学生的兴趣和个性发展，为以后选择专业和职业奠定基础。此外，加拿大中学课程专门给学生设置灵活支配的学时，每学年都有100多个学时的自由时间，地方和学校有意识地组织学生走向社会、深入实际，为学

① 崔成前：《加拿大中学课程领导模式及其启示》，《教学与管理》2004年第31期。

生提供理论联系实践、学以致用、服务社会的机会。正是这种灵活的课程设置，为每所学校发挥好课程领导职能提供了专业实践空间。

有学者开展了澳大利亚课程领导模式研究，[①] 介绍了澳大利亚课程领导的两个主要范畴。一是组织课程改革。这又分为政府与学校两个层面，是一个从宏观规划到中观处理再到微观实施的领导过程。政府承担的课程领导权责是成立专门机构，规划课程框架，编制供学校和教师使用的大纲、教材、教参，检查课程实施情况和完善课程；学校承担的课程领导权责是把握学校的总方向、提升教师专业能力、赋予教师课程权力、协调学生的需要和社会的要求。二是协调课程组织。政府和学校在强调学生兴趣和需要的学术目标课程组织模式、强调课程系统性和连贯性的职业目标课程组织模式以及整合学术和职业目标的混合式课程组织之间权衡和审议，选择能够更加促进学生发展和适应时代需求的课程组织方式。该研究还归纳了澳大利亚课程领导模式的特点：民主分权性、合作性、间接性，强调培育"完人"。其中，比较独特的是关于"间接性"的阐释：领导是艺术而不是科学，是政策而不是执行，是反思性的而非行为性的；关注的是价值而不是事实；处理的是具有普遍性的战略问题而不是具体的细节问题；使用的是宽泛的策略而不是特殊的策略；关注的是人生哲学而不是行动；关注人而非物质资源。研究者分析了澳大利亚课程领导发展趋势：灵活多样、重视本土文化、缩小教育差距、关注公民社会的闲暇教育。研究者同时也指出，在一些西方国家同时存在学校本位教育改革与中央政府强化全国课程框架、标准的状况。政府和教育之间的关系正发生一种转变，国家、州以及学校三者之间的课程领导是相对的、动态的平衡，而且随着改革的深入，还会遇到很多权力冲突和协调的问题。

如果说国外理论参照的课程领导研究展开的是一种应然和使然的规范性逻辑，那么，国外实践参照的课程领导研究则展现的是一种实然和本然的操作性逻辑。这两种研究是相互联系、相互关照的，有了理论参

① 张树德：《试析社会转型过程中澳大利亚的课程领导》，《外国教育研究》2005 年第 9 期。

照，可以为理解参照的实践提供概念框架和价值导向；有了实践参照，为更恰当地理解参照的理论提供了实践的前提条件和运作的情境基础。

二　溯源追踪式研究

如果把拿来参照式研究比喻为对一个进口果子的研究，那么，溯源追踪式研究则是对结这个果子的植物以及植物生长的环境和长势所进行的研究。这是国外理论本土化的一个很必要的研究构成，其表明本土研究者没有止步于“拿来”，没有简单地“照着说”，而是秉持迅敏的学术觉察力，进一步往深处溯源理论基础、梳理发展脉络、追踪最新动态，如此既能更恰当地理解这个拿来的理论之果，又能更契合本土情境和栽培之需。

（一）理论基础溯源

溯源理论基础可以帮助我们深入地理解课程领导理论背后的学理支撑和发展逻辑。课程领导作为课程管理范畴中脱颖而出的新领域，其研究的产生和兴起是课程理论与管理（领导）理论并行交融发展的结果。课程理论和管理（领导）理论构成了课程领导研究的范式基础，是其理论建构、生成、存在和发展的直接基础，课程领导理论的话语也受制于课程理论和管理（领导）理论。①

中国课程领导研究者或者是按照西方课程开发理论 4 种模式（目标模式、过程模式、实践模式和批判模式），或者是依据课程研究的 2 种主导范式（课程开发范式和课程理解范式）来溯源课程领导的课程理论基础。从强调技术理性的目标模式角度，我们可以看到科学的课程理论与科学的管理理论有着千丝万缕的关联并非偶然，而是受到了当时哲学思潮科学主义和工具理性的强有力影响。标志着课程成为专门研究领域、由美国课程专家约翰 · F. 博比特于 1918 年撰写的专著《课程》，就在思

① 汪菊：《课程领导研究：一种综合的观点》，硕士学位论文，华东师范大学，2004 年；杨道宇、温恒福：《改革开放 30 年：中国课程领导研究的回顾和反思》，《教育科学研究》2009 年第 6 期；刘永福、李保强：《近二十年西方课程领导理论的进展与根本转向》，《比较教育研究》2013 年第 8 期；鲍东明：《关于西方课程领导理论发展趋向研究》，《比较教育研究》2016 年第 2 期。

想上深受当时美国工业界“科学管理的原理”——泰罗原理的影响，约翰·F. 博比特将泰罗原理推衍到课程领域，课程研究才走上科学化之路。现代课程理论之父泰勒提出的“泰勒原理”成为目标模式的经典理论，他在总结美国“八年研究”的基础上，提出了课程开发的基本程序与方法，确立了崇尚科学化和标准化的、自上而下的课程开发范式，使得科层式、程序式的课程管理模式获得了合法的主导地位。

1950 年代末，杰罗姆·S. 布鲁纳领导的美国学科结构主义课程运动是自上而下推进课程改革的目标模式由盛转衰的分水岭。该改革是在美国政府政策与经费支持下，以专家学者为核心进行的。他们编制出体现他们思想的课程，而由未参与课程编写的学校教师实施，再由外部的评价人员或督导人员承担课程的评价工作，广大教师被排除在课程开发的过程之外，而且课程的编制、实施和评价又相互脱节。这次课程改革的失败，最大地暴露出目标模式潜藏着的用科学主义、技术理性来制约人本实践的诸多缺点，让人们对普适性的课程开发的目标模式产生了质疑，课程研究领域开始超越目标模式。

20 世纪六七十年代，课程理论领域相继诞生了约瑟夫·施瓦布的实践性课程开发理论和劳伦斯·斯滕豪斯的过程性课程开发理论，它们都强调对传统的“自上而下”的课程决策模式进行变革，把课程开发看作一个开放的过程，把学校看作课程开发的基地或中心，并且强调在课程开发编制过程中学校教师的参与，提倡教师由被动的课程实施者成为课程的理解者、研究者和开发者。这两个模式为校本课程的兴起和发展奠定了重要的思想基础、舆论准备。

如果说目标模式关注的是“怎么做”，即课程开发的技术问题，那么，批判模式或课程理解范式关注的则是“为什么”的问题，即课程的价值与意义。由于他们研究课程问题所使用的概念、范畴与课程开发范式截然不同，所以，研究者们称自己为“概念重建主义者”。根据研究基础理论的不同，课程理解范式可以分为两支：一支着眼于个体自我意识的提升与存在经验的开发；另一支着眼于社会意识形态批判与社会公正的建立。课程理解范式认为，课程研究不应是循着“归纳—演绎”的路径研制课程开发的模式或程序并因而控制课程和实践者，而是从不同的视角来理解课程和建构课程的意义。课程不只是分门别类的“学校材料”，还是需要被理解和建构意义的“符号表征”。关注课程的不确定性和生成性，强调建构与对话、民主与合作，成为西方课程研究的主流话语和显著特征。西方课程理论研究从“开发范式”到“理解范式”的嬗变，促生了工具理性的“课程管理”向价值理性的“课程领导”转化。

领导学诞生至今，已经从最初的领导特质理论、风格理论、权变理论等古典领导理论发展到今天的转化式领导、道德领导、分布式领导、团队领导等现代领导理论。这些理论逐步在学校组织内得到应用，有效地促进了学校的变革和发展，成为课程领导理论的重要话语，课程领导理论中的诸多概念术语基本都能在领导学中找到原型，也为课程领导理论的迭代发展提供了驱动力和发展路径。

领导学的新思维与课程理解范式的发展不谋而合，这是在当时后现代主义哲学思潮（即主张多元性、建构性、生成性与不确定性等）的冲击下做出的一种人文选择。这种人文选择冲破了科学主义管理范式的藩篱，使管理从控制走向服务，从“自上而下”走向“自上而下”与“自下而上”的结合，从管理的官僚等级走向组织结构的扁平化。1970 年代后期，当人们曾寄予厚望的权变理论受到种种质疑之时，转化式领导问世。作为一种新的领导理念，它强调组织领导者个人影响力的发挥，通过转化组织成员的观念与态度，使大家齐心一致，实现组织革新，领导者魅力和组织愿景构成转化式领导的关键要素。受此影响，这一时期的课程领导研究偏向于对有效课程领导者的特质、角色以及学校愿景的研究，创造性课程领导理论和革新型课程领导理论的早期成果是其典型代表。1990 年代后期，转化式领导开始受到质疑，以“去中心”为特征的分布式领导时代到来，学习型组织的构建、专业精神的塑造、学校共同体的搭建、教育民主的发展成为课程领导研究的热门话题，分享式课程领导理论和批判型课程领导理论皆体现了这一领导方式的诸多理念。

（二）发展脉络梳理

在中国课程领导研究初期，不少研究者把课程领导的内涵和职能局限于校本课程开发，因此，有研究者尝试梳理课程领导在西方兴起的历史背景特征以及不同发展阶段课程领导的意义。梳理历史发展脉络，可以帮助我们在史实的层面更好地认识课程领导实践和理论缘何产生、缘何如此。

课程领导是因以美国为首的西方国家学科结构主义课程改革未取得成功，而在“校本”运动的进程中逐渐浮现和被关注的。20 世纪六七十年代，“校本课程开发”运动在英美等具有分权传统的国家兴起，课程开发不再遵循自上而下、自中心推外围的“研制—开发—推广”模式，而是赋权学校自主进行课程开发。然而，“校本”运动并未能一路旗开得胜，1980 年代这些国家又出现了国家课程及全国性的统一标准与测验，重新关注国家对学校课程质量的监控。但是，“校本”运动并未就此衰败淡出，“校本管理”运动开始兴起。这两种变革运动的并行趋势表面看似互相矛盾、背道而驰，其实蕴含着共同的价值追求：强调高品质的学校课程。虽然校本课程开发在西方一些国家具有传统，但是，课程却没有得到应有的重视，课程与课程开发一直排在学校议事日程的后面。这正是加强国家课程以及“校本管理”运动兴起的主要缘由：加强对课程的监控与管理，课程领导也因此而兴起。这段时间的课程领导带有强烈的重视与规范学校教师课程开发的目的，课程领导明显倾向于对课程开发进行具体的技术性指导。

随着进入 1990 年代中后期，西方一些课程专家开始注意到教育质量并不全然取决于课程本身的品质，课程变革应该是由一系列变革事件所构成的有机整体变革过程。美国 1980 年代的国家课程改革之所以也没有取得显著成效，根本原因在于其改革措施都是基于工业模式：学校即工厂，教师即工人，学生即加工对象，教学即一种纯粹技术性的作业活动。这种机械的科层化组织结构和文化与课程所需要的灵活、有机的组织结构和文化相冲突。而“校本”所强调的“赋权增能”带来一个事与愿违的负面结果——强化了教师的“个人主义”。因此，课程专家建议课程改革需要从整体上重塑学校组织文化与组织结构。这时候所倡导的课程领导，则超越先前的课程开发的技术性领导，强调对学校组织的改造与文化的重塑，强调转化“个人主义”教师文化，营造民主、合作、分享的学校氛围，从而更好地保障课程开发，全面提升学校教育质量。研究者通过对西方课程领导兴起、演进背景的梳理，揭示了“校本”运动与国家监控之间的复杂关系，并指出在中国基础教育课程改革提出课程领导时应注意：课程领导不等同于校本课程开发领导，不等同于校长行政领导，不等同于学校课程领导。①

还有研究者对 1970 年代至 21 世纪初期的西方课程领导研究的发展脉络进行了概括归纳，将其分为 3 个阶段②，这 3 个阶段和上文研究者所梳理的课程领导发生、演进的历史背景基本耦合。

第一阶段（1970 年代—1980 年代初）为要素确立期。主要是确立课程领导的要素。课程要素是课程编制的环节，其是课程领导的目标和方向；领导要素包括支持课程编制的团队合作、激励、沟通等，其是课程领导的方法、途径和手段。这两种要素有机构成为课程领导的主要内涵。

第二阶段（1980 年代中期—1990 年代初）为概念发展与模式建立期，主要是确立课程领导的功能与任务，将功能与任务加以组织发展成为具体的行动方案或指导手册，作为课程领导概念性的指导；以课程领导概念为基础尝试建立课程领导模式，从实践层面去验证和拓展课程领导概念。这个阶段涌现出一批具有代表性的课程领导研究者，譬如里奥 · H. 布拉德利、艾伦 · A. 格拉索恩、詹姆斯 · G. 亨得森、罗伯特 · C. 哈特菲尔德、杰拉尔德 · D. 百利、格兰 · 菲尔德令，他们的观点经常被国内学者引用。该阶段也出现了两个比较典型的课程领导模式：美国的重视不同层次学业课程领导并注重彼此间连贯性的 CLI 模式和加拿大的重视课程开发角色和任务的 DIME 模式。

第三阶段（1990 年代中期—21 世纪初期）为模式应用与理论深化期。前述的 CLI、DIME 课程领导模式经过小范围试验性运作，于 1990 年代初开始大范围推广，进入实际应用阶段。通过实践的不断验证，修订课程领导模式，缩短理论与实践间的距离，推动课程领导理论的进一步发展。这

① 林一钢、黄显华：《课程领导内涵解析》，《全球教育展望》2005 年第 6 期。

② 郑东辉：《试论课程领导的发展》，《外国教育研究》2005 年第 9 期。

个阶段课程领导理论出现了一系列相互关联的新转向：(1) 强调愿景。愿景是一种不同于目标的富有生命力的表达，情理交融地描绘未来，能动地适应环境的变化；组织的愿景反映出个人的愿景。(2) 强调共同体。学校是一个学习的共同体、同辈的共同体、关怀的共同体、全纳的共同体、探究的共同体、道德的共同体。每位成员平等参与，共同遵守相应的规范、价值观和团队精神，承担各自的责任与义务。(3) 强调民主决策，相互合作。提倡共同体成员成为实践问题解决的系统改革者、努力合作的协同合作者、道德立场的公开支持者、主动创造意义的认知建构者，积极营造良好的组织文化，真正实现对课程的有效领导。

（三）研究动态追踪

西方课程领导研究并未停止于我们拿来参照其理论的时间点，其本身在不断发展之中。梳理历史脉络可以帮助我们通过认识西方课程领导研究的过去来理解其现在何以如此。过去发生的会影响现在，但却不能够决定现在，因此，中国学者非常关注西方课程领导研究的最新发展动态，保持本土研究持续开放的国际视野，让本土逐渐发展起来的课程领导研究与现实进行中的西方课程领导研究能够进行一种当下并行时空的比较与交流，这是从“照着说”走向“对着说”“接着说”的一个必要且重要的阶段。

通过分析西方课程领导研究动态和发展趋向的最新研究成果，我们发现，从核心观点和大方向来讲，西方课程领导研究尚未出现标志性的新思想，即没有出现新的学术动向，基本上还延续着其 1990 年代以来的研究范式。但相对 21 世纪初期，研究者们对其有了更聚焦的关注和更深入的挖掘，因此，仍然可以给我们提供一些新的学术信息。譬如，有研究者跟踪西方课程领导理论中发展比较成熟的 4 大代表性理论体系——创造性课程领导、革新型课程领导、分享式课程领导和批判型课程领导的发展，为我们呈现其新近思想和研究思路①。

① 刘永福、李保强：《近二十年西方课程领导理论的进展与根本转向》，《比较教育研究》2013 年第 8 期。

创造性课程领导立足于内在课程与外在课程对于培养人主体性和创造性的差异，选择重视个人经验和意义感知的内在课程的开发作为理想的课程变革方式，强调领导者在学校组织结构和制度范畴内为组织成员赋权增能，以自己的创造性智慧帮助其成员觉醒个人价值、发掘自身潜能，授权组织成员通过创造性想象和自我传递进行过程性课程开发。

革新型课程领导基于3S课程结构——学科知识学习、民主自我学习、社会学习。在民主时代，课程需要建立在对知识、自我和社会三者共同的理解上，提出通过“课程设计”“教学革新”“评价改进”和“组织再造”4个决策过程构成的相互连接的整体系统，来保障“重建学科标准”和“反思性探究”的推进和民主的学校共同体的建立。学校的中心工作是师生之间真正的、有意义的、反思性的教学和学习，反思性探究是教师富有思想和成熟的重要标志。其凸显学生本位和意义建构，重视表现性学业成就，培养学生的多元素养；重视教师关爱力、洞察力、批判力、合作力、创造力的养成。革新型课程领导强调民主是一种道德生活方式，它不是用民主去调和、减轻控制，而是用民主整体性地破除控制，建立一种革新的教育体系。

分享式课程领导在约翰·I. 古德莱德分层课程观基础上（理想的课程、制度的课程、领悟的课程、运作的课程和经验的课程），提出州、学区、学校和班级4个层次的课程领导及其角色认知、准备状态和潜在能力。其认为，有效课程领导的根本是学区领导者、学校管理者和教师之间的合作，要求学校教育利益相关者共同参与课程决策、承担责任；建立由区课程咨询委员会、校长、学校领导委员会、课程任务小组、教导团队和课堂教师构成的领导集体，实施能动的分享式领导。

英美新保守主义日益强势的政治倾向，使得“效率”“标准”和“问责制”成为教育领域主流的话语体系和行为方式，因此，如何应对文化政治转向所带来的课程领导问题，成为近年来西方学者关注的重点，批判型课程领导逐渐发展成熟起来。具有批判身份认同和担当意识的课程领导者，勇于质疑官方课程政策的合法性，关注课程决策、开发、实施和评价等课程事件中潜藏的文化、政治和社会不平等对被压迫者的影响，以批判者和友爱者的角色投入工作中，使学生获得全纳性的课程体验，发展学生的民主性情，对盛行的教育市场化、课程工具化观点展开旗帜鲜明的抵制，唤醒教师、学生和社区成员的课程民主意识，以超越时代特点的解放立场为每一际遇对象增能赋权。[①] 批判型课程领导并非要与当前的政策要求背道而驰，而是在满足政策要求的同时，引导共同体成员寻求更加贴近学生生活和教育民主的行动方式。因此，从某种程度上说，批判型课程领导是西方保守时代追求教育民主的折中范式。

相较上述基于文献分析而进行的学术动态研究，中西方学者之间基于对话而揭示的西方课程领导研究动向[②]，可以给我们提供另一种现实启示。

当西方课程研究的批判模式或课程理解范式成为学术主导范式时，我们从文献上读到的关于课程领导的主要观点和话语体系呈现更加深入和多样化的动向。例如，有的研究集中考察学校内部各角色之间政治关系以及学校的混乱和冲突是如何产生的；有的研究重点探明组织领导者和其他人如何围绕学校活动来建构意义、规范和价值观；有的研究则采取女权主义、新马克思主义、性别和文化研究来考察领导者的法定角色和控制形式，包括社会规范塑造和支持学生行为所凭借的方式；等等。

通过对以上西方课程专家价值理性和学术旨趣的归纳，我们大体能描述出西方国家课程领导研究的基本动向。但也有学者提出，“西方国家的课程领导，无论是理论研究还是实践探索，值得展望的似乎还是关于学校层面的课程领导问题”。[③] 从中我们不难发现，其更加主张从实践旨趣出发，按照做事情的行动逻辑来推进课程领导研究和实践，即为什么要强调学校层面的课程领导，为什么校长需要首先发挥好课程领导职能，校长该如何促进课程领导共同体的构建，学校其他管理者和教师各

---

① 傅敏、陈效飞：《美国批判课程领导的理论向度及成长路径研究》，《河北大学学报》（哲学社会科学版）2013 年第 1 期。

② 徐佳：《课程领导的多种形态与研究动向——访澳大利亚柯尔廷大学科林 · 马什教授》，《全球教育展望》2008 年第 3 期。

③ 徐佳：《课程领导的多种形态与研究动向——访澳大利亚柯尔廷大学科林 · 马什教授》，《全球教育展望》2008 年第 3 期。

自能够发挥什么方面的课程领导职能。①

三　学理审议式研究

在变革时代，一个承载新理念和引导新实践的术语一经提出，既易得到认同和呼应，也易引发质疑和争议。“课程领导”最初引进的缘由是比“课程管理”更先进，而且早先的引进者和倡议者基本都是课程与教学论学科的知名学者，故其能在中国比较顺畅地传播和推广。然而，正是课程领导的舶来属性和被赋予的先进品质，引起一些研究者的关切，对其开展审问、慎思和明辨的学术考察。虽然在数量上这种学理层面的审议研究所占比例甚小，但这反映出中国学者在课程理论研究上始终保持着觉醒的主体意识和批判意识。

（一）关系辨析

学界对最初引介“课程领导”的研究以及其与“课程管理”之间的关系上已着墨不少，并未因为其在某个先进国家“多采用”，就亦步亦趋、不证自明地拿来即用，或者截然武断地隔离两者之间的联系，而是在考量本土话语习惯、审慎地在比较中发现联系、廓清区别、寻找依据、凸显价值。一般来说，传播思想遵循的是内容简约、受者省力的原则，因此，从“课程管理”到“课程领导”、走向课程领导诸如此类通俗易懂的观点、言简意赅的主张得到倡导。除了一些研究在论文中会关涉“课程领导”和“课程管理”之间的关系，譬如，是“课程领导取代课程管理”还是“从课程管理走向课程领导”，抑或“课程领导扬弃课程管理”，要有明确的选择②；也有研究者专门撰文来辨析两者之间的关系，论文题目直接表明是对两个术语进行比较。③ 在文献研究快捷化、直观化的当下，能在论文题目上直接关注概念甄别，而且还发表在权威期刊上，这对于后学来讲，都是直接的提醒和有力的暗示，从而引起人

---

① 靳玉乐：《课程论》，人民教育出版社 2015 年版，第 385 页。

② 郑东辉：《试论课程领导的发展》，《外国教育研究》2005 年第 9 期。

③ 余进利：《对“课程领导”与“课程管理”的甄别》，《当代教育科学》2005 年第 20 期；季诚钧：《课程管理与课程领导辨析——兼与靳玉乐先生商榷》，《教育研究》2009 年第 3 期。

们的重视。概念是理论大厦的基石，聚焦于概念的甄别、辨析对促进本土课程领导理论的创生有着不可或缺的价值。

但也有一些研究者认为，把课程领导和课程管理的关系视为相互对立、进阶替代的关系是错误的，两者其实是相互交叉重叠、相辅相成的关系，把两个概念加以对立，或者贬抑前者、褒奖后者的观点都是不确切的。从范畴的归属来看，课程领导是课程管理的职能，属于课程管理范畴，是从课程管理研究中分离出来的一个新兴领域，是对课程管理研究的拓展和丰富。从本质上说，领导是一种管理活动，是管理活动的一个环节；管理包含领导，管理是上位概念，领导是下位概念，因此，课程领导是课程管理的一个子概念或下位概念。

从职能来讲，课程管理和课程领导各有其重点诉求，强调控制和效率的技术理性与强调开放和革新的权变思想，都有其适用的空间、情境和价值，武断地把课程管理与科层制组织相联系、把课程领导与现代领导理念相对应，是混淆了“是什么”与“如何做”的界限。概念回答“是什么”的问题，是事实描述，没有优劣之别；理念回答“如何做”的问题，是价值判断。而且，管理学理论本身处于不断发展之中，课程领导可以使用监督与命令等行政手段，课程管理也可以有民主平等的方式；课程领导强调合作意识、反省探究、全员参与、民主开放、成员发展等原则，课程管理同样也可以确立这些理念。对于丰富复杂的课程实践，不同的理论各自有其独特的价值。过多地强调从什么走向什么，可能会割裂不同理论之间的联系，过分地强调管理与过分地强调领导都不是明智之举。比较合理的做法是，从实践出发，抓住何时应该管理与何时应该领导的时机，让合乎时机和需要的管理与领导共同促进课程实践的发展。①

此外，由于历史形成的等级尊卑传统和现实的科层运作体制，中国民众习惯于把领导与身份地位、官衔帽子并提，这种理解倾向与学术倡导的领导存在很大偏差。中国民众更倾向于把领导等同于“行政权威”，

① 张晓东：《范式理论视域下对课程领导的反思》，《中小学管理》2009 年第 5 期。

而把“管理”看作为“专业经营”。民间流俗理解所具有的同化和异化力量不容小觑，因此，按照西方学术演进来架构的课程管理与领导关系要想与本土实践语境相融，将面临许多挑战。从上述对课程管理和课程领导关系持独立思考和见解的本土研究中，我们可以感受到其中所透露出的本土主体意识：不为西方课程理论逻辑所规约，不为西方课程话语更迭所限制，而是积极根据本土话语习惯和理论发展态势来澄清概念、辨析关系、建构理解框架。

（二）范式考量

某种理论研究要被称为“范式”，须具备两个要素：一是“合法”的代言人，二是共同的研究取向和信念，即一个研究共同体和秉持他们共同价值诉求的基本观点、基本话语、基本方法、基本理论。范式理论强调知识和社会、历史文化之间的联系，为揭示和描述学科发展的内在动力及其过程提供了一般框架或视角。其既可以被用来分析一个比较成熟、具有影响力的理论体系是如何被建构出来的，也可以被用来规划如何才能让某种观点、思想逐渐发展为被比较稳定的学术团体所接受和具有完整知识体系的理论。因此，从某种程度上说，有研究者运用范式理论的视角来反思课程领导研究①，其意味着课程领导研究不应该是一个昙花一现、赶时尚的研究，而应该是具有持久生命力、关注度和研究价值的领域，是对本土课程领导研究未来更好发展所需条件和基础的筹谋计议。

范式理论视角下课程领导研究是对课程改革范式的局部推进，是对课程改革大范式下的课程领导子范式的建构，并针对范式形成所需具备的要素提出了4个问题。

其一，能否形成课程领导研究的共同体？共同体是课程领导范式存在的实体基础，直接决定着其进一步的发展。没有特定的群体，没有形成共同的话语体系，就无法形成大家所共享的范式。

其二，能否对课程领导进行准确的符号概括？新概念的提出表明了

① 张晓东：《范式理论视域下对课程领导的反思》，《中小学管理》2009年第5期。

研究共同体的理解与走向，显示出可能产生的新范式的核心内涵与特征，这需要对新概念的内涵和意义进行准确概括，概括得越准确表明我们对其本质属性的把握越深刻，也表明共同体成员的一致性很强，是范式成熟的重要标志。

其三，能否形成课程领导与课程管理的不可通约性？要实现从课程管理向课程领导的转型，则课程领导与课程管理之间必须具有不可通约性。当然，不可通约性不是指二者之间没有任何共同和重叠的东西，而是指课程领导的要素特别是核心要素不能完全被还原到课程管理中去。新范式对于旧范式的变革在很大程度上是意义的凸显、功能的突破，并非两者之间的截然对立。课程领导在解决问题的思想观念与方法路径上必然和课程管理有所不同，在意义上超越课程管理。形成与课程管理的不可通约性，就意味着课程领导真正在理论上确立起自己的价值。

其四，能否凸显出本土化特色？我们不能把西方课程领导的研究结论简单地移植到本土，必须改变对于课程领导普遍性的简单认识，避免只局限于西方既有理论做一些信息化的文本分析、比较研究。应回到最真实的本土实践，把范式的建构放在生动的历史境遇和社会文化情境中进行，如此建构的范式才具有更强的适切性，也才能立足于本土问题开展富有原创性的研究。

四　实践植培式研究

从国外拿来的理论能否进入实质性的本土化建构，是由其在实践中是否有作为的空间以及能有多少切实功用决定的。这好比一粒种子或一棵幼苗，无论其原本多么质好，若未能植入适宜的生长环境，就只能霉变或枯萎。因此，课程领导本质上是一种课程实践。纵观近 20 年的研究，我们发现有一条贯穿始终的建构主线，即对课程领导在课程改革与发展中应有何为、为何难为、如何好为的研究，我们将其定义为实践植培式研究。无论是学者们先期的倡议、呼应性研究，还是近来的溯源、反思性研究都或多或少地带有一种本土实践自觉，从现有的课程领导研究成果来看，实践植培式研究所占比例最大，研究者构成最多元，研究方法也最多样。

（一）植培的空间

课程领导有两个重要影响对象，一是课程，二是进行课程实践的人。因此，课程领导本土实践的植培首先要弄清楚3个问题，即谁来做（实践主体）、做什么（实践任务）、怎么做（实践方式），这3个方面共同架构起课程领导在实践中的植培空间。

谁来做课程领导（课程领导的主体），是由课程管理体制和课程实践特点共同决定的。课程领导主体包含学校外部主体与内部主体两个层面①，由于中国课程领导研究是由三级课程管理体制赋予学校课程管理权力而起，其强调学校作为课程发展的中心，所以国内研究关注的主要是校内主体。校内课程领导是一个多层次、多角色的开放、民主、合作、相互协调的复杂系统，其主体包括校领导、中层干部、教师、学生和家长等。有研究从课程领导角色出发，进一步明确不同主体的角色区别，认为校长、中层干部是学校课程领导的引领者，教师是学校课程领导的实施者，学生是学校课程领导的感悟者，家长是学校课程领导的促进者。② 在这些主体中，绝大多数研究聚焦于校长和教师的课程领导，并根据学校的组织构成对“教师”进行细化，提出教导主任、教研组长、年级组长也是学校课程领导的构成者，各自在具体的情境中发挥不同的领导功能，扮演不同的角色。③ 专门探讨学生作为课程领导的必要性和重要性的研究只有零星几篇。④ 而关于学校外部主体方面，基于中国教育行政体制，研究者主要关注的是教研员作为课程领导的角色转变。⑤ 随后的实践和研究也证明，教研员对推进区域层面的课程改革和学校课程发展的确发挥了举足轻重的作用。“要想让这一

---

① 徐佳：《课程领导的多种形态与研究动向——访澳大利亚柯尔廷大学科林·马什教授》，《全球教育展望》2008年第3期。

② 金玉梅：《学校课程领导主体系统探析》，《西南大学学报》（社会科学版）2008年第6期。

③ 王利：《学校课程领导与教师文化》，《中国民族教育》2008年第11期。

④ 孙运虎、高有华：《试论学生课程领导》，《教学与管理》2018年第21期。

⑤ 朱志平：《从学科指导到课程领导——教研员工作方式研究》，《人民教育》2009年第11期。

新生事物在本土的教育土壤中生根，还需要通过教研员这一中介的不懈努力。教研员游走于理论与实践之间，对课程领导所提倡的一些理念接触较多，理解较透彻，他们丰富的教学实践又能够弥补教育理论过于理想化的'先天不足'。教研员的特殊地位为其进行课程领导提供了便利条件。"①

学校课程领导做什么以及怎么做，由课程领导的功能和任务决定。组织、方向、权力和影响力是领导的支柱，因此，建设课程组织、课程决策、课程权力分配、对课程实践主体专业发展的激励和引导是课程领导的 4 个基本功能。课程领导任务分布在课程实践活动的各个环节：课程愿景和目标确定、课程内容选择与组织、课程采纳与实施、课程评价和反馈。有研究用 8 个角色把学校不同课程领导主体的功能和任务整合到一起：理念的追寻及实践者、系统的建置及营运者、知能的建构及散布者、成员的领航及合作者、创意的推动及支持者、资源的整合及经营者、人际的沟通及协调者和成效的回馈及监督者。②

具体到每一个课程领导角色应有何作为，相关研究在保持连续性、一贯性的同时，又根据实践需要而更加具体化。譬如，关于校长课程领导的初期研究预设性地规定其行动框架：（1）规划学校发展前景和学校课程的设置；（2）健全学校的课程开发组织；（3）组织合作的教师团队，形成制度化的工作模式；（4）促进教师的专业发展和学生的个性发展。③ 这个框架规定了校长课程领导的主要职责。中期的一份综述研究对校长课程领导作为的操作趋势进行了归纳：校长要想真正承担课程领导责任，必须从领导者自身、学校内部因素和外部因素 3 个方面思考。"实施程序"是引领校长有条不紊进行课程领导的重要保障，校长要具有"课程慎思"（即觉知问题、拟订方案、权衡利弊、解决问题）的能力；走进课堂和开展课题既是校长开展课程领导的重要抓手，也是提升

---

① 李叶峰：《论教研员的课程领导》，《当代教育科学》2011 年第 14 期。

② 高新建：《学校课程领导者的任务与角色探析》，《台北市立师范学院学报》2002 年第 33 期。

③ 杨明全：《试论中小学校长的课程领导》，《河南教育》2002 年第 11 期。

课程领导力的重要途径。[①] 新近研究则更多地对高品质校长课程领导职能和规律的方法论进行思考：（1）遵循高品质结构化的整体设计思路，其是对学校存在的多元课程形态的自觉反映，是学校创新育人模式的主体实践；（2）坚持课程体系构建的主体意识和特色意识，学校由被动发展走向主动发展、由千校一面走向追求特色发展，真正成为“育人为本”的主体；（3）建构综合实践活动课程的校本形态，其有益于对学科知识的理解、应用、迁移以及有益于建立知识之间的联系，其有助于实现“能力为重”的教育培养目标，有助于平衡课程的“学术性与职业性”，扭转中小学教育重“学术教育”轻“职业指导”的倾向；（4）学校课程体系要在社会大环境的融入中动态生成，在一个开放、快速发展的世界中保持一定的开放性，是适应这种变化的必然要求。[②]

相对于校长课程领导，由于历史和现实的原因，教师课程领导职能的研究首先是聚焦于教师能不能参与课程领导的论证。相关研究的共识是，不管实际存在多少困难，教师都能够且应该参与课程领导，这有利于学校民主合作办学氛围的形成和优化课程设计，有助于优化课程实施过程，从而有益于学生学习结果的提升和学校办学水平的提高。在借鉴国外研究和依据国情、教师专业发展现状的基础上，又研究归纳了教师作为课程领导者的5个角色：课程意识的主动生成者、课程开发和实施的引领者、教师专业发展和学生自主学习的促进者、同侪教师的帮助者、学习共同体的营造者，根据这些角色来设定其课程领导人物。[③] 有研究根据中国学校的组织特点和教师主要承担的课程工作，指出教师课程领导应以学科为基本单位、以知识领导为核心，教师领导者以自己独到的教学知识和技能作为同侪的模范，同时关注同侪新增知识，支持他们自我反思专业知识与能力，并共同规划如何更好地专业发展。[④] 新近研究

① 刘冬梅：《国内“校长课程领导力”的研究概况》，《教学与管理》2011年第24期。

② 鲍东明：《试析校长课程领导实践的方法论》，《教育科学研究》2017年第4期。

③ 郑东辉：《教师课程领导的角色与任务探析》，《课程·教材·教法》2007年第4期。

④ 刘径言、吕立杰：《教师课程领导的概念诠释与研究反思》，《现代教育管理》2010年第11期。

认识也基本延续以往，主要从学校和课堂两个方面来规定教师课程领导的任务：在学校层面，教师以平等、合作、分享的方式为学校的课程发展提出意见和建议，共同进行课程决策；在课堂，充分发挥专业自主权，践行课程的理解、研发、实施、评价和资源整合能力。[①]

（二）植培的困阻

课程领导的实践困阻也是众多研究的重要关涉，一些论文直接用题目来明示“困境”的存在[②]。对困难阻挠的敏锐觉察，是国外理论本土化的必然和必要环节，如果拿来既能用且好用，就没必要本土化，照着做便可。正是因为有不适、有问题、有困境，所以，才有了本土化的真正空间。虽然相关研究各有各的归纳方式，但概括起来，实施课程领导所遇到的困难大致可以从实践者个人、校内组织、校外因素 3 个层面来探讨。

个人方面阻碍课程领导的因素可以分为个人特质和行为两个维度。从个人特质维度看有 3 个方面的困境。一是知能困境。校长和教师的课程专业知识和技能缺乏，从而“不能”“不会”课程领导。绝大多数校长和教师并未接受过系统的专业培训，导致学校的课程规划依据不足、针对性不强、专业性不够、对学生的适用性较弱。二是意识困境。校长和教师缺乏课程主体、创生和资源意识，课程领导意识更加淡薄。三是动机困境。办学急功近利，课程评价的价值取向单一、滞后，追求表面绩效，过于关注升学率；许多教师仍然将教学和课程相分离，只把自己看作教学者，抵触课堂教学以外的课程工作，从而“不必”“不愿”“不想”课程领导。从行为维度看，有两个方面的困境。一是角色困境。校长课程领导角色的错误定位，依赖科层、心理和技术理性权威，而不是专业和道德权威，其和教师的角色关系限于控制和执行。二是权力运作

① 闫晓东、杨眉、郭鸿：《为教师课程领导力赋权增能之区域思考实践》，《北京教育》（普教版）2020 年第 3 期。

② 钟启泉、岳刚德：《学校层面的课程领导：内涵、权限、责任和困境》，《全球教育展望》2006 年第 3 期；刘月霞、马云鹏：《课程领导的“困”与“路”——深化基础教育课程改革的思考》，《中国教育学刊》2015 年第 4 期；乔资萍：《小学校长课程领导的困境》，《当代教育科学》2017 年第 6 期；陈莉：《教师课程领导力发展的困境与突破》，《教学与管理》2019 年第 15 期。

的困境。课程权力分配模糊，分权和集权两难抉择；课程领导相对孤立，对分布式领导的伙伴关系认识不足，师生常被排除于课程决策之外。课程领导也是一种关怀行为，领导者对追随者低层次专业需要关注过多，对高层次专业发展需要关注过少。①

学校方面阻碍课程领导的因素主要有两个方面：（1）在组织结构上，学校以学科划分基础课程体系、组织分工和教研方式，这难以适应学校课程综合化和学生全面发展的要求；集权倾向的学校权责分配抑制了教师参与学校课程管理和发展的积极性与创造性。（2）在组织文化上，受长期集权的课程管理体制文化和科层制的型塑和束缚，学校习惯于被动地实施课程，缺乏民主合作、批判创新的课程实践氛围和机制；科层化的管理文化与教师封闭与保守的“个人专业主义”职业文化使得学校实践主体出现3种病态关系——教师与校长在课程运作上相互防范，教师与教师在课程运作上相互疏远，教师对学生在课程运作上独断专行。②

校外阻碍学校课程领导的因素主要是：三级课程管理体制可能主要是责任下放，而非权力下放，集权管理惯习仍然强劲，教育行政部门对学校教育干涉过多；应试的竞争和同质化发展的生态抑制了学校各个层面和主体的课程发展的内在需求；政策推进的不连续性，与学校课程发展利益攸关的相关制度的配套改革未完全跟上，校长缺乏足够的办学自主权。凡此种种都使得真正意义的学校课程领导难以实现。

（三）植培的策略

课程领导本土化实施的困境意味着其缺乏足够的实施基础和条件，虽然三级课程管理体制为其提供了政策、制度前提，但是长期的文化积习、固有观念和思维方式、实践惯习都不能在短时间转变，新实践的出现要比新理论的诞生难度更大，即使是本土原创的理论要想转化为实践都充满着质疑、抵触、挫折以及结果的诸多不确定性。课程改革任重道

① 杨道宇、温恒福：《改革开放30年：中国课程领导研究的回顾和反思》，《教育科学研究》2009年第6期。

② 董小平：《教师参与学校课程领导：意蕴、缺失与构建》，《中国教育学刊》2008年第5期。

远，新实践首先意味着需要一个培育、创生基础和条件的过程。关于课程领导实施突破困境、寻求出路的路径策略研究基本都是从“赋权”和“增能”两大维度来共同谋划建构的，作为外在保障的赋权和内在支持的增能只有齐头并进才能相辅相成，相得益彰。[①]

就赋权而言，研究者们强调地方教育行政部门应充分信任学校，相信校长和教师对教育和课程有正确的理解和实施能力，把国家赋予学校的办学自主权真正放归于学校，激发校长和教师的潜能和创造力。扩大校长办学自主权（学校发展规划自主权、课程开发自主权、教师招聘自主权、经费预算自主权等），赋予校长更多的资源配置权及课程管理权。加大对教师课程权力的宣传力度，完善课程政策的监督保障制度，赋予教师明确的课程权限，引导其积极、合理地使用权力，避免误用和滥用。鼓励校长和教师依据学校的历史、现实和未来发展需要，基于共同愿景对课程教学进行合理规划、自主决策、科学实施。深入推进课程改革需要考虑进一步解放思想，下放更多的课程自主权，鼓励学校进行更有突破性的改革创新与实践尝试，允许学校突破各层级、各类别课程之间的壁垒，积极进行课程整合的探索；允许学校创造性地校本化实施和达成国家各学科课程标准要求，挖掘和增强课程纵向各学段和横向各领域、各学科之间的联系，减轻学生课业负担，提高课程育人实效。

课程领导是专业觉醒的能力表现，权力和影响力的关键都是能力，离开了能力，权力和影响力无从谈起也无从实现。因此，在赋权的前提下还应增能，切实提升校长和教师的课程领导力，构筑专业共同体，积累实践智慧。无论是校长还是教师的课程领导力提升，大致都可以有个体自主生成、校本合作生成、校外借力这 3 条路径。[②]

---

① 刘月霞、马云鹏：《课程领导的“困”与“路”——深化基础教育课程改革的思考》，《中国教育学刊》2015 年第 4 期；冯帆：《教师课程权力认同的问题审视及其改进》，《教学与管理》2019 年第 21 期；雷万鹏、马丽：《赋权与增能：中小学校长课程领导力提升路径》，《教育研究与实验》2019 年第 3 期；罗生全：《学校课程领导：模式、发展趋向及启示》，《课程·教材·教法》2008 年第 7 期；熊鑫、钟兴泉：《从自发走向自觉：促进教师课程领导的策略》，《教育与教学研究》2010 年第 10 期。

② 黄云峰、朱德全：《教师课程领导力的意蕴与生成路径》，《教学与管理》2015 年第 4 期。

校长和教师通过自主研习来获得和增加课程实践所需要的相关理论知识和实践技能，通过广泛系统的阅读和亲历、专业的实践来生成课程主体意识，通过专业反思提升课程理解和批判力，通过课程规划和开发提升课程资源开发和整合力，通过挖掘教育的道德内涵和不断地自我修养来提升自己的道德感召力，为学校课程领导的开展奠定知能基础。

学校是否具有实施课程领导的文化生态，主要看校长的课程领导理念和能力，教师课程领导者尤其是非行政职位性课程领导者并不会自然产生，需要学校赋权，为其提供成长的平台和沃土。① 校长要找准课程领导的重点：以学校课程规划为抓手，提升课程规划能力；以教学有效性为突破口，提升课程实施能力；建立学习型团队，组织教师就学校课程规划、开发、整合和校本化实施等进行知识交流、经验共享、专题研讨等专业对话，循序渐进地建构起民主合作的课程审议文化，为学校课程领导的有效实施创造良好的组织条件。②

有研究提出校长实施课程领导力的 3 条原则：（1）服务者原则。校长的课程领导本质上是一种催化，促进教师课程领导能力提升，从而提升学生学习品质和发展质量的服务过程。（2）权力投资原则。校长作为学校发展的凝聚者和促进者，要主动把课程发展权力分布到相关课程实践主体中，把权力分配给那些有课程发展能力和创新性的人，可以让权力得到更多更好的回报。（3）持续改善原则。学校课程建设和发展是一项长期的慢事业，校长在工作中警惕急功近利、立竿见影、一蹴而就的心理，必须沉着、耐心、稳健地为学校课程的持续改进和发展不断努力。③

校外借力指学校借助于学校之外的有关资源和条件来帮助提升校长和教师课程领导力的途径，主要有 3 种选择。一是校外专家培训。专家的培训可以从更高的视野和更深的层次对校长和教师进行引导，化解其专业困惑，提升其专业理解，激发其课程领导的责任感和使命感。二是

---

① 刘径言、康凌凌：《教师课程领导动机与权力来源的个案研究》，《当代教育科学》2012 年第 14 期。

② 尹后庆：《加强课程领导：现实的挑战与应对的策略》，《上海教育科研》2010 年第 3 期。

③ 张爱梅、薛国凤：《校长课程领导的缺位与对策研究》，《教学与管理》2011 年第 3 期。

校际交流合作。学校之间定期和不定期开展课程实践的观摩与交流活动。校长和教师能在不同学校课程领导实践对比中深化对课程领导的理解和体验，能在交流中取长补短、相互启发。三是区域合作行动研究。由地方教育行政或研究部门牵头，以项目为抓手，构建区域学校课程发展共同体，系统规划和设计，统筹智源和资源，多方联动和激活学校课程建设的活力和智慧，打破自上而下、自下而上进退两难的困境，在项目研究和共同行动中，切实提高校长和教师们课程领导的理论和实践水平。①

五 去路径依赖式研究

通过对国内外课程领导理论的研究，我们发现，目前国内虽未出现专门建构本土话语体系的理论研究，但在话语方式上，却有比较明显的变化趋势。即对国外课程领导理论有一个自强至弱甚至到搁置而“自说自为”或“自为自说”的变化过程。这个变化过程，实际上就是去除对国外研究路径依赖的研究过程，我们将其称为去路径依赖式研究。

（一）挖掘本土教育历史，去时空限制

课程领导研究之所以在中国兴起，是因为其代表西方更为先进的学术话语。从课程领导演进的时空来看，它是当代西方国家在课程教学领域的新实践、新作为。从国内大多数课程领导研究尤其是理论研究来看，对此基本是默认的。然而，有一篇研究民国教育家型校长的课程领导力特征的论文却让我们看到“课程领导”作为一种事实不必然局限于西方的当代认知。②

该研究所引用的民国教育管理学家罗廷光先生名著《教育行政》中的校长课程行政 5 个原则和当代课程领导的理念和内涵是如此吻合，读之真有一种时空穿越的感觉。第一，校长应领导同事合力使课程“活化”，勿令其僵化；第二，校长应充分利用教员的努力和社会的襄助，

① 李玉鹏、陈发山：《区域推进提升中小学课程领导力的研究》，《上海教育科研》2011 年第 9 期；许雯、王希军：《区域课程领导力提升的实践探索》，《当代教育科学》2015 年第 14 期；袁晓英：《变革，让区域课程领导更有张力》，《上海教育科研》2015 年第 5 期。

② 王珏：《民国教育家型校长的课程领导力特征》，《教育理论与实践》2016 年第 11 期。

以改进课程和教学，助力学生成长，促进教员职业进步；第三，课程有全国的亦有地方的、有一般亦有特殊的，部分课程并非全部适用，校长应时时研究课程，依据学生情况和地方需要斟酌损益；第四，除对课程本身，校长还应对学生、家长以及当地社会经济状况有深切了解，如此才能更好地改良课程、增进课程效能；第五，应多方搜集地方重要教材，以求充实课程内容，并改进教材教法。

该研究通过分析民国时期著名中学教育家型校长的课程行政实践，归纳出教育家型校长课程领导力的两方面特征。一方面要对课程具有非凡的技巧：洞见课程价值，统整课程结构，强调课程适应，开发课程资源，进行多元课程评价。另一方面要具备高超的人际领导技巧：塑造共享愿景，示范变革路径，营造合作氛围，激励专业实践。在此基础上，作者提出民国教育家型校长课程领导力对当代校长办学的启示：丰富的课程识见是课程领导的基础；高超的人际技巧是课程领导的关键；尊重专业自主权是课程领导的法宝；培养教师领导者是课程领导成功的标识。

此类研究虽还是凤毛麟角，易被忽略，但恰恰因其稀有反而凸显其对于课程领导研究本土化建构的独特价值，突破了我们对课程领导的时空认知，为本土研究去除了时空维度所依赖的国外研究路径，从而获得一种“面向课程领导事实”的时空自由。

（二）融通本土教育实践，去概念限制

通过比较课程领导研究者的学术或工作经历，我们发现有教育实践（尤其是教育管理）经历或合作行动研究背景的研究者往往不拘泥于课程领导的概念或理论逻辑，而会根据本土本校课程与教学变革实践的需求，融会贯通地用符合实践逻辑的理解和话语方式来描述、阐释、反思和论述课程领导的现象及行动。

譬如，一位曾有过 20 年中学校长经历且被特聘为教育部基础教育课程教材发展中心研究员的作者，在一篇谈及校长课程领导角色的文章中只提及“课程领导”5 次，其余皆是用自己工作场景中驾轻就熟的话语，通过设问“我是谁”“为了谁”来诠释对校长作为一名课程领导的角色理解。领导“多是说别人管别人，因此想别人的事最多，想自己说自己

最少。‘忘我’工作是好的，但不能忘到不知道‘我是谁’这个份上。……角色代表着一种社会关系。认识角色要从形成角色关系的对方去认识。回答我是谁？要从‘为了谁’中去找答案”。“课程是育人的蓝图……是学校教育教学活动的依据，是学校‘为了谁’的集中体现。学校的一切工作、一切制度、一切资源、一切努力……都是为了课程目标的实现。…… 学校课程什么样，学校就办得什么样。”① 因此，校长作为课程领导的角色是其所有角色作为的集中体现。校长作为课程领导主要就是做好两件事：让学校有个“样”——正确决策课程，让大家照这个样去做；校长不在，学校照“样”运转——有效实施课程。

又比如，一篇关于如何在实践中理解和探索分布式课程领导的论文提出：“只有在学校现场唤起复杂而丰富的深刻回应的时候，概念与术语才会脱离‘理论是灰色的’之类魔咒般的论断，焕发其应有的魅力。”“关于分布式课程领导的基本问题的理解是重要的……对于学校来说，重要的不是纠缠于关于某个理论术语的各派之争，而是从概念之中厘清大方向。”分布式课程领导的校本实践可以从“做什么”与“怎么做”上做说明，从“做什么”与“怎么做”上显现其激活学校活力的意义。分布式课程领导“做什么”？一言以蔽之，“做课程”是号召所有的老师聚集在“课程”的周围，研究课程问题，将课程问题作为学校生活的基础。分布式课程领导“怎么做”？就是在平等的、仅尊重真理的基础上解决课程问题，而不是仅靠“布置”与“听从”来解决问题，不是将关于课程的种种权力掌握在学校行政领导手中，不是将课程问题的解决寄托在几个“英雄教师”身上；主张每个人都可以、都应该、都必须成为课程领导者，以自身的课程能力去引领、影响他人，同时也接受他人的影响。

再比如，一名与中小学开展合作行动研究的高校研究者发现课程领导契合于中国的班主任工作：“随着我走进实践、扎根实践、开展合作行动研究的深入，我看到了实践中真实发生的各种形式、多种样态、不

① 蒋敦杰：《课程领导：校长角色的转型》，《思想理论教育》2007 年第 4 期。

同水平的课程领导现象和行为，其让我对课程领导的认识从原先的理论逻辑和理性走向了对实践逻辑和理性的关注。”“相比抽象理论、理念演绎出来的课程领导，直面现象，研究实践中真实发生的班主任课程领导行为，能让我们对班主任课程领导的原生性和多样性的认识更为客观细致和深入。这不仅有益于班主任专业共同体实践智慧的累积和提升，而且悬置对班主任课程建构的完备性要求，有助于课程理论研究者们超越技术理性和理论理性的局限，更合乎实践情境和常识地理解带班育人可能和必要的课程。”[①]

相对于挖掘本土教育历史，融通本土教育实践、不为学术概念所限制的课程领导研究在数量上要多得多，这也表明课程话语的现实性意义极有可能在每一个具体的、特定的、具有现实意义的实践运作中得以丰富和显现。[②] 理论性课程话语对于本土实践的参与，既在于理论在实践环节中能够获得适切性的应用并取得成效，还在于课程话语意涵能够以原初状态去自发地接触并参与课程实践，从而在课程实践中实现自身[③]。因此，融通本土教育实践的课程领导研究为本土研究去除了概念维度所依赖的国外研究路径，从而获得一种“面向课程领导实践”言行的宽松。

（三）呼应本土教育政策，去语境限制

我们的课程领导研究是借鉴西方国家课程理论和实践的产物，通过溯源追踪式研究，我们可以发现，一个国家的原生性课程理论是起因于课程实践发展实际，而课程实践在很大程度上又受制于教育政策的规导。如果说课程理论是一种文本，那么，课程实践和教育政策就是文本背后的语境，文本产生于语境，语境是文本得以产生的基础、条件和根本原因。中国最初的课程领导研究，常会参照西方课程领导研究的语境，来类推本土的课程领导研究的假定前提、目标任务和发展逻辑。随着中国课程改革的

---

① 吴晓玲：《班主任课程领导的活动兴趣和实践理性——走进班主任 N 老师专业生活的个案研究》，《江苏教育》2019 年第 31 期。

② 宁虹：《教育的实践哲学——现象学教育学理论建构的一个探索》，《教育研究》2007 年第 7 期。

③ 李晓玉、杨道宇：《论我国课程话语的本土意识》，《教育理论与实践》2016 年第 10 期。

不断深入和一系列教育政策的出台，本土课程实践的建设目标、内涵任务、原生问题和需求逐次显现，这些都为课程领导研究提供了本土的政策和实践语境，从而使我们的课程领导研究越来越少地依赖西方语境，自觉地呼应国家教育政策，探讨课程领导的新方向、新使命和新作为。

2010 年教育部颁布的《国家中长期教育改革和发展规划纲要(2010—2020 年)》，是中国基础教育课程改革进入第二个十年非常重要的纲领性国家文件，其从总体战略、发展任务、机制改革为全国教育改革和发展奠定了最基本的政策语境；2012 年党的十八大报告首次明确提出“把立德树人作为教育的根本任务”；2016 年开始，在实践中逐渐产生重要影响的“核心素养”课题研究成果；2018 年全国教育大会后，国务院出台的系列政策对新时代基础教育高质量发展进行全面部署，凡此种种都为课程领导研究提供新的议题和话语导向。

“无论是落实‘立德树人’根本任务，还是推动‘核心素养’落地实践，很大程度上取决于学校对课程的理解、规划和实施。作为学校掌门人，校长抱持什么态度、采取什么方式推进学校课程建设，是人云亦云还是探索创新，是上行下效还是独辟蹊径，直接影响课程的实施效果，决定学校发展方向，影响学生成长。”①

“今天，校长必须站在立德树人的高度，认真思考培养什么人、如何培养人的问题。”② “落实立德树人根本任务，推动基础教育高质量发展，是中国基础教育事业发展的重要时代议题。对于学校而言，校长需要提高学校治理水平，具备卓越的课程领导力，引领学校办学水平和教学质量不断提升。……校长在课程面前不应该做‘一只辛勤的蜜蜂’，更应该像一个乐队指挥，打造一个团队、引领一个集体，通过激发学校每位成员的智慧与能力，不断提高学校课程品质，促进新时代基础教育高质量发展。”③

随着中国新高考制度改革的实施，对学校课程体系重构和学校课程领

① 钱丽欣：《校长课程领导力的提升路径》，《人民教育》2016 年第 24 期。

② 孙镜峰：《落实立德树人迫切要求提升校长课程领导力》，《人民教育》2018 年第 5 期。

③ 于冰、邬志辉：《校长课程领导：新时代基础教育高质量发展的重要支点》，《社会科学战线》2020 年第 9 期。

导提出了新的要求。有的学者指出，其对学校课程领导主要有3大挑战：（1）如何排课表；（2）如何评估教师教学质量；（3）如何正确引导学生选课。[①] 有的学者提出，运用学校自我诊断的方式来有效开展学校课程领导：诊断课程图谱，编织课程发展共同愿景；诊断教师课程情感，构建课程领导共同体；诊断文化渲染，营造积极课程改革氛围；诊断课程开发实施，改进课程效果；诊断常态化实施，变革传统课程评价生态。[②]

当然，全球化发展使各国教育在一些主要理念上有趋同之势，因此，去西方语境限制并不意味着本土研究秉持与其完全不同的研究旨趣和走向截然相异的学理，而是指本土新政策、新制度、新要求、新论断为我们探讨课程领导学术问题提供了现实基础、条件、发展愿景和责任，并不必依循或模仿别人来龙去脉的路径去假想、设计和表达，从而在国际视野下探寻和建构本土的研究路径。这也从另一方面表明，课程领导在本土的接受和可为程度。

六 理路构造式研究

如果说去路径依赖式研究体现的是本土研究自主性的长足发展，那么，理路构造式研究则展现着本土研究特色和创新的萌生、勃兴。这个特色和创新，源自我们本土课程领导者知能和诉求的现实状况与成长规律，源自我们本土学校课程领导的生发、运作特点和变革发展逻辑。因此，理路构造式研究主要包含两个方面：其一是对学校主要课程领导者之专业成长理路的归纳、揭示；其二是对本土原发的富有创生性的课程领导实践之行动理路的构筑、总结。

（一）课程领导者之专业成长理路构造

学校课程领导，不是通过抽象的理念、依靠抽象的人、凭借假想的实践就能实施和发展的。现实中的校长和教师既有地域、年龄的差异，也有观念、动机和能力的差异，还有工作条件和资源方面的差异。即使

① 柯政：《新高考下学校课程领导面临三大挑战》，《中国民族教育》2015年第1期。

② 玄兆丹：《学校课程领导路径探析——基于学校自我诊断的视角》，《现代中小学教育》2021年第4期。

是同一个人，其思想观念、能力素质也有发展和变化的过程。这些具体差异和变化在学校课程实践中的叠加，就意味着学校课程领导不是一个齐步走、模式化、同质化、速成型实践，其发展的过程性、阶段性、情境性和差异性为本土研究提供了真切的内需、真实的课题、现实的资料，让其拥有了构筑本土课程领导理论的源头活水。

有研究通过对某学校教师的问卷和访谈调查、归纳，揭示了新手型、熟练型、名师型教师在课程意识、专业发展、团队合作、课程慎思 4 个方面的课程领导力的具体表征。（1）新手教师课程领导力的发展表征有：微弱的课程领导意识力、失衡的专业力、被动的团队合作力、滞后的课程慎思能力。（2）熟练教师课程领导力的发展表征为：自觉主动的课程领导意识力、自信、惯习化的专业力、灵活协调和倦怠并存的团队合作力、主动适应和标榜进取的慎思能力。（3）名师课程领导力的发展表征有：高效的课程领导意识力、敏锐和持续提升的专业力、平等共情的团队合作力、成熟的慎思能力。[①] 因为该项研究的样本量极其有限以及第一研究者尚处于初级学术成长阶段，在研究工具设计、数据分析和解释方面存在诸多稚嫩之处，但相对于笼统探讨教师课程领导的研究来讲，其具有一定的突破性。由于中国学校课程领导实践目前还主要集中在校长层面，所以关于教师课程领导力发展的过程性、差异性、阶段性、层次性的研究很少。这也表明实践的现实水平对研究进程的牵掣。

相较于教师的研究，关于校长课程领导研究要丰富得多。有研究把改革开放以来的校长课程领导实践进展划分为 3 个阶段，并对其特征、典型行为方式和形成机制分别进行了阐释。（1）以自发性、盲目性、随意性、默会性为特征的潜意识阶段。其有尝试摸索、忠实执行、得过且过、保守抵制 4 种典型的行为方式，其形成机制是传统的课程管理体制，日常化的课程领导知识建构，以经验、习惯、常识为基础课程领导行为。（2）以开放性、接纳性、批判性、变革性为特征的意识阶段。其典型行

① 张琼、傅岩：《教师课程领导力的发展表征探析》，《江苏师范大学学报》（教育科学版）2013 年第 S1 期。

为方式有解决问题、利用机遇、弥补不足、摆脱困境、坚定信念，其形成机制表现为外部动因与主体胆识相结合。（3）以自主性、专业性、能动性、创造性为特征的显意识阶段。其典型行为方式有打造学校特色、形成学校风格、提升学校文化，其形成机制包括持续的变革力量支持，批判性反思课程领导实践，基于行动的课程领导实践研究，基于校本的课程专业研修。①

有研究运用调查法与行动研究法，发现校长课程领导在学校课程建设的不同阶段都存在取向差异，并对其进行了比较和归纳。（1）执行性阶段，校长领导课程具有应付式执行和理解式执行、下推式执行和担纲式执行的取向差异。（2）调适性阶段，校长课程领导会有守成性再构和开拓性探究、责疑性督促和欣赏性协同的取向差异。（3）自觉化阶段则出现外驱式自觉、内驱式自觉与融合式自觉，项目化发展、体系化发展和生态化发展，辞令化表达、叙事化表达和主体化表达的取向差异。研究指出，学校课程水平之间的差距在一定程度上是由不同阶段校长课程领导取向差异的累积效应带来的分层结果，水平分层也体现了校长课程领导力提升和学校课程发展的过程渐进性。②

有研究结合中国基础教育学校课程主要为学科课程的现实国情，在实地研究和实验研究的基础上，着力探讨了校长的学科课程领导实践范式。该研究主张构建以学科建设为取向的校长课程领导“三层九维”实践范式，3 层分别是：（1）目标层，包括学科功能定位、课程开发、教学改革 3 个维度；（2）过程层，包括教研革新、教师发展、文化积淀 3 个维度；（3）驱动层，包括变革领导、专家引领、校际联动 3 个维度。该范式强调学生立场、理论引领、协同创新、实践导向，填补了学科课程领导专门研究的空白。③

---

① 鲍东明：《从“自在”到“自为”：我国校长课程领导实践进展与形态研究》，《教育研究》2014 年第 7 期。

② 吴晓玲：《校长课程领导的取向差异与水平分层探析》，《课程·教材·教法》2018 年第 6 期。

③ 孙锦明、王从华：《学科建设取向下的校长课程领导实践范式创新》，《课程·教材·教法》2018 年第 2 期。

有研究指出，校长课程领导方式要随着学校课程情境的变化而变化。其着眼于校长课程领导的具体情境，基于权变理论的框架，归纳出校长课程领导的4种类型：任务型、互动型、关系型、理想型；提炼出影响校长课程领导的主要情境变量：教师课程素养、学校课程发展水平、学生课程适应程度，并把这3个变量分成高、低等级，由此产生8种课程领导情境。校长根据现实考察和诊断，把课程领导情境与课程领导类型进行配型，形成校长课程领导的权变机制，从而提升校长课程领导的针对性和适切性。①

（二）区域课程实践之合作行动理路构造

以区域联动的方式来整体发展学校课程领导力，从而提升学校课程发展水平和学校课程文化品质，是中国不少区域推进课程改革的重要抓手和策略。② 这些区域实践大都由地方教科院、教科所或教师发展中心牵头顶层设计、资源调配、组织督导，以课题、项目的方式来开展，理论转化、实践推进、模式建构等多方面相结合。理论赋能、引领行动，行动生成、积累本土经验，本土经验的总结、凝练又助力课程领导研究本土特色的形成，“区域课程领导力”成为本土课程领导研究的“新词”。

在诸多区域实践中，上海市区域推进的校长课程领导力提升项目的持续时间最长，其反对空洞浮躁的“坐而论道”，倡导科学规范踏实的“做而论道”，先后经历模式初探、模式完善和模式成形3个阶段，项目具有典型的连续性和进阶性，初步形成较为系统的理论主张、实践模式及多元应用途径，取得了学校课程领导力提升的显著实效，可操作、可复制的研究与实践成果在全国的示范性强、辐射影响广。

该项目的指导思想为“实践导向、互动生成、模式多样、促进提升、关注特色”，设计了“研究—开发—试点—推广”的工作模式，确定了6

① 颜晓程、吕立杰：《情境匹配的校长课程领导方式建构——基于菲德勒权变理论的分析》，《教育理论与实践》2019年第4期。

② 王洁、沈祖芸：《校长课程领导力：上海经验》，《基础教育课程》2010年第12期；杨向红、沈峰：《深耕研训：提升教师课程领导力的区域实践》，《上海教育科研》2018年第11期；李劲渝：《“把脉”南岸课程领导力建设》，《人民教育》2015年第18期。

条研究策略：（1）问题导向，聚焦课改热点难点；（2）经验提炼，检验辐射项目成果；（3）评价伴随，动态调整研究内容；（4）强化研修，建设三级项目团队；（5）精细管理，积累项目过程档案；（6）协同攻关，实现研究的深化与突破。

该项目研究构建了4个环节12个指标课程领导力评价体系：（1）课程思想力，包含思想的前瞻性、愿景的一致性、文化的现代性；（2）课程设计力，包含规划的合规性、举措的操作性；（3）课程执行力，包含实施的有效性、专业的支持性、资源的保障性；（4）课程评价力，包含目标的导向性、监控的即时性、改进的适切性。该项目研究提炼了学校提升课程领导力的有效途径：（1）行动研究路径上，包括背景分析、需求调研→顶层规划、模型设计→分段推进、专家指导、展示交流→提炼总结；（2）研发配套的“可视化”工具上，包括项目运作要素和关系图、课程领导研究“5P”模式图、区域提升学校课程领导力方法策略技术路线图、学校课程计划持续完善系统流程图等；（3）注重“如何做”，引导学校结合子项目实践，从机制形成、团队影响、专业提升、环境变化、行动改进等方面，回答如何提升学校课程领导力的问题。①

重庆市南岸区也采取项目带动的方式，以问题为导向，优化办法、细化举措，使该区域课程建设在整体提升的基础上特色凸显，形成了课程领导力建设“小气候”，在全国也产生了较大的影响力。南岸区的课程领导力建设主要分为3个阶段：（1）确立阶段，聚焦“区域教育综合改革的抓手是什么”“发展的理念和方向是什么”这两个问题来研制行动策略，创新项目运行方式，明确了专家定向指导、教研员定点视导、督学定期督导的策略，加强了课程领导力建设的专业保障；（2）推进阶段，围绕“课程领导力建设的行动起点和实施突破口在哪里”“学校在推进过程中面临的问题与需求是什么”等问题来构建课程规划图谱；（3）深入阶段，围绕“如何基于问题进行突破”“深化课程领导力建设的实践路径和策略”等问题探索创新路径。具体来说，开展了学科规划

① 金京泽：《学校课程领导力提升的“上海经验”》，《全球教育展望》2020年第9期。

及执行力提升、学习共同体建设、学生综合学力诊断 3 个培训；实施了学习共同体建设、课堂观察、教学微创新、成果预设 4 个方面的创新；开展了学段衔接、学科整合、校社联动、分类评价、分级走班等具有一定创新性的实践探索。①

南岸区创新工作机制，把学校从愁钱、愁人、愁发展的焦虑中解放出来，充分发挥学校的主动性、创造性，真正让学校专注到课程领导力建设中去。其机制改革主要措施有：（1）放大“办学权”、放活“规划权”、放宽“教改权”，倒逼行政激发张力；（2）家长“参与”治校、社区“支持”兴校、媒体“关注”荣校，联动社会多方聚力。

归纳起来，理路构造式研究与中国课程实践发展需求相呼应、互推动，主要呈现的是关注“怎么行动”“怎么发展”的技术旨趣和关注“解决问题”“模式建构”的工程旨趣。随着本土课程实践不断深入开展，更深层次的本土需求和问题亦不断呈现，这必将推动更深入、更本质的价值旨趣研究应需而生。有了本土实践的源头活水（话语内容），有了文化自觉的研究者（话语主体），有了新时代的政策愿景和使命（话语语境），我们相信，课程领导本土化研究的话语体系必然也自然会朝气蓬勃、百花齐放、富有学理地建构生成出来。

本章尝试揭示的中国课程领导研究的本土化进程对我们更自觉地推进本土课程理论建构具有一定启示价值。本土化课程理论的创生不仅需要教育学术工作者之间的协同，而且需要教育学术、教育决策和教育实践三维主体之间的协同。因此，国外课程理论的本土化、本土课程理论的创生既需要三维主体在价值共识中合作行动，也需要在各自视域中进行自觉的反思行动，从而在优势互补中协同转化、合力创生。

---

① 李劲渝：《走活区域课改这盘棋——重庆市南岸区以课程领导力建设推动区域教育综合改革的探索》，《中小学管理》2016 年第 2 期。

第二章

教师课程领导力的理论建构

作为专业术语的“课程领导”自21世纪初期引进至今，其本土化研究一直在路上。中国自20世纪90年代开始确立的三级课程管理制度，赋予地方和学校适当的课程决策权，让教师参与课程决策，进行校本课程开发。这样的政策设计非常需要学校的有效对接与贯彻落实，让教师成为课程领导者，实现从课程管理向课程领导的转变。或者说，学校课程领导的形成与发展是国家课程政策的内在诉求。

近年来，虽然关于课程领导的研究成果越来越多，然而，与此相关的教师课程领导力的研究仍然较少。中国的课改实践经验证明，教师参与课程改革的程度是影响课程计划在学校中有效实施的重要因素；教师是课堂层面的执行者，课程实施的关键是要通过教师把理想的课程转化为现实的课程。本章跟循课程领导研究的足迹，系统梳理教师课程领导力的主要文献，全面分析教师课程领导力的理论渊源、核心概念、构成要素和影响因素，以便更加深刻地理解教师课程领导力的作用机制，并尝试建构教师课程领导力研究的基本框架，进而促进教师课程领导力的提升。

第一节　教师课程领导力的理论溯源

要想深刻理解教师课程领导力，那么我们就需要了解学界的研究现状，并对其理论发展脉络进行梳理。

从教育发展史来看，课程领导理论的迅速发展与20世纪70年代西方国家兴起的校本课程开发运动密切相关，这一时期涌现出了一批课程领导研究方面的专家学者和关键成果。2020年5月底，我们以“teacher curriculum leadership”为关键词在外文数据库Springer、EBSCO进行搜索，共搜到英文文献近7000篇，数量繁多的成果表明教师课程领导力在国外受到广泛的关注与研究。

我们于2020年5月在中国知网上将“课程领导”作为“篇关摘”的关键词进行精准搜索，找到2300余篇文献。但是，将“教师课程领导”作为“篇关摘”的关键词进行精准搜索，只找到了不足300篇文献。如果去掉重复的文章和简单的会议报道等，关于“教师课程领导力”的高质量研究文献更少。这在一定程度上反映出，国内学术界对课程领导尤其是教师课程领导力研究的重视程度是远远不够的。

从国内外关于教师课程领导力的主要研究文献来看，研究的主题主要在教师课程领导力的内涵、现状、困境、对策等方面；研究的具体内容主要在课程管理、课程开发、课程发展、课程参与、课程意识、教师专业发展等方面。总体来说，国内外学术界对教师课程领导力的理论基础、构成要素、作用机制、领导过程等方面的重要成果不多，对教师课程领导力理论框架的建构更鲜有研究。因此，要想构建研究框架，首先必须对其理论发展脉络进行梳理。

20世纪70年代以来，领导学领域受到各种哲学和社会思潮的影响，其中影响较大的是英国学者斯腾豪斯提出的过程模式，美国课程理论专家约瑟夫·施瓦布提出的实践模式，以及以威廉姆·派纳、迈克尔·W. 阿普尔、小威廉姆·E. 多尔为首提出的建构主义和后现代课程观。这些新思想为人们重新认识教师做出了重要贡献，并掀起了学者们研究教师领导力的热潮，产生了众多的领导理论流派，如转化式领导、道德领导、分布式领导等，这些理论的繁荣又为教师课程领导力研究提供了可资借鉴的依据。

一　转化式领导

转化式领导是近30多年来西方领导学研究领域重点探讨的问题之

一，由詹姆斯·M. 伯恩斯于1978年首次提出，他将转化式领导界定为领导者与追随者之间相互提升道德及动机至较高层次的过程。[①] 继伯恩斯之后，伯纳德·巴斯与布鲁斯·阿沃利奥深化了对转化式领导的研究，他们认为转化式领导通过理想激励、精神鼓舞、智力激发以及个性化关怀来影响下属，让下属意识到所承担任务的意义，激发其高层次需要，建立互信的氛围，促使其为了组织利益而牺牲个人利益，以取得超越最初期望的领导方式。[②] 此后，一些学者对转化式领导进行了更多研究和探讨，虽然他们观点各异，但就以下观点达成了共识：一是强调共同愿景，二是关注下属的高层次需要，三是强调领导者对下属的关怀。

二 道德领导

道德领导由托马斯·J. 萨乔万尼于20世纪末期提出，他认为领导是一种态度，而不是技术的运用。他以学习共同体为隐喻，以专业权威和道德权威为基础领导形态，分别从文化、价值和道德的角度构筑一个将道德领导置于首位的教育领导框架体系。[③] 道德领导是一种以人为本的领导模式，它更加符合真实的人性，更加关注人性中的非理性部分，如信念、信义、宽容、尊重等，领导者对追随者的需求和价值有其坚定的承诺和保障。[④]

三 分布式领导

分布式领导概念的提出始于20世纪90年代后期，詹姆斯·P. 斯皮兰认为："分布式领导内含领导者相加和领导实践两个层面，是在特定情境和实践领域中，多个组织层面的领导者交互影响，以增加组织领导的厚度，同时吸收广大员工智慧的过程。"[⑤] 英国学者阿尔玛·哈里斯则

---

① M. Burns, *Leadership*, NewYork: Harper & Row, 1978, p. 84.

② Bass B. M., "Theory of Transformational Leadership Redux", *The Leadership Quarterly*, Vol. 6, No. 4, 1995, pp. 463 – 478.

③ ［美］托马斯·J. 萨乔万尼：《道德领导：抵及学校改善的核心》，冯大鸣译，上海教育出版社2002年版，第54—55页。

④ 徐金海：《道德领导：将价值与道德置于首位的学校领导框架》，《中小学管理》2013年第3期。

⑤ Spillane J. P., Halverson R., Diamond J. B., "Investigating School Leadership Practice: A Distributed Perspective", *Educational Researcher*, Vol. 30, No. 3, 2001, pp. 23 – 28.

认为，分布式领导是发生在组织层面而不是发生在个体层面或小团体层面的活动，不是分析占据领导职位的单个人或少数几个人，而是分析整个学校组织。教师课程领导的理论来源于分布式领导理论，分布式领导理论并不强调教师在课程领导中的职位，而是希望通过建立更广泛参与的课程领导层，培养更多有转化能力的课程领导者。①

以上 3 种领导理论的共同之处在于，它们都注重调动和激发下属的积极性，关注下属的高层次需要，都重视领导者自身德性修养，强调组织机体的长期目标和共同价值观，重视建立组织内部信任和谐的关系，呈现出关系导向的特征。不同之处在于，变革型领导的人际关系是领导者和下属的关系，领导过程仅仅依赖某位领导者；其余两种领导理论的人际关系是领导者和追随者的关系，领导过程强调集体领导。道德领导注重建立彼此之间伦理型的合作关系，领导者在合作中尊重、关心和信任下属，重视道德权威的影响。分布式领导是一种鼓励人人参与的合作共享型领导，所有教师一起合作来发展专业知识。我们说，任何一种领导形态都有其积极的意义和价值，教师在课程领导过程中具体采用哪一种或哪几种领导形态，应当视具体的领导情境而言。特别是，随着课程改革向纵深发展，课程问题层出不穷，教师课程领导者应主动站在课程改革的前列，超越固化的课程领导形态，采取灵活多样的领导方式，立足于解决与课程变革紧密联系、具有现实意义的课程理论与实践问题，努力走向理论与实践的互动融合，助力中国教育综合改革实践。

第二节　教师课程领导力的定义与内涵

教师课程领导力的定义可以从以下 3 个方面来认识和把握：一是何为领导力，二是何为课程领导，三是何为教师领导力。通过对这 3 个概念的澄清，我们可以推导出教师课程领导力的概念。

---

① 刘径言、吕立杰：《引领团队学习的教师课程领导者：特征与培养方式》，《外国教育研究》2010 年第 5 期。

一 领导力

学术界对领导力的定义比较多，这里略举几个。乔斯琳·戴维斯认为：“卓越的领导力是实践智慧。”[①] 加里·尤克尔提出，领导者通过“吸引人的愿景”，引发“追随者的努力”，通过专业“训练与教导”，提高“追随者技能”，实现领导者的目标。[②] 有些学者将领导力视为一系列行为的组合，而这些行为将会激励人们心悦诚服地追随领导者。我们认为，领导力是一种影响力，是领导者（不论有无行政职务）的知识、能力、行为与情境共同作用而产生的一种综合影响力。

二 课程领导

顾名思义，课程领导是对“课程”的领导，但由于课程本身复杂多样，学者们对课程领导所持的观点因其对课程概念理解的不同而不同。托马斯·J. 萨乔万尼认为，校长为学校成员提供必要的基本支持与资源，进而充实教师的课程专业知能，发展优质学校教育方案，促进教师间的交流，使学校形成合作与不断改进的文化，把学校发展成课程社群，达到卓越教育的目标。[③] 郑先俐、靳玉乐提出，课程领导是在课程权力共享和民主参与的基础上，引导相关组织和人员进行高层次的课程决策和自我管理，以达到提高教育内容的品质，增进学生学习成效的最终目标。[④] 综合诸多学者的观点，我们将课程领导定义为：为了实现学校的教育目标，学校课程领导主体（包括课程专家、学科专家、校长、教师、学生、家长和社区人员等）带动、引领课程共同体在课程开发与变革活动中所表现出来的所有行为或过程，其目的在于促进教师专业发展、优化学校课程品质、提升学生学业成就。

---

① ［美］乔斯琳·R. 戴维斯：《论领导力》，侯贝贝译，电子工业出版社2018年版，第14页。

② ［美］加里·尤克尔：《组织领导学》，陶文昭译，中国人民大学出版社2004年版，第3页。

③ 黄显华、朱嘉颖：《一个都不能少：个别差异的处理》，台北师大书苑2002年版，第31—32页。

④ 郑先俐、靳玉乐：《论课程领导与学校角色转变》，《河北师范大学学报》（教育科学版）2004年第3期。

三　教师领导力

比较有代表性的观点，是阿尔玛·哈里斯提出的教师领导力模型，在这一模型中，任何层次的教学人员都有机会做领导者。[①] 当然，教师领导力经常被概念化为一系列集体的行为和实践，其主要关注点在于学校成员之间的相互关系。郭凯分别从建构主义、组织变革理论、批判理论、社会交换理论、社会行动理论等视角对教师领导力进行透视，认为尽管学者们对其概念存有纷争，但共性的东西值得借鉴。[②] 根据对文献的分析，我们认为，教师领导力是在学校赋权的前提下，通过分布式领导机制，在学校各个层面实施领导。通过扩展教师角色，让教师积极参与学校管理和课程教学改革，构建专业学习共同体，并运用自己的专业权威影响、带动其他教师的发展，提高学生学业成就。

通过上述 3 个概念的分析，我们认为，教师课程领导力，是教师按照学校的办学定位、育人目标对学校课程进行开发建设，在参与、分享课程决策的过程中，引领或指导其他教师持续改善课程问题，以促进自身专业成长、提高学生学业成就、改善学校课程教学的一种影响力及由此形成的教师赋权承责、合作共进、相互滋养的组织文化。

据此，教师课程领导力的内涵应包括以下内容：第一，教师是学校或教室层面的课程领导者，包括正式领导者和非正式领导者[③]；第二，教师课程领导角色多样，包括中间人角色、参与式领导、引领作用、人际交往[④]；第三，教师课程领导的主要任务是实现课程品质的提升和教师专业成长[⑤]；第四，教师课程领导力是一种影响力，与学校文化密切相关，学

---

① ［英］阿尔玛·哈里斯、丹尼斯·缪伊斯：《教师领导力与学校发展》，许联、吴合文译，北京师范大学出版社 2007 年版，第 17 页。

② 郭凯：《教师领导力：理解与启示》，《课程·教材·教法》2011 年第 6 期。

③ Macpherson I.，"Creating Space for the Voices of Significant Stakeholders in Curriculum Leadership"，ERIC Document Reproduction Service，1998，pp. 13 – 17；A. Harris，*Distributed Leadership*：*Different Perspectives*，Milton：Springer，2009，p. 4.

④ 郑东辉：《教师课程领导的角色与任务探析》，《课程·教材·教法》2007 年第 4 期。

⑤ R. C. Doll，*Curriculum Improvement*：*Decision Making and Process*，Boston：Allyn and Bacon，1996，p. 489.

校环境和氛围将影响教师的领导形态并影响其分享课程领导机会的行动①。

第三节 赋权增能视角下的教师课程领导力

一 课程领导重视对教师的赋权

教师的赋权增能与课程领导力研究息息相关。早期的校本课程运动看重校长在课程计划中的角色，提倡校长的课程领导，认为“校长不仅是在中心位置，而且起到决定性的作用”。② 20 世纪八九十年代，课程领导受现代领导理论影响，开始推崇民主与分权，如以兰伯特为代表的建构型领导、以詹姆斯·G. 亨德森和克森为代表的民主型领导等理论。有的主张校长对教师赋权，强调学校领导主体的多元性，如莱昂纳德·O. 佩里赛尔和洛林·W. 安德森指出：“教学是教师的事务，领导是校长的职能，这种错误的假定长期以来贻误了美国的教育。”③“聪明的领导者知道自己和他人的长处，并努力发挥其作用，建立团队，共同建构所有向度的领导。”④ 约翰·I. 古德莱德提出课程的 5 种形态，强调教师对课程的理解和加工作用，主张课程领导不只是校长一个人的领导，而是一种基于民主决策基础上的团体领导，于是，教师作为课程领导主体的地位开始得到承认和关注。美国的课程专家琳达·兰姆博特认为，传统课程管理的主体是校长，是个别的领导者，进行单向度垂直管理，组织成员严格执行领导者的指令；而新的课程领导主体是教师，是团体，应进行平行管理，组织成员共同学习，合作进行意义建构。随着课程领导的发展，人们越来越认识到，教师应该参与课程领导。课程领导打破自上

① Taylor M. Goeke J. Klein E. et al. , “Changing Leadership: Teachers Lead the Way for Schools that Learn”, *Teaching and Teacher Education*, Vol. 27, No. 5, 2011, pp. 920 – 929.

② Hord S. M. and Hall G. E. , “Three Images: What Principals Do in Curriculum Implementation”, *Curriculum*, Vol. 17, No. , 1987, pp. 55 – 90.

③ L. O. Pellicer, L. W. Anderson, *A Handbook for Teacher Leaders* , California: Corwin Press, 1995, pp. 5 – 7.

④ 余进利：《课程领导研究》，上海教育出版社 2009 年版，第 175 页。

而下控制式的管理方式，以共同体为基础，建立共同愿景，强调共同体的每位成员的参与、合作，强调赋权增能。①

20 世纪 80 年代，欧美兴起了教师赋权增能研究。进入 20 世纪 90 年代，教师赋权增能研究的成果越来越多，研究途径更加多元化。一些学者从教师工作满意度、教师自我效能感、教师自我参与决策等内在因素来研究教师赋权增能。另一些学者则从教师赋权增能与校长、与学校生态环境、与学校改革运动的关系等方面来探讨如何创造良好的外部条件来为教师赋权增能。中国教师赋权增能的研究始于 20 世纪 90 年代的港台地区，21 世纪初才在内地学术界受到关注。国内对教师赋权增能的研究主要通过对国外相关研究文献的翻译、引进和转化，集中在教师赋权增能的内涵、影响因素、现状描述和策略等方面。②

从赋权增能的视角看教师课程领导力，可以从两个层面来分析，一是从“赋权”层面，明晰教师的课程权力，包括教师参与学校课程决策权、获得专业发展的机会、教师的专业地位和权限；二是从“增能”层面，主要关注教师个体的课程能力与课程领导能力的提升。赋权是前提，增能是结果，课程开发与课程领导就是增能的重要机会与路径。通过文献梳理，从赋权增能的视角来看，教师课程领导力的构成要素可以划分为 6 个维度：课程意识和理解、课程开发、共同体构建、共享愿景、利用引领机会、解决课程问题。

当前，还很少有实证研究检查教师是否真正参与学校课程决策？参与后课程能力有没有得到提升？因此，我们有必要深入基层学校，对教师课程领导力开展一项长期研究，针对现状和问题，用实证的研究去探索和解答。

二　课程领导本身含有均权化的思想和要求

与传统领导不同的是，课程领导提倡在课程权力分配上强调均权化，

---

① 郑东辉：《试论课程领导的发展》，《外国教育研究》2005 年第 9 期。

② 操太圣、卢乃桂：《教师赋权增能：内涵、意义与策略》，《课程·教材·教法》2006 年第 10 期；李洪修：《教师课程权力的社会学分析》，《社会科学战线》2016 年第 6 期；薛忠英：《赋权增能理论框架下的教师专业发展评价探析》，《教育理论与实践》2014 年第 26 期。

在校本运动中诞生的课程领导本质上就代表了均权化发展趋向。澳大利亚课程专家马什教授认为，“课程领导其目标相当具体，要求课程领导的权力与权威得到再分配，这一过程迫切需要教师群体与校长之间的通力合作，只有基于共同理解与完全信任才能分享教育信条，采取有效行动，并创造出‘理解性’的活动”。[①] 琳达·兰姆博特提出，课程领导是一个团体，而非个别的领导者（如校长），且组织中的每一个成员都有成为领导者的潜能和权利[②]。徐君认为，“从某种意义上说，所有跟课程有利害关系的人员均有参与课程领导的必要和权力”。[③] 高博诠认为，课程领导强调权力分配，组织内的每一个成员都有成为领导者的潜力和权力；成员一起学习、一起合作地建构意义和知识；透过成员间的交谈，把观感、价值观、意念、信息和假设表面化，一起研究和产生意念，在共同信念和信息情境下，反思工作并为工作赋予意义，促进有助于工作的行动。[④]

在这种思想下，课程领导者就应是包括教师在内的团体，而不再是个人。费朗西斯·P. 汉金斯认为：“人们有必要推行变革或者至少要对要求作出反应。教育团体中的每一个人几乎都可以作为变革的发起人。”[⑤] 在课程实践中具有影响力的个人或集体引发、统领和带动一个课程共同体实现课程改革和发展目标。[⑥] 甚至，“凡是追寻学校课程愿景、并关心或参与学校课程发展与课程改革的人士都可以成为学校课程领导共同体内的一员”。[⑦] 钟启泉认为，“从人员构成来讲，学校课程领导应由校长和教师共同承担，在课程领导中，校长应享有学校课程规划审议

---

① 赵中建、邵兴江：《推动学校本位的课程改革——“课程领导与学校管理创新”国际学术研讨会侧记》，《全球教育展望》2005 年第 12 期。

② Linda Lambert, *Building Leadership Capacity in Schools*, Association for Supervision and Curriculum Development, 1998, pp. 5 – 9.

③ 徐君：《从课程管理到课程领导：课程发展的必由之路》，《课程·教材·教法》2005 年第 6 期。

④ 高博诠：《课程领导的理念与策略》，《教育研究月刊（台北）》2001 年第 89 期。

⑤ ［美］艾伦·C. 奥恩斯坦、费朗西斯·P. 汉金斯：《课程：基础、原理和问题》，柯森译，江苏教育出版社 2002 年版，第 332 页。

⑥ 许占权、孙颖：《课程领导及其实践意义分析》，《当代教育论坛》2006 年第 22 期。

⑦ 郑东辉：《教师课程领导的角色与任务探析》，《课程·教材·教法》2007 年第 4 期。

权、参与校本课程开发的决策权、学校课程社群的领导权、教师的聘用权、教师课程实施的监控和督导权；教师则被赋予教学自主权、课程领导权和专业发展权。在具体实施过程中，应认真倾听包括课程专家、学生、家长等课程利益主体的声音。通过权力分享、相互协调，共同领导学校课程的规划、实施和评价，从而促进学校课程的改进和发展”。① 金玉梅认为，课程领导主体应是指在学校情境中利用权力和影响力实施课程领导，构建民主、合作的学校文化，促进学校课程发展，实现学校课程愿景的团体和个人。②

赋权是给予教师对话的资格与权利，让教师能够平等参与课程领导。正如批判理论的代表人物保罗·弗莱雷强调的，“对话是一种创造行为，尊重每个声音的价值”③。“为的是让更多长期处于被领导地位的一线教师被真正赋权参与课程的领导，共同营造一种合作、对话、反省和慎思的学校文化，其真正要义在于鼓励教师觉醒其课程意识，实现课程范式的转移，善于对自己的课程实践做出反省和慎思，在实务经验中累积和创造自己的课程知识和课程理论。”④

三　课程行政体制改革推动了课程领导向教师倾斜

中国于20世纪90年代开始建立三级课程管理制度，2001年教育部颁布了《基础教育课程改革纲要（试行）》，其中第16条明文规定了三级课程管理制度：“为保障和促进课程对不同地区、学校、学生的要求，实行国家、地方和学校三级课程管理。”这样的政策设计非常需要学校的有效对接与贯彻落实，让教师成为课程领导者，实现从课程管理向课程领导的转变，或者说，学校课程领导的形成与发展是国家课程政策的内在诉求。

---

① 钟启泉、岳刚德：《学校层面的课程领导：内涵、权限、责任和困境》，《全球教育展望》2006年第3期。

② 金玉梅：《学校课程领导主体系统探析》，《西南大学学报》（社会科学版）2008年第6期。

③ ［巴］保罗·弗莱雷：《被压迫者教育学》，顾建新等译，华东师范大学出版社2001年版，第38页。

④ 钟启泉、岳刚德：《学校层面的课程领导：内涵、权限、责任和困境》，《全球教育展望》2006年第3期。

课程行政体制改革在一定程度上放开了对教师的课程权限，教师被赋予教学自主权、课程领导权以及专业发展权，可以参与课程开发、课程决策、课程审议、课程计划的制订，有权选择教材，决定评价的形式、阶段、方法、时空，有利于发挥教师的主动性、能动性和创造性，凸显教师的课程主体地位，也“有助于教师专业化发展和塑造优质的课程文化”。①

在课程改革背景下，教师成为课程领导者是课堂变革的必然诉求。从国家课程体制政策来看，对教师赋权增能，是深化课程改革、落实立德树人的根本要求。从基层学校来看，处于特定学校情境的教师课程领导力现状并不乐观，政策变革蕴含的课程理念没有得到很好的理解和落实。因此，从赋权增能的视角研究教师课程领导力，不仅必要而且符合时代发展潮流，当前以培育学生核心素养为目标的课程改革要高举教育民主的旗帜，为教师赋权增能，大力促进教师专业发展。

当前，中国基础教育学校课程领导实践的整体水平还不理想，教师作为课程改革主导者的角色身份尚未得到实质性认同。针对这一现状，我们提出赋权增能视角下教师课程领导力的现实命题，这实际上提供了课程领导研究的一个视角，并以此完善和丰富学校课程领导的理论与实践话语的表达，这不仅是课程论研究的重要生长点，也是中国本土课程理论具有原创意义的工作，具有重要的理论价值。中国课程改革正指向学生核心素养的培养，如何在课程教学中体现学生的核心素养，从整体的视角思考培养“全面发展的人”，有赖于教师的课程实践。从宏观来看，中国教育法律的授权与国家课程管理政策的调整赋予了教师参与课程实践活动的权力，这是教师在法理上应该享有的权利。从中观来看，学校是执行国家课程的载体，课程改革的历史经验证明，教师参与课程改革的程度是影响课程计划在学校中有效实施的重要因素。从微观来看，教师是课程的具体实施者，是课程改革最直接的参与者。因此，提升教师的课程领导力是有效落实国家课程政策的最后环节，也是实现教师专业成长的重要路径。

① 许占权：《课程领导的实质及其实践意义分析》，《现代教育科学》2006 年第 12 期。

四 赋权不等于增能

新课程倡导教师基于课程标准的教学与评价，倡导校本教研，让教师成为课程设计者。然而，赋权还需要增能，权力下放需要教师有能力开展适应性教学。如果说，赋权之后教师实现了增能，那么，赋权增能实际上就是教师课程领导力的一种发展机制。为此，我们选择从赋权增能的视角探寻教师课程领导力的发展机制，为提升中国教师课程领导力提供一套有证可循的经验。

赋权是给教师课程开发机会，是赋予教师专业自主权。现实中，自主权的获得并不意味着能力的同步提升。事实上，赋权并不一定增能，赋权只是增能的一个因素。课程领导者必须具备较高的素质，才有能力参与学校的课程领导。如有学者认为，课程领导者要具备一定的能力才能推动校本课程发展，如协助校长统筹全校的课程策划工作；辅助校长策划和统筹校内各项评估政策；领导教师/专业人员改善全校教与学的策略和评估工作；推广专业交流的文化并与其他学校联系；负责适量的教学工作。[①] 如要实现增能还必须通过一定的途径来提升，比如校本教研、专家引领、专项培训、教师发展机会和反思性学习等。我们期望通过攻关这一重点问题，为实现教师的增能贡献一份中国经验。当前，对教师课程领导力研究较少，并且在课程实践中存在大量的权力缺位和虚假赋权的现象，这些现象在实际调查问卷和访谈的过程中很难区分“真”和“假”。诚如周淑卿所言，“赋权”和“增能”是相辅相成的，没有增能的赋权只能流于形式，并不能真正让教师掌握权力、担负相应职责，反而可能徒增教师的压力。如何让教师课程领导力真正落地是后续研究的难点。

第四节 教师课程领导力的构成要素

了解共同构成教师课程领导力的要素，既需要从理论中梳理，也需要

① 黄显华、朱嘉颖：《课程领导与校本课程发展》，教育科学出版社2005年版，第31页。

从学校的课程领导实践出发。我们曾经对江苏省锡山高级中学的课程领导实践进行了为期两年的田野研究，在其专著中提出，课程领导的核心要素为共同体、愿景、课程问题和引领行为。[①] 此前，汪菊对课程领导的历史发展脉络进行梳理后，概括了课程领导的内涵主要由共同体、愿景、合作和变革4个要素构成[②]。有学者认为，课程领导的构成有5个要素：一是共同体，它与组织不同，可以有结构，也可以没有结构；二是愿景，它不同于目标，是组织成员往同一个方向前进；三是追随者，追随者不是"被领导者"，是心甘情愿接受引领的人；四是对话，用平等协商的方式进行专业活动；五是问题解决，在领导过程产生问题，并不断解决问题。[③]

基于教师课程领导力是在课程领导的基础上演化出来的，其构成要素离不开4个核心关键词，即教师课程领导力的主体、目标、内容和领导方式。

一 教师课程领导力的主体

对于课程领导主体是谁，不同的学者有不同的观点。早期研究的学者往往将课程领导主体聚焦于校长或副校长。但是，自从艾伦·A. 格拉索恩出版了《校长的课程领导：如何进行教学与测验》，将课程领导分成州、学区、学校、教室4个层次，分门别类地讨论了不同层次对应的领导主体之后，[④] 学者们对课程领导主体的认识，逐渐从以校长为中心向其他人员扩散。如认为课程领导的主体可以是校长，也可以是个人或团队。有学者主张校长和中层管理人员扮演课程领导角色。有学者主张课程领导应由家长、教师、行政人员、社区人士和课程相关人员共同参与，组成革新课程团队加以领导。因此，教师课程领导力的主体可能是

---

① 王淑芬：《学校课程领导发展的个案研究——以江苏省锡山高级中学为例》，教育科学出版社2017年版，第11—21页。

② 汪菊：《课程领导研究：一种综合的观点》，硕士学位论文，华东师范大学，2004年。

③ 赵中建、邵兴江：《推动学校本位的课程改革——"课程领导与学校管理创新"国际学术研讨会侧记》，《全球教育展望》2005年第12期。

④ Glatthorn. A. A. , *The Principal as Curriculum Leader*: *Shaping What is Taught & Tested*, California: Corwin Press, 2000, pp. 15 – 16.

个人也可能是团队，既可以是正式的也可以是非正式的。[①]“校长、课程专家、教师和家长、社区代表和学生等，与课程息息相关的组织和人员都是课程领导的主体，他们广泛分享课程领导的权利与职责。”[②] 而且，课程领导共同体还可以有效地防止上级对下级式的指令及个人的独断专行。

随着课程领导研究的深入，学者们逐渐意识到教师是推动课程改革的动力因素，教师层面的课程领导应该得到重视，应该视教师为专业人员。[③] 约翰·I. 古德莱德从教师和课程的关系出发，划分出 5 种不同层次的课程：理想的课程、正式的课程、领悟的课程、运作的课程和经验的课程。其中，领悟的课程和运作的课程可以概括为“教师的课程”，而且在从理想课程到现实课程的转化中，教师的作用是毋庸置疑的。任何合理的课程理论建构和善意的课程改革实践，如果抛弃了教师，最终都会走向低效。[④] 教师是课程实施的主体，是课程质量的重要保证，从某种意义上说，“课程即教师”。

更多的学者逐渐认识到，教师的教学与学生的学习是学校的中心工作，课程领导应回归班级中的教师，并由教师来担任主要的课程领导者。澳大利亚的阿斯普兰主张，教师作为课程领导者，为学生而改进其教与学的安排。中国学者宋萑指出，教师是改革真正进入课堂实践的关键人物，教师应当成为课程改革的“代理人”。[⑤]

尽管学者们已经意识到教师作为课程领导的主体，无论从课程发展

---

① 黄显华、朱嘉颖：《课程领导与校本课程发展》，教育科学出版社 2005 年版，第 31 页；金玉梅：《学校课程领导主体系统探析》，《西南大学学报》（社会科学版）2008 年第 6 期；金建生：《教师领导的实践样态及动因探析》，《教育发展研究》2008 年第 10 期。

② 王艳玲：《美国中学课程领导机制探微——以加州托马斯·杰斐逊高中课程咨询委员会为例》，《全球教育展望》2006 年第 3 期。

③ Oliva, P. F., *Developing the Curriculum*, N. Y., Harper Collins Publishers, 1992, p. 106; Macpherson, I., “Creating Space for the Voices of Significant Stakeholders in Curriculum Leadership”, *ERIC Document Reproduction Service*, 1998, No. ED422623, p. 8; Doll, R. C., *Curriculum Improvement*, Boston: Allyn and Bacon, 1996, p. 489.

④ 郭元祥等：《教师即课程：意蕴与条件》，《教育研究与实验》2008 年第 6 期。

⑤ 宋萑：《课程改革、教师赋权增能与教师专业学习共同体——上海市四所小学的个案研究》，《教育学报》2011 年第 3 期。

的逻辑程序，还是从课程问题出发，教师都承担着课程的执行者和评价者的角色和任务，① 但对教师如何进行课程领导这一复杂的、动态发展的教育实践问题关注极少。

教师是课程领导力的主体，是指作为一个组织的学校需要什么样的教师与教师团体。学者们已经认识到课程领导的参与权并不完全集中在校长和部分教师手中，而是每一位教师都有权参与学校课程领导，真正的领导不一定具有某些特定的职称头衔，所谓课程领导的实际行为也不限于某些具有官方或行政身份的人员。

已有研究显示，教师参与学校课程领导的程度普遍较低，且对教师课程领导力的实证研究更少。教师是否真正拥有课程权力，教师拥有课程权力后是否有能力承担起课程责任，尚未在实践上得到正面的回应，对教师课程领导力的现状和存在问题研究不足。

在后现代话语下，教师与课程、与学生的关系发生了根本的转变，它必然要求教师从观念到行为作出一系列异常艰苦的调整，以适应新课程的要求。就目前而言，研究教师课程领导力的学者不多，如何从促进教师专业发展、提升学生学业成就的角度来分析教师课程领导力的影响因素，是落实“立德树人”根本任务的教育使命，也是为了培养创新人才以实现教育强国的战略目标。

二　教师课程领导力的目标

教师课程领导力的目标，是指作为一个组织的学校要去向何处。教师课程领导的目标与学校愿景在方向上是一致的，即办成什么样的学校、培养什么样的学生，它建立在课程政策、课程理论、变革理论、学校现状的愿景和发展规划之上，对于教师课程领导力的实现至关重要。通常来说，教师所持的价值信念会引导自己根据课程标准要求在教学中采取何种经典教法，努力取得何种教学效果，把学生培养成什么样的人。作为目标的共同愿景，是组织成员共同持有的意象或景象，

① 李定仁、段兆兵：《试论课程领导与课程发展》，《课程·教材·教法》2004 年第 2 期。

它建立在教学共同体成员广泛认同的观念和信仰上，是在沟通交流中达成的。

三　教师课程领导力的内容

教师课程领导力的内容，是指作为一个组织的学校要解决哪些问题。詹姆斯·G. 亨德森和理查德·D. 霍索恩指出，教师的课程领导力包括：实务探究，指教师在课程实施过程中的叙事性认知和教学机制；教学想象力，指凸显学科趣味成分，使教育活动在情绪和心智方面引起学生兴趣；批判性反思，挑战传统的价值中立的课程假设，包括教育评论和文化评论。①伯纳德·巴斯等认为，领导者的任务有：提升组织成员对达成结果的意义和价值以及达到目标的手段的认识；劝导组织成员以团体或组织的利益取代个人的自私；改变组织成员的需要层次或扩展员工的需要和欲望。裴娣娜认为，课程领导力是指按照一定的办学定位、培养目标所进行的学校课程开发建设与实现全面提升学校教育质量的能力。主要包括：领导教师团队创造性实施国家课程计划的能力；开发和整合教育资源建设校本课程的能力；学校课程实施能力；组织学校课程实践的决策、引领和调控能力。②

因此，教师课程领导力可以简化理解为教师对“课程”的影响力，由于课程是教育领域内最不确定的概念之一，课程领导涉及的领域不是静态的而是动态发展的，它取决于课程构建与发展的需要。从现有的课程领导理论与实践来看，其涉及的领域已经扩展到课程开发、课程设计、课程实施、课程评价、课程改善、领导团队、组织机构、教师发展、学校文化等诸多方面。③

所以，我们认为，教师课程领导力的内容主要是指，教师对学

① 转引自甄晓兰《课程理论与实务：解构与重建》，高等教育文化事业有限公司2004年版，第240—241页。

② 丁锐、吕立杰：《深化课程改革背景下学校课程领导力的提升——第二届基础教育课程改革与发展论坛综述》，《课程·教材·教法》2012年第12期。

③ 董小平：《教师参与学校课程领导：意蕴、缺失与构建》，《中国教育学刊》2008年第5期。

科课程和课堂教学的认知和领导。从大课程概念来说，课程问题也包括教学问题，主要指国家课程校本化实施和校本课程开发。课程问题既不是纯理论的问题，也不是纯技术的问题，而是实践问题，它需要学校所有相关教研人员在课程实践中不断调适、改变自己的课程意识和课程行为，建立动态发展的学校组织形态，以适应新课改的精神和理念。

四　教师课程领导力的方式

教师课程领导力的方式，是指作为组织的学校做出适合情境的领导行为。学者们从不同的角度进行了细分和阐述。托马斯·J. 萨乔万尼在著作 *The Principalship: a Reflective Practice Perspective* 一书中，提出了5种领导力模式：技术力、人际力、教育力、象征力和文化力，它们相应的表现方式为：技术领导、人性领导、教育领导、象征领导、文化领导。郑燕祥提出课程领导力包括结构领导、人性领导、政治领导、文化领导和教育领导。[①] 余进利将课程领导力分为结构领导、人际领导、政治领导、文化领导及教育领导。黄显华等认为，“课程领导具有愿景性、民主性、合作性、建构性、批判性思维”。[②] 钟启泉认为，“课程领导是政府行为、专业行为、合作行为”。[③] 靳玉乐等认为，“课程领导重视个人的思考，引导他们发挥才能和潜力；以组织目标为中心实施合作，使参与者积极奉献；使参与者认同、适应组织共同的价值和目标，并与个人目标形成联系”。[④] 伦西斯·利克特认为，对人的领导是组织管理工作的核心，组织效率的高低取决于领导行为和领导方式。[⑤] 有效能的学校应立足学校实际，从学校课程领导的视角出发，充分尊重广大教师的民主

① 郑燕祥：《教育领导与改革新范式》，上海教育出版社2005年版，第197—198页。

② 黄显华、朱嘉颖：《一个都不能少：个别差异的处理》，台北师大书苑2002年版，第31—32页。

③ 钟启泉：《从“行政权威”走向“专业权威”——“课程领导”的困惑与课题》，《教育发展研究》2006年第7期。

④ 靳玉乐、赵永勤：《校本课程发展背景下的课程领导：理念与策略》，《课程·教材·教法》2004年第2期。

⑤ 陈永明：《教育领导学》，北京大学出版社2010年版，第68页。

权利，赋权于教师，并将一些学校政策和实质性的问题交给教职工讨论，综合各方面的意见，进行民主决策。这种对教师的赋权，能够使学校回归其基本任务，增强人在变革中的作用，把“自上而下”及阶层化的学校结构转变成专业社群。①

因此，从本质上来讲，教师课程领导力是一种平等、合作、共享的引领行为，强调领导方式的民主化和科学化，教师领导者凭借其专业影响力与同伴互动，影响并引导同伴达成共同愿景。

第五节　教师课程领导力的影响因素

总体上看，影响教师课程领导力的因素众多，学界探讨也比较多。

学者从多角度进行了分析。如大卫·弗罗斯特和阿尔玛·哈里斯提出，影响教师课程领导力的关键因素有 3 个：一是教师专业角色的建构；二是组织的环境；三是个人知能。② 吴颖民认为，影响教师课程领导力的因素包含：（1）学校文化；（2）领导角色和人际关系；（3）学校组织结构。③ 社会建构法的使用者默勒等认为，影响教师课程领导的因素有：教师的经验、知识、价值观等。④ 王绯烨、萨莉·扎帕达将教师课程领导力的影响因素分为外在因素和内在因素，外在因素包括学校情境中的信任（主要为校长的赋权程度、同事的信任程度、学校的文化氛围）、学校制度因素（主要涉及时间及任务的安排和相关的激励措施）；内在因素包括骨干教师个人的专业素养和领导技能等。⑤ 李飞从促进教师专业发展的角度出发，提出影响教师领导的内外因素，外部因素主要体现

① 李洪修、熊梅：《组织社会学视域中的学校课程实施》，《社会科学战线》2011 年第 7 期。

② Frost D. , Harris A. , “Teacher Leadership: Towards a Research Aagenda”, *Cambridge Journal of Education*, Vol. 33, No. 3, 2003, pp. 479 – 498.

③ 吴颖民：《国外对中小学教师领导力问题的研究与启示》，《比较教育研究》2008 年第 8 期。

④ 卢乃桂、陈峥：《作为教师领导的教改策略——从组织层面探讨欧美的做法与启示》，《教育发展研究》2006 年第 17 期。

⑤ 王绯烨、［美］萨莉·扎帕达：《骨干教师领导力影响因素的实证研究》，《湖南师范大学教育科学学报》2017 年第 3 期。

在政校关系和教育行政部门职能上；内部因素主要体现在学校组织文化、学校领导立场、中层管理者的角色、教师领导者的信念与沟通能力、教师的自我更新意识等。[①]

有一些学者从领导者自身的角度进行探讨。如小威廉姆·E. 多尔认为，影响因素包括：领导者是否具有采取明确可行的课程原则之能力；领导者是否乐于订立可以影响课程的长期承诺；领导者是否能够独立担负起责任，不受政治势力所左右。[②] 张治平、谢翌认为，教师参与课程领导最大的障碍在于掌握的课程理论不够，需要进一步阅读学习，实施行动研究，开发课程资源，打造课程文化。[③] 綦春霞对比发现，国外校长标准规定了校长对课程与管理的职责，校长专业培训中有两个模块，即专门针对校长如何进行课程设置与标准制定，指出中国对课程领导者没有具体的要求和培训。[④] 周梅指出，学校校长、中层管理者、教师的课程视野普遍不足，对学校课程领导力的概念内涵并没有较为深入的系统思考，关于学校课程领导力的区域共识尚未很好形成，课程建设价值引领不足。[⑤] 刘月霞、马云鹏指出，课程领导者课程意识不足，“还没有完全意识到规划学校课程是自己的应然责任，也不知道如何把国家课程方案转化成学校的课程方案”[⑥]。

还有学者从外在环境因素进行探讨。如学校的文化环境和氛围不但影响教师参与课程领导的责任，也影响其是否愿意分享课程领导机会的行动。钟启泉认为，在现实的应试教育体制与新课程改革理念冲突的背景

---

① 李飞：《引领与自主：学校变革中的教师领导与管理》，博士学位论文，华东师范大学，2011 年。

② R. C. Doll，*Curriculum Improvement*：*Decision Making and Process*，Boston：Allyn and Bacon，1996，p. 492.

③ 张治平、谢翌：《觉醒课程理论：教师课程领导的当务之急》，《教育理论与实践》2012 年第 26 期。

④ 丁锐、吕立杰：《深化课程改革背景下学校课程领导力的提升——第二届基础教育课程改革与发展论坛综述》，《课程·教材·教法》2012 年第 12 期。

⑤ 周梅：《提升学校课程领导力的区域理解与实践路径》，《上海教育科研》2021 年第 1 期。

⑥ 刘月霞、马云鹏：《课程领导的“困”与“路”——深化基础教育课程改革的思考》，《中国教育学刊》2015 年第 4 期。

下，课程领导面临许多难题，如“告状文化”的破坏性、应试体制的竞争性、功利追逐的劣根性、政策推进的断续性、权力分配的模糊性等。① 杨中枢和郑学燕认为，一是教育管理体制和课程管理政策的不完善对于实施课程领导理念的制约；二是课程领导者、学校教师专业能力还有待提高；三是现有学校组织结构和组织文化对课程领导的阻碍。② 崔成前认为，课程领导的社会合作机制尚未真正形成，社区与家长的课程领导没有得到充分重视和大范围推行，需要构建多元统一的课程领导新体制。③ 其他还有诸如缺少地区教育学院的推动，④ 缺乏区域课程领导力的提升，没有探索出区县一级的提升路径，⑤ 等等。

综合各方的观点，我们可以将教师课程领导力的影响因素概括为3个方面：（1）个人因素，包括价值取向、人格特质、专业素养、领导技能、知识经验、反思性实践等；（2）人际因素，包括教师专业角色和人际关系等；（3）环境因素，包括政校关系、教育行政部门对学校的支持与保障、校长的支持和信任、学校组织结构、学校文化等。

第六节　教师课程领导力的作用机制

教师是推动学校课程改革的行动主体，是课程改革的参与者和建构者。王牧华等认为，推动学校课程改革内源发展的作用机制在于教师的课程认同、课程参与和课程意识。⑥ 殷洁认为，教师的课程理解是教师

---

① 钟启泉：《从“行政权威”走向“专业权威”——“课程领导”的困惑与课题》，《教育发展研究》2006年第7期。

② 杨中枢、郑学燕：《我国的课程领导研究及其走向》，《当代教育与文化》2009年第2期。

③ 崔成前：《基础教育课程领导模式存在的问题与对策研究》，《教育理论与实践》2015年第11期。

④ 袁晓英：《变革，让区域课程领导更有张力》，《上海教育科研》2015年第5期。

⑤ 安桂清、张雅倩：《区域课程领导力提升的个案研究——以上海市杨浦区的实践探索为例》，《中国教育学刊》2018年第5期；周梅：《提升学校课程领导力的区域理解与实践路径》，《上海教育科研》2021年第1期。

⑥ 王牧华、全晓洁：《论教师促进学校课程改革内源发展的机制与策略》，《课程·教材·教法》2015年第7期。

课程领导的内在维度，有助于教师在人格修炼中提升自我意识，在课程的实践反思中提高自身的语言转化能力。① 李树军从课程的现实问题出发，提出课程理解是教师建构自身生存意义和精神的需要；强调课程理解是一个渐进的过程，是一种活动和行为，也是一种思想和文化。② 卢乃桂等认为，教师专业发展中的教师领导有两方面意义：一是领袖教师对其专业群体的领导；二是教师自主的专业发展。③ 季诚钧提出，课程领导者不是依赖职位而是凭人格与才能对课程施加影响。④ 钟启泉认为，“课程领导是从经营或是领导的功能出发，强调诉诸自身的创意和创造力，自律、自主地驱动组织本身运行，把日常的课程实施活动作为自身的东西加以自主、创造性地实施”。课程领导意味着不是“控制”，而是“引导”别人作出高层次的判断与“自我管理”，激励相关人员投入持续成长的生活方式。这一概念意在摆脱自上而下的官僚体制的“监控”和“管制”，强调诸学校自身的创意和创造力从而创造性地进行课程实践活动。⑤ 亨普希尔提出“领导行为记叙表”，通过划分 12 个领域来记叙自己的领导行为，作为提升领导力的办法。⑥ S. B. 埃维和 C. S. 罗奇认为，课程领导要结合学校课程与教学，注重学生的改进，强调教师的专业发展。⑦ 托马斯 · J. 萨乔万尼认为，发展“课程领导”就是为学校成员提供必要的支持和资源，充实教师的课程专业知识和技能，发展优质学校教育方案，促进教师间的交流与观摩，促使学校形成合作与不断改进的文化，最后把学校发展成为课程社群，达成超越教育的目标。

---

① 殷洁：《课程理解：教师课程领导的内在维度》，《教育理论与实践》2012 年第 19 期。

② 李树军：《教师课程理解：现实问题与应然取向》，《教育发展研究》2009 年第 12 期。

③ 卢乃桂、陈峥：《赋权予教师：教师专业发展中的教师领导》，《教师教育研究》2007 年第 4 期。

④ 季诚钧：《课程管理与课程领导辨析——兼与靳玉乐先生商榷》，《教育研究》2009 年第 3 期。

⑤ 钟启泉：《从“行政权威”走向“专业权威”——“课程领导”的困惑与课题》，《教育发展研究》2006 年第 7 期。

⑥ ［日］中岛直忠：《教育行政学的课题》，东京教育开发研究所 1992 年版，第 210—211 页。

⑦ 王利：《课程领导研究述评》，《教育学报》2006 年第 3 期。

在借鉴诸多成果的基础上，我们认为，从推动学校课程改革的内源来分，教师课程领导力的作用机制包括教师的课程认同、课程意识、课程参与和课程理解；从教师专业领导的角度来分，教师专业领导的机制是专业影响力，包括教师的课程发展能力、专业引领能力和自我发展能力。具体来说，教师的课程发展能力主要指教师在课程目标、内容、实施、评价过程中所发挥的专业作用；专业引领能力是指教师引领同伴解决课程问题的策略和思路；自我发展能力是指教师在参与课程实践过程中涵养的自我更新、专业学习和终身学习的意识和能力。①

第七节　教师课程领导力的提升策略

本质上来说，教师课程领导力既是理论问题也是实践问题，前面梳理的都是理论方面的研究成果，这里从实践的角度谈教师课程领导力的提升策略问题。针对中国教师课程领导力实施的现状，学者们从不同角度提出了一些解决路径和策略，主要体现在以下两方面。

一　从教师专业发展来谈提升策略

通过专业发展，使自己成为"专业权威"，是提升课程领导力的重要渠道。罗杰斯和泽纳指出，教师在改革实践进程中提升课程领导力的意识与能力，本质上是如何从"行政权威"走向"专业权威"。② 专业权威的权威性不是来自行政部门自上而下的授权，而是源自个人魅力、专业能力、道德水准等，具备品德、才能、情感等多方面的优秀素质，从而吸引被领导者自愿追随。

还有的学者提出，要赋予教师课程领导的权力，为教师实施课程

① 崔允漷：《论教研室的定位与教研员的专业发展》，《上海教育科研》2009 年第 8 期。

② 钟启泉：《从"行政权威"走向"专业权威"——"课程领导"的困惑与课题》，《教育发展研究》2006 年第 7 期。

领导提供广阔空间，不断促进教师自身的改进；[①] 有的提出，反思性实践是促进教师专业发展进而推动组织发展进步、深化教育改革的一种有效举措；[②] 有的提出，应当赋予教师权限和建立对话平台，提高教师课程领导的专业知能，增强教师课程意识，建立合作开放的教师文化；[③] 有的提出，鼓励教师开展教育叙事、专业对话、教学反思、校本教研。[④]

赋权是保证教师专业发展的主要动力，学者们已经意识到真实的赋权增能对促进教师专业发展的意义和价值。利希滕斯坦通过田野研究和文献研究发现，教师的专业知能是保证教师赋权增能的关键。[⑤] 可见，通过赋权提升教师专业地位，让教师在自觉参与的过程中，不断批判反思，贡献心力，发挥团队效能，营造合作的学校文化，才能使课程改革真正地落地、落实。

二　从形塑学校文化出发来谈提升策略

针对学校文化，有的研究建议要建立鼓励教师反思的管理制度，确立反思实践者共同体的行动准则和行动程序；[⑥] 有的建议要消解同事之间和师生之间的壁垒，打开人际之间心灵互通的门路，摆脱迷失于自我蒙蔽或固步自封的危机，战胜教学天职的内在脆弱性；[⑦] 有的认为校长的支持尤为重要，要建立学习共同体，建设支持性的学校文化；[⑧] 有的建议要创新学校课程管理体制，赋予教师课程领导能力，营造良好文化

① 毛利丹：《教师的课程领导探析》，《继续教育研究》2009 年第 8 期。

② 卢真金：《反思性实践是教师专业发展的重要举措》，《比较教育研究》2001 年第 5 期。

③ 熊鑫、钟兴泉：《从自发走向自觉：促进教师课程领导的策略》，《教育与教学研究》2010 年第 10 期。

④ 李星：《教师课程领导：教师专业发展的重要路径》，《现代中小学教育》2010 年第 8 期。

⑤ Lichtenstein, G., McLaughlin, M., and Knudsen, J., *Teacher Empowerment and Professional Knowledge*, CPRE Research Report Series. NewBrunswick, NJ: Consortium for PolicyResearch in Education, 1991, pp. 2 – 5.

⑥ 李小红、邓友超：《教师反思何以可能——以学校组织文化为视角》，《高等师范教育研究》2003 年第 3 期。

⑦ 吴国珍：《引出教师的课程领导智慧》，《教师教育研究》2006 年第 3 期。

⑧ 陈盼：《国际视野下的中小学教师领导力开发》，《基础教育》2009 年第 8 期。

氛围，鼓励教师参与课程领导。①

根据已有研究，我们认识到，文化对于提升教师课程领导力非常重要，但已有研究多从教师领导者的自我引领、引领同伴以及促进学校文化发展的角度来讨论，而对学校文化如何促进学生发展讨论得较少。在通过形塑学校文化提升教师课程领导力的同时，我们不能忘记为什么要变革，向何处变革，不能忘记教育的原点是促进学生全面而有个性的发展。

第八节　教师课程领导力理论的探索性研究框架

诚如埃里诺·奥斯特罗姆认为，框架是相对宽松的，提出一个框架就是“试图去确认任何与同类现象有关的理论需要包含的普遍要素”，这些普遍要素的松散组合就构成了一个框架。② 尽管学者们已经借鉴管理学、心理学等领域的研究成果来阐释教师课程领导力的概念与内涵等，但是，从现有的研究成果来看，目前学界仍未出现能被广泛接受的理论研究框架，特别是解决本土化学校课程问题的实践路径。在回顾总结的基础上，研究者试图初步建构教师课程领导力的一个理论解释框架，以期促进教师课程领导力的理论研究，进而促进学校课程领导实践的发展。

一　课程变革起点

该理论框架（见图 2－1）以教师课程领导力的影响因素（个人、人际、环境）为课程变革的起点。学校变革始于教师能够形成话语意识并将

① 盛倩：《核心素养视域下小学教师课程领导力的内涵与提升策略》，《教育现代化》2019 年第 79 期。

② ［美］埃里诺·奥斯特罗姆：《制度性的理性选择：对制度分析和发展框架的评估》，载［美］保罗·A. 萨巴蒂尔《政策过程理论》，彭宗超、钟开斌等译，生活·读书·新知三联书店 2004 年版，第 52—53 页。

自己的实践经验转化为动能，因此，必须将教师在变革前所处的学校情境脉络、教学模式等个人、人际和环境因素作为变革的起点来部署和考虑。

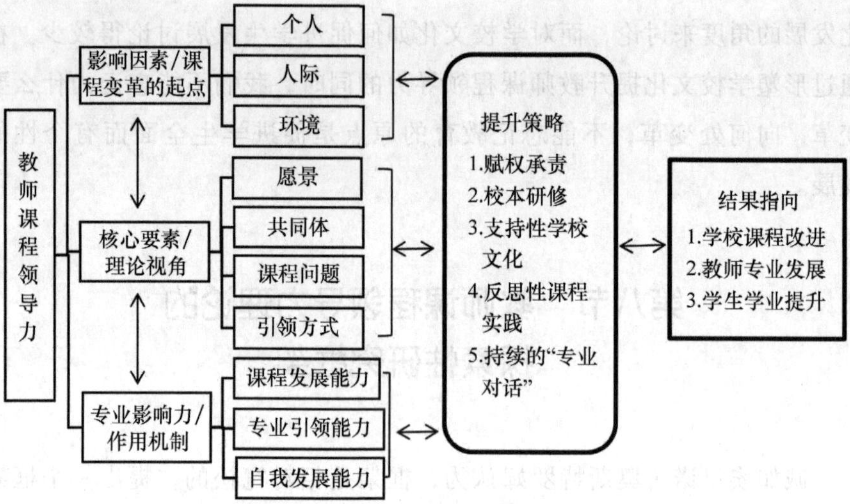

图 2－1　教师课程领导力的理论框架

二　理论视角

该理论框架以课程领导的 4 个要素为理论视角。这 4 个要素包含了为什么（愿景）、做什么（课程问题）、谁来做（共同体）、怎么做（引领方式），体现了迈克尔·富兰所说的教育变革的 5 个关键词：意义、一致、连贯、协力、合作以及持续改进。①

三　作用机制

该理论框架以教师的专业影响力为作用机制。教育变革是一种隐含教师学习的复杂过程，教师在日常教学实践中、在参与专业发展的过程中，透过反思实现自己的专业成长，成为主动的学习者。② 教师的专业影

① ［加］迈克尔·富兰：《教育变革新意义》，赵中建、陈霞、李敏译，教育科学出版社 2005 年版，第 30—47 页。

② 卢乃桂、操太圣：《中国教师的专业发展与变迁》，教育科学出版社 2009 年版，第 205 页。

响力是在教育变革的过程中产生的，教师作为推进学校改进的中坚力量，运用专业影响力带领团队合作解决课程问题的过程中，不仅要考虑课程领导力各要素之间的相互作用，还要寻求与问题情境相适的基本策略。

四 提升策略

该理论框架提出 5 个提升策略。一是为教师赋权承责，使教师的权利和责任一致，包括正式权力和非正式权力。二是创建支持教师专业发展的学校文化。学校课程建设的实质是形成学校文化，首要任务是在学校中培养一种支持课程改革的学校文化。三是校本研修。学校通过组建学习共同体，营造合作共享的学习氛围，让每个教师都能够参与到相应的共同体之中。四是反思性课程实践。反思性实践是整合课程理论与实践、思想与行动的一种最有效的方式，它既是促进教师专业水平发展的过程，又是促进自我变化的有效工具。① 五是持续的“专业对话”。教师对日常课程教学活动中遇到的课程问题，与同伴教师持续地进行反思、分析、研讨和改进，以达成共识、解决问题。

五 结果导向

从结果导向来看，教师通过上述课程领导实践路径，目的在于改进学校课程实践，不仅提高自己的专业发展能力，而且在实现自我引领的同时，影响或带动其他教师的专业发展，最终促进学生全面而有个性的发展。

总的来说，我们在长期参与基层学校课程实践的过程中，一直关注教师课程领导力问题，也在寻求理论上的指导。囿于我们的理论功底和研究视野，目前所建立的理论模型只是初步探索，需要在批判的基础上进一步拓展、阐释和研究。在此简要提出几个需要关注的问题。

从研究方向来说，当前教师课程领导力领域需要解决的问题众多，但从先导性和紧迫性来看，建立适合中国国情的本土教师课程领导力模式最为关键。因此，我们不仅需要进行大量的案例研究，而且要从课程

① 卢真金：《反思性实践是教师专业发展的重要举措》，《比较教育研究》2001 年第 5 期。

理解、设计、决策、实施和评估等各个层面的学理上构建本土化的教师课程领导力研究的话语体系。

从研究对象来说，目前的研究关注校长、中层领导和骨干教师较多，对普通教师尤其是青年教师成长的关注远远不够。其中，校长课程领导力与教师课程领导力之间的关系与相互影响又是需要重点关注的。从研究内容来说，面对大数据、人工智能等新科技的迅速发展，教育再也不是研究学生学到了什么、学会了什么，而是意识、思维、情感、创造力和想象力的培养等。因此，教师课程领导力的研究范畴就需要进一步拓展和更新，甚至需要借鉴管理学、社会学、心理学、神经科学、脑科学等领域的成果，进行跨学科研究和交叉学科研究。

六 教师课程领导力理论的现实运用

教师课程领导力的相关理论不仅可以呈现教师专业发展的应然趋向，也提供了学校课程变革的必然指导。本书通过现状调查与个案分析的方法，理解教师课程领导力的现实问题与如何构造。

第三章通过问卷与访谈的形式反映现有教师课程领导力的发展情况。其一，从愿景的认知来看，多数教师都能够将个人愿景与学校发展的愿景结合在一起，校长也能够通过有力的行动促进学校改革愿景的落实；其二，从课程实施的情况来看，多数教师承受的考试压力、难以充分借力信息技术，这些仍有碍新课程理念的实现；其三，从教育生态来看，学校的管理方式较为民主，教师专业共同体具有一定规模，师生关系较为融洽；其四，从学校专业支持来看，多数教师都能感知到学校的努力，获得专业发展的激励；其五，从教师课程领导力的实际情况来看，教师虽然都能够把握教育改革、课程变革的理念，但还欠缺充分的时间、精力探索国家、地方课程校本化实施和校本课程开发，尚需专业学习资源、课程专家的辅助。由此看来，第八次课程改革以来，教师和学校对课程的认知与行动方面都得到了发展，但是，学校课程特色的发展尚需学校内外合力推动。

因此，第四、五、六章将通过个体层面与组织层面的个案进一步探究教师课程领导力的内生与助力问题。

第四章借助J教师在小学“综合性学习”课程中的探索，反映教师自身在课程领导力方面的自主性。作为一名优秀的语文教师，J教师在积累了丰富的学科知识、通识知识、课程管理经验后，先行尝试建构综合性学习课程。早在新课改初期，J老师就产生了建设综合性学习课程的想法，限于当时学校资源、管理体系、外部支持还不充分，只能进行缓慢的探索。随着外部条件的成熟在个人课程愿景的支持下，J教师以个人努力推动专业共同体的发展，建立了具有童心的综合性学习课程。这一个案可以呈现了一位教师对于新兴课程模式的探索，可以帮助我们理解教师如何通过课程领导行为带来学校课程的整体变革。

第五章以P小学的课程体系建设呈现了课程领导行为对于学校特色的支撑。作为一所薄弱学校，P小学具有较为复杂的师生构成，长时间处于只能满足基本教学要求的境地。但是，在国家推进课程改革的过程中，P小学逐渐明确自身的教育哲学与办学理念，形成了涵盖基础课程、拓展课程、品牌课程的完整体系，在学生培养方面不断实现育人特色。在教育改革的大潮中，多数学校都是在各种政策文件的强制要求下尝试自我反思、改革课程。通过“自上而下”的改革，学校必然会产生课程领导行为，但如何进行课程领导，则需要每一所学校进行个性化的思考，以便建立校本化的教师专业发展生态与学校品牌。

第六章以江苏省锡山高级中学的经验呈现了教师课程领导力的制度创新。锡山高中自20世纪90年代开始探索校本课程、研究性课程、选修II系列课程，建立了较为完善的课程体系。在这一过程中，学校逐步明确课程制度，提供了教师课程领导力持续创新的生态，并建立自身的课程品牌。在最初校本课程的建设过程，锡山高中也会面对升学压力、课程理念的迷茫、教师领导动力不足的难题，但是，通过持续的实验不仅建立了独具特色的课程体系，也形成了敢为人先的改革经验。与其他学校相比，锡山高中的课程改革产生于国家开启改革、本校育人理念探索的基础上，在没有他校样板的背景下，学校课程制度的完善更加凸显了“自下而上”的课程改革，为其他学校提供了可资参照的范本。

第三章

基于江苏教师课程领导力的调查研究

在第二章中，本书提出了教师课程领导力探索性理论框架，旨在促进教师课程领导力的理论研究与学校课程领导实践的发展。确定框架之后，由于赴外省调研制约因素较多，为顺利推进调研，我们选取江苏本省作为调研范围和对象，以便真实了解当前江苏教师课程领导力的现状与问题。本章基于该调查展开分析，分为 3 个部分：首先，交代研究设计；其次，针对问卷调查的数据展开现状分析；最后，结合访谈文本信息对结果进行讨论。

第一节 研究设计

一 研究背景

研究背景从 3 个层面来叙述，首先是三级课程管理制度的诉求，这是政策层面的宏观环境；其次是学校课程管理面临的挑战，这是实践层面的现实困境；再次是课程从管理走向领导，这是课程发展的内在要求和必然趋势。

(一) 政策层面：三级课程管理制度的诉求

自 20 世纪 90 年代以来，中国推行新一轮基础教育课程改革，重新构建课程管理体制。1999 年颁布的《中共中央　国务院关于深化教育改革全面推进素质教育的决定》，提出要调整和改革课程体系，试行国家课程、地方课程和学校课程三级课程管理制度。2000 年，基础教育课程改革全面启动，中国确立了国家、地方、学校三级课程管理模式。2001 年，教育部颁布《基础教育课程改革纲要（试行）》，在课程结构方面，提出“高中以分科课程为主。为使学生在普遍达到基本要求的前提下实现有个性的发展，课程标准应有不同水平的要求，在开设必修课的同时，设置丰富多样的选修课程，开设技术类课程。积极试行学分制管理”。在课程管理方面，提出“为保障和促进课程对不同地区、学校、学生的要求，实行国家、地方和学校三级课程管理”。2003 年，教育部《普通高中课程方案（实验）》又提出：“赋予学校合理而充分的课程自主权，为学校创造性地实施国家课程、因地制宜地开发学校课程，为学生有效选择课程提供保障。”2010 年，《国家中长期教育改革与发展规划纲要（2010—2020）》再次强调，普通高中学校要全面提高学生综合素质，“创造条件开设丰富多彩的选修课，为学生提供更多选择，促进学生全面而有个性的发展”。2014 年，《教育部关于全面深化课程改革落实立德树人根本任务的意见》提出：“合理确定必修、选修课时比例，打牢学生终身发展的基础。”

从上述一系列教育改革文件可以看出，国家从顶层设计的角度描绘了新的课程管理体制的框架，其目的是更好地适应学生的需要、学校的特点和地方的期待。这样的政策设计非常需要学校教师有效“对接”，教师课程领导力的形成和发展成为国家课程政策的内在诉求。

（二）实践层面：学校课程管理面临的挑战

20 世纪末开始的课程改革，对学校课程的价值目标、结构、内容、实施、评价都提出了新的要求。在这 20 多年里，基础教育课程改革经历了准备、过渡、实验、推广、常态化的阶段。随着课程改革的实施和推进，学校面临巨大的压力，由于学校原先外控式的课程管理模式使学校缺乏课程变革的自主能力，不能根据自身条件和需要来确立目标愿景，进行开发校本课程，制订学校课程规划方案和引领教师群体的专业发展，学校课程质量通常依赖片面的指标参数（学业成绩）等来评估，因而无法有效落实国家课程方案。

新课程改革以来，尽管教师经过多轮次的培训，课程领导的意识逐渐确立，但在实施中，处于特定学校情境的课程领导现状不容乐观，一些学校行政领导没有充分关注方案、教师、学生及其互动过程的相互影响，没有激发各方的潜力，没有有效发挥领导力对于优化学校教育过程的积极作用。虽然有的学校已经在这方面做出初步努力，但绝大多数学校还是停留在科学管理阶段，甚至有的学校还处于经验管理状态，其管理方式侧重于监督和控制，较少对教师赋权增能，不注重建设专业学习共同体，课程教学仍然停留在传统的讲授为主，侧重于控制的形态。新课程理念和学校课程行为之间的这种差距，以及学校课程责任的分配及相关制度建设的缺位，使得中国学校课程领导实践的整体水平还不理想。[①] 鉴于目前中国学校课程领导的现状，有必要进一步理解教师课程领导的作用机制，强化课程领导的建设和提升工作。

（三）理论层面：从课程管理走向课程领导

20 世纪 80 年代，领导学从管理学中独立出来，人们对领导学的关注提升到新的高度。有研究表明，成功的领导不是用行政权威去命令、控制和监督，而是去倾听、合作和指引。[②] 这一理念为僵化的教育管理体制注入了新鲜的活力，课程由“管理”走向“领导”，课程领导研究也迎来了全新的发展期。20 世纪 90 年代，随着中国课程改革的推进，人们发现，课改指令的下达、新教材的颁布、教师培训的加强，并不必然促进新课程“落地生根”，靠传统的行政管理手段强推课程改革明显后劲不足，课程领导理论开始受到学者们的关注。课程领导理论这一西方“舶来品”要想扎根于中国的课程实践，必须进行“本土化”的实验和转化。况且，这一世界范围内最为面广量大的课改实践也必然会生成

① 钟启泉：《从“行政权威”走向“专业权威”——“课程领导”的困惑与课题》，《教育发展研究》2006 年第 7 期；鲍东明、于泽元：《校长课程领导能力有待提高——我国中小学校长课程领导观念与行为调查报告》，《辽宁教育》2014 年第 20 期。

② 徐继存、张广君主编：《当代课程论文选》，山东教育出版社 2013 年版，第 142 页。

新的理论营养，需要加以总结、凝练和升华。从课程管理走向课程领导，理论层面也应当作出正面的应答。

二 具体研究的问题

在第二章，我们通过文献研究，建构了教师课程领导力的理论解释框架。因此，调查研究的问题建立在教师课程领导力分析的框架基础之上，具体问题如下：

1. 从理论视角出发，探寻教师课程领导力的现状；
2. 从作用机制出发，了解教师的专业影响力怎么样；
3. 根据调查现状，揭示教师课程领导力存在的问题以及解决办法。

三 研究方法

我们主要运用文献研究法、问卷调查法和访谈法，来分析教师课程领导力的影响因素，寻求推动学校课程改进的内驱力，以期对教师专业发展和学生学业成就的提升提供参照，同时也希望通过调查研究的呈现来帮助其他同类学校理解与发展教师课程领导力。

（一）文献研究法

文献研究法主要指搜集、鉴别、整理相关文献，并通过对文献的研究，形成对事实科学认识的方法。通过对现有中文数据库和外文数据库的搜索，研究筛选出“课程领导”“教师课程领导”的相关理论研究文章，归纳课程领导的理论来源，分析国内外教师课程领导发展的现状，厘清教师课程领导力的核心要素和发展方向。

在研究过程中，对文本资料的收集和分析是必不可少的，比如，法规、制度、文件、课程方案、教学记录、专题报告、报纸杂志、图片和音像资料、教科书及试卷等。收集和使用实物资料，有助于研究者拓宽视角和提高敏感度，及时、全面地捕捉被研究对象的相关信息，丰富研究内容，并达到互相证实和检验的目的。

（二）问卷调查法

问卷调查法是在社会调查中较为广泛使用的一种方法，研究者通过设计详尽而周密的调查问卷来掌握被调查者的社会特征、行为态度及其他数据信息等。问卷又被称为调查表，是一组与研究目标有关的问题，或者说是一份为进行调查而编制的问题表格。调查问卷常通过个体分送、集体分发、邮寄、在线链接等形式进行发放。

我们围绕教师课程领导力编制教师问卷，通过对调查结果的分析得出教师课程领导力的发展现状、各要素之间互动的频率和程度，以此来考量教师课程领导行为和课程领导效果。

（三）访谈法

访谈法是研究者通过口头谈话的方式、从受访者那里建构第一手资料的一种研究方法。一般来说，访谈的形式因研究目的和情境的不同而不同，常用的访谈类型包括半结构式访谈与非结构式访谈。考虑到实际情况，我们的访谈采用半结构化的形式，以个人为单元，面对面地交流，按照事先列出的粗线条的访谈提纲对受访者提问。每次访谈时，研究者尽量不打断受访者的思路，鼓励受访者说出自己的看法，并根据对方的回答不断调整访谈的内容和重点。这种访谈一方面可以帮助研究者聚焦特定的研究问题，另一方面又保持了访谈的开放性与生成性。访谈对象的确定，是根据研究设计的需要而逐步展开的。首先从熟悉的“守门员”开始，依次顺藤摸瓜。访谈对象确定后，我们会提前联系受访者，约好访谈的时间和地点，并将访谈提纲发给受访者，使其对访谈内容有一个大致的了解。访谈时间，一般由受访者控制。在征得对方同意的情况下，研究者对访谈进行录音。

我们的这项研究访谈了包括校长、学校中层干部、普通教师在内的不同对象，有利于深刻理解教师课程领导实践的现状和存在的问题。此外，访谈中有时会涉及一些受访者不太熟悉的概念，对此研究者会适时进行解释和澄清。

四　研究工具及样本信息

在积累丰富文献资料的基础上，我们编制与发放了教师课程领导力的现场调查问卷，对问卷数据展开深入分析，并通过面对面访谈的形式深入探索受访者的真实想法。

（一）调查问卷的编制与应用

1. 调查问卷的设计

在编制问卷的过程中，我们根据研究目的，在查阅大量文献的基础上，借鉴了华东师范大学课程与教学研究所在《中国学校课程与教学调查项目（ICIC）》中的相关成果，再结合研究者前期关于学校课程领导的研究成果和教学实践经验来编制具体条目。问卷主要涉及教师的课程意识和课程理解、设定组织目标、形成学校愿景、发展组织成员、推动社群建构、改进课程教学等选择题项。

这项研究设计的调查问卷进行过多轮迭代修改。在设计之初，我们向北京师范大学、华东师范大学、南京师范大学的有关课程专家以及一线教育工作者请教，形成问卷的合理维度。此外，课题组还与从事量化研究的专业人员进行过多次讨论，对如何保证问卷的有效性和可靠性等方面进行过多次修改，并与其共同合作完成问卷的编制、调查、分析和归纳的整个过程，以确保方法的科学性、过程的完整性和结果的有效性。

具体而言，教师课程领导力调查问卷除了被试的基本信息（性别、学历、职称、任教学科等）调查外，主要分为以下 6 个部分：课程开发能力、课程意识与理解能力、课程愿景、课程问题、课程共同体和引领机会，如图 3－1 所示。其中，课程开发能力和课程意识与理解能力属于

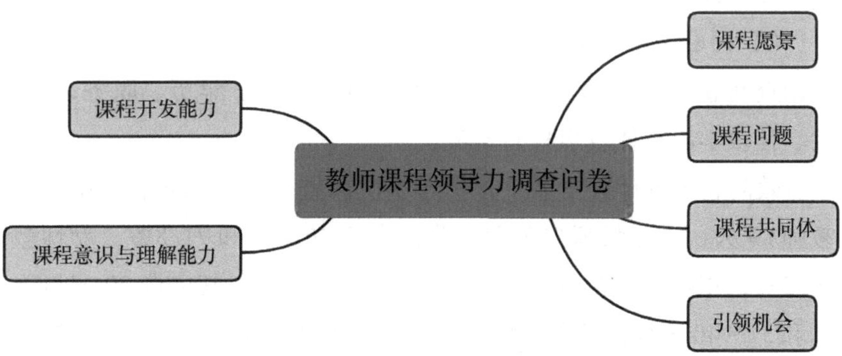

图 3－1　教师课程领导力调查问卷的指标设计

对教师课程能力展开的具体分析，指向4个二级指标和14个题项；课程愿景、课程问题、课程共同体与引领机会属于对教师课程领导力的核心要素展开的分析，指向11个二级指标和28个题项。

2. 问卷的发放

我们的课题组在苏南、苏中、苏北分别选择1个县（市）开展现场调研，本次调研时间为2017年8月至9月之间的3周时间。调查问卷主要涉及如皋和昆山两市，访谈和政策资料则涉及如皋、昆山和泗阳三地。本次调查共发出问卷800份，回收问卷800份，最后经过数据清洗得到有效问卷316份。数据清洗的过程包括去除无效问卷（指非教师本人填写、填写不完整或存在明显错误回答等的问卷）、存疑问卷（指填写的年龄、教龄等明显不符合实际情况、填写时间在5分钟之内等的问卷）。访谈了22所学校的校长、副校长、业务骨干教师106人，分管教育的副县长3人，县级教育局副局长、业务处长、重点学校校长等32人。同时收集政策文本、电子文档等十多份。由于课题组所调研的学校是在教育行政部门协助下联系的，因此，整个调研过程获得了学校方面的积极回应。通过教师匿名回答的问卷、学校领导的访谈和教育行政部门的反馈，实现了调研结果的三方互证，确保了结果的真实、可靠。

3. 数据分析方法

使用SPSS22版统计分析软件对数据进行了处理，采用了描述性统计分析、相关性分析等统计分析方法。

（二）问卷样本的基本信息

调查问卷的基本信息包括教师的性别、年龄、学历、职务、职称、教龄、任教学段和任教学科共8项。

有效问卷的统计数据显示，参与本次调查研究的316名教师中有男性教师89人、女性教师227人，分别占比28.2%和71.8%，女性教师占大多数；年龄分布在40岁以下的教师人数较多，其中在30岁以下的教师和31—40岁年龄段的教师人数为108人和110人，分别占比34.2%和34.8%；教师的学历主要集中在本科学历和硕士学历，分别有241人和64人，占比76.3%和20.3%，如图3－2所示。

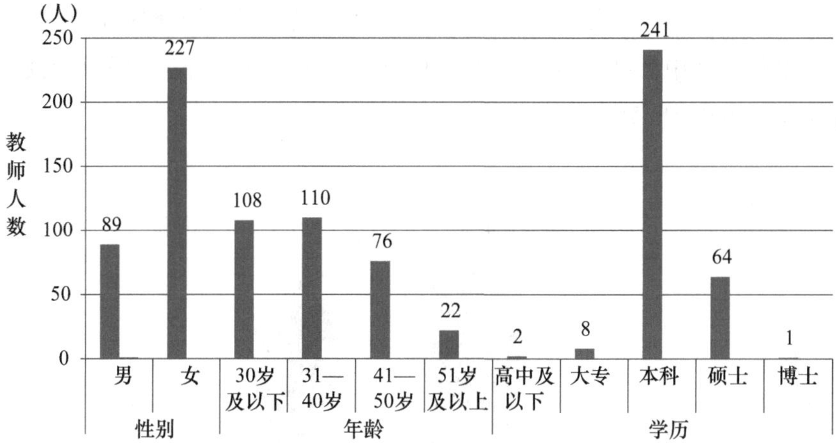

图 3－2　教师的性别、年龄和学历分布

统计数据显示，接受调查研究的教师群体在职务上以普通教师为主，人数为 277 人，占比 87.7%，任职校长（含副校长）的有 6 人，占比 1.9%；教师的职称主要分布在一级及以下，总人数为 244 人，占比 77.2%；教师的教龄分布则较为均匀，其中教龄为 5 年及以下的教师人数相对较多，占比 28.5%，教龄为 16—20 年的人数相对较少，占比 12%，具体数据如图 3－3 所示。

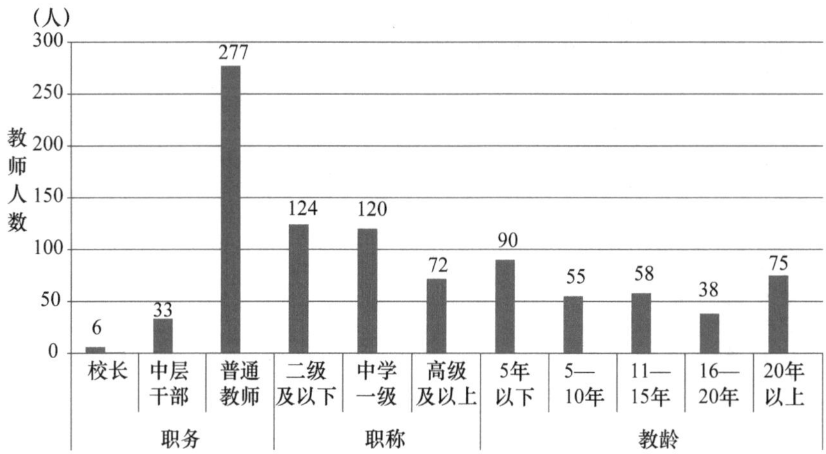

图 3－3　教师的职务、职称与教龄分布

教师任教学段的分布，如图 3-4 所示，接受问卷调查的教师主要为初中教师与高中教师，占比分别为 41.8% 和 34.5%；小学教师的人数相对较少，占比 15.5%。

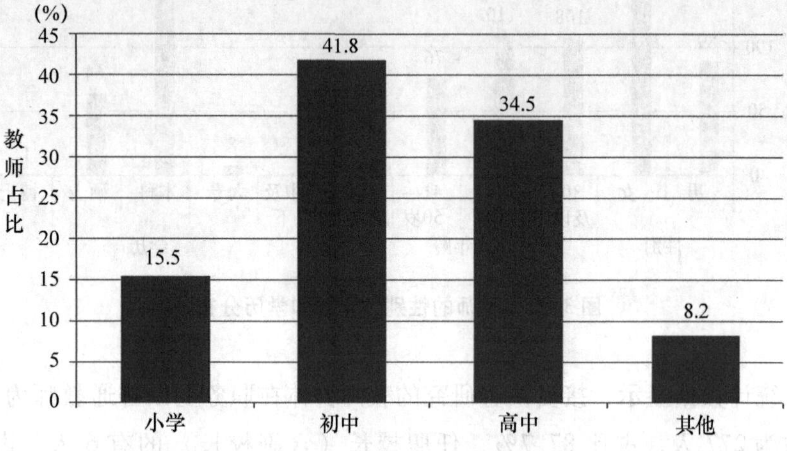

图 3-4　教师任教学段的分布

教师的任教学科涵盖面较广，主要教授的科目是语文、外语、数学，人数分别达到 68 人、55 人和 52 人，如图 3-5 所示。

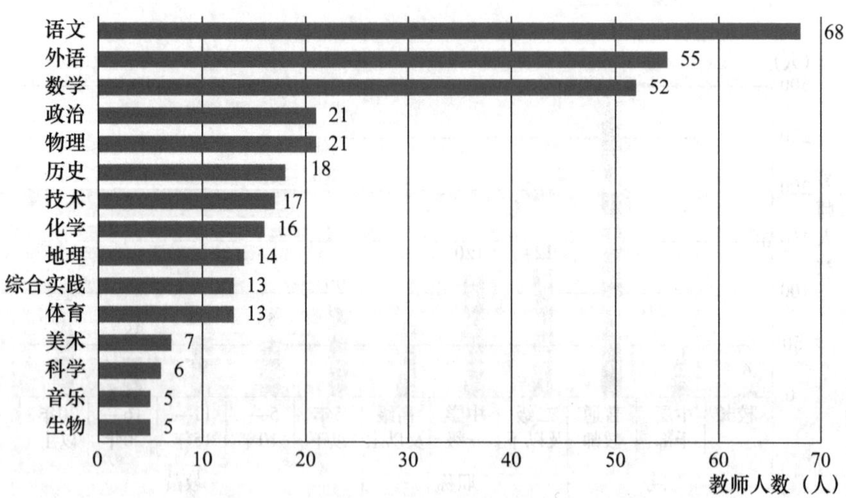

图 3-5　教师的任教学科

（三）访谈资料的收集与分析

访谈以面对面形式展开，研究者走访了无锡市中小学的一些校长、中层管理者与教师，访谈时间跨度为1年，形成访谈文本资料并进行分析处理。

1. 访谈资料的获取

在访谈开始之前，研究者先对第一批受访对象进行初步分析，从教师课程领导的视角对研究对象进行审视和考察，并且将需要收集的资料进行大体分类，制定初步访谈框架。在与第一批受访者的访谈结束之后，我们整理了笔记和录音，对手头资料进行初步分析，对于学校教师课程领导力的核心特征有了大致的轮廓，结合学校的实际，又阅读了关于教师课程领导方面的专业书籍与理论文章，通过理论和实践的比较进一步明晰研究问题。

之后，我们的研究者多次与不同对象进行访谈，收集了文本、图片和音像资料，参加了教研活动，进行了课堂观察。除了学校校长与教师以外，为了能够从更多渠道加深对于研究主题的理解，还访谈了大学教授、研究员、学生及家长等不同角色。本研究最终访谈38名对象，具体信息如表3－1所示。

表3－1　**访谈人物信息**

序号	编码名	性别	职务	职称	年龄	教龄
1	ZJ2	男	所长	教授/博导		
2	ZJ3	男		教授/博导		
3	ZJ4	男	会长	研究员	63	
4	ZJ5	男	处长	研究员	52	
5	ZJ6	男	院长	研究员	54	
6	ZJ7	男	主任	研究员	53	
7	ZJ8	女	教研员	副研究员	38	
8	XZ1	男	老校长	中学高级	66	30
9	XZ2	男	老校长	中学高级	63	30

续表

序号	编码名	性别	职务	职称	年龄	教龄
10	XZ3	男	校长	教授级高级教师	51	34
11	DX1	男	副校长	教授级高级教师	48	25
12	DX2	男	副校长	中学高级	50	27
13	XZ4	男	副校长	中学高级	48	25
14	JS1	男	级部主任	教授级高级教师	56	34
15	JS2	男	处长	中学高级	54	28
16	JS3	男	副所长	教授级高级教师	48	25
17	JS4	男	数学教研组长	教授级高级教师	56	30
18	JS5	男	校长	教授级高级教师	57	29
19	JS6	男	教师	中学高级	51	32
20	JS7	女	教师	中学高级	48	28
21	JS8	女	级部主任	中学高级	42	19
22	JS9	男	副主任	中学一级	34	11
23	JS10	女	教师	中学一级	33	12
24	JS11	女	教师	中学一级	35	11
25	JS12	女	教师	中学一级	36	12
26	JS13	男	体育部主任	中学高级	42	20
27	JS14	男	课程教务处主任	教授级高级教师	50	29
28	JS15	女	教师	中学高级	38	15
29	JS16	男	教师	中学一级	33	11
30	JS17	男	教师	中学二级	32	5
31	JS18	女	教师	中学一级	33	12
32	JS19	男	教师	中学一级	31	7
33	学生 L	女			17	
34	学生 M	男			18	
35	家长 1	男			48	
36	家长 2	女			45	
37	WX1	男	校长	中学高级	52	25
38	WX2	男	校长	中学高级	50	28

2. 资料的整理与分析

资料收集后，需要对资料进行整理和分析。整理和分析资料是指，研究者根据研究的目的对所获得的原始资料进行系统化和条理化处理，然后用逐步集中和浓缩的方式将结果反映出来，其最终目的是对资料进行意义解释。具体而言，对研究资料的分析，涉及处理资料、组织资料、将资料区分成容易处理的单位并加以综合及寻找组型等几个方面。这是一个边收集、边整理的过程，研究者每次从实地回来后，总是及时对初级笔记进行整理，以防止记忆消退和内容遗漏。本书的资料分析对象主要是访谈录音、文本资料和图像资料。

首先，我们将访谈录音转化成文字，并对文字进行反思性阅读。在这个过程中，依据研究的问题，在原始资料中找寻不同的意义。研究者会对受访者感兴趣的话题予以重点关注，认真写下反思日记并对每一份录音文字进行初步编码。其次，对原始资料进行反复阅读，将资料进一步浓缩为具有一定意义的关联材料，提炼出与研究问题相关的核心概念或主题，在此基础上，对主题进一步概括并按照维度进行分类。再次，将浓缩后的资料进行展示，目的是在研究问题与材料展示之间来回对照，试图得出具有一定意义的结论。最后，对得出的结论进行反思，寻找材料论证过程中的不足和缺陷，再进一步进行资料收集，如此反复，直到资料充实为止。

五 研究的效度、信度与伦理

（一）研究效度

研究结论是否真实反映了被研究对象的情况，主要取决于这项研究获得的信息的正确性和可靠性。在分析研究的利弊因素后，我们在研究过程中会格外关注可能出现的“效度威胁”，通常会根据三角测量法，采用观察、访谈和文件资料等多种形式来解释发现。在收集和分析资料时，研究者特别留心寻找那些相互冲突的内容以及结论中自相矛盾之处，寻找反例对已经建立的初步理论进行证伪，使用相关的检验手段对那些来自不同的时间和地点、不同的理论角度、不同的研究方法和不同的抽样人群的研究结果进行对比，以检视其中的发现是否一致。此外，为了弥补自身理论知识的不足，研究者积极主动地寻求课程专家的帮助和支持，以减少或避免不当的方法和手段。

(二) 研究信度

信度，即研究结果的可重复性。也就是说，如果另外一名研究者重复本研究，能否得到与本研究相同或相似的结果。为保证研究过程和研究结论的可靠性，本研究运用了以下几种策略。

首先，运用三角验证的方法。研究者将通过访谈、观察、文本分析和调查问卷等多种途径收集资料，再将不同途径获得的资料进行对照和比较，并就某一问题进行相互佐证，以确保全面、正确地了解研究现象。此外，选择不同的受访者对同一问题进行交流，倾听他们对同一事件的意义诠释，并将其进行对比，以排除可能威胁研究可靠性的因素。

其次，研究者的自我反思。注重自我反思是质性研究的一个显著特征，在这项研究中，反思贯穿整个研究过程。研究者通过不断反思自己的分析过程、使用方法和伦理问题，尽量避免由于研究者的个人偏见或理解偏差而带来的信度威胁。

最后，保证信息的"原汁原味"。对于访谈录音的处理，研究者本着尊重受访者本意的原则，不对其限制或曲解，文本转换一般不作修饰，尽可能真实呈现受访者的观点。

(三) 研究伦理

在这项研究的过程中，研究者需要长时间地反复到达实地获取研究资料，包括收集文本资料、观察、访谈、进行问卷调查等，需要研究者和现场的人们逐步建立一种长期的、密切的、彼此信任的关系。研究者与现场的人之间、现场的人与人之间的关系不仅错综复杂，而且十分微妙，涉及人际之间的道德、权利、责任等问题。因此，研究过程中，我们尽量避免与被研究者发生冲突，尽量保护被研究者的个人隐私，尊重他们的权利，在没有得到被研究者同意的情况下，保证不泄露彼此之间的交流和对话，取得对方的信任和理解，使对方愿意帮助研究者完成相关的调查和访谈。例如在访谈过程中，研究者一定会尊重访谈对象的个人隐私，并对其个人信息进行保密，在资料分析和处理时均采取匿名的办法，隐去当事人的名字。有时为了获取珍贵的资料，需要与受访者建立更为深厚的感情，这种感情当然是建立在信任的基础上。研究者需要常常站在他人的角度考虑问题，用真诚换取真诚，用理解换取理解，尽力拉近与受访者之间的距离。

第二节　现状分析

以赋权增能为出发点，我们在分析江苏省教师课程领导力现状时，首先从课程领导力的核心要素展开，了解当前教师在课程领导力的目标、内容、实施主体和领导方式上的具体表现。进而，对于课程领导力的作用机制进行深入剖析，探索教师专业影响力的现状及其与学校课程决策之间的潜在关系。

一　理论视角：教师课程领导力的核心要素分析

从理论视角出发，我们的研究在教师课程领导力的理论框架中提出了课程领导力的 4 个核心要素：愿景、课程问题、共同体和引领方式，分别对应研究中的为何可做、何事要做、何人来做以及如何去做，研究基于这 4 点展开了问卷调查与数据分析。

（一）为何可做：共享学校课程愿景

在共享课程愿景方面，我们的线上问卷调查从教师个人理解和校长投入推动两个层面展开，其中个人愿景部分想要了解教师对于学校愿景的了解程度、态度等，组织愿景部分关注学校校长对于学校课程愿景的投入程度与推动方法。

1. 个人愿景：教师的理解与态度

当前教师对于学校愿景的讨论整体呈现出积极的态势，如图 3－6 所示。在所有受调查的教师群体中，有 64.6% 的教师曾经参与或正在参与学校愿景的讨论；图 3－7 的统计数据则进一步表明，一半以上（51.4%）的教师对于学校愿景有明确了解。结合上述两项数据，说明当前学校愿景的概念对于教师来说不是一个虚无缥缈的理念，而是切实融入教师日常工作中。

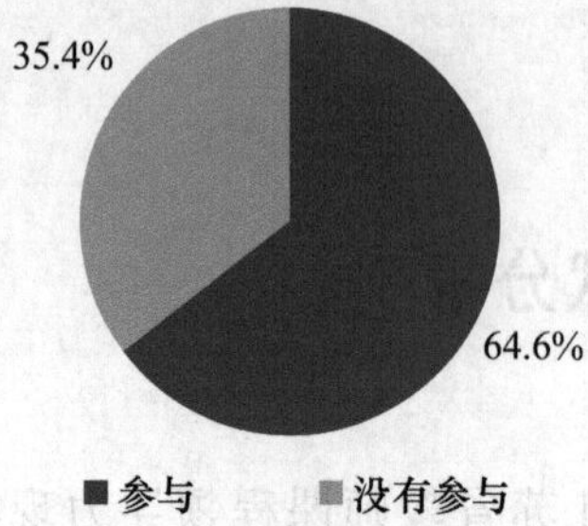

图 3 - 6　教师是否参与学校愿景的讨论

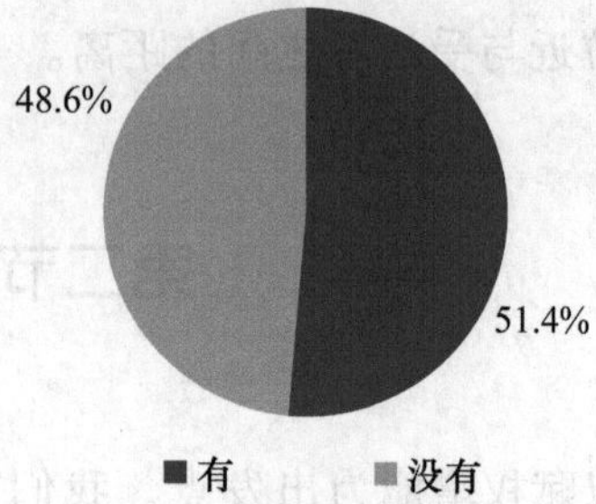

图 3 - 7　教师对学校愿景是否有明确了解

在教师对学校愿景的态度方面，如图 3 - 8 所示，有 78.2% 的教师对于学校愿景表示接纳与认可，21.8% 的教师不了解学校愿景或者对此持无所谓的态度。值得一提的是，所有受调查的教师中，没有一人对于学校愿景持明确的否定态度。以上数据表明，当前有超过四分之三的教师认可与支持学校愿景的创设，即便在这些教师群体中，有相当一部分人并没有对学校愿景有明确的了解，也没有参与愿景的制定与讨论活动，但是教师们普遍对于愿景本身保持积极的态度。

图 3 - 9 进一步显示，在愿景与课程改革的契合度方面，超过 80% 的教师认为二者之间存在契合的关系，说明在教师视角下，愿景的存在能够影响学校课程的改革以及学校未来的发展。

2. 组织愿景：校长的投入与推动

一直以来，以校长为首的学校管理者是学校愿景的制定者和推动者，我们的调查结果表明，教师对于校长在学校愿景上的投入精力表示认可。如图 3 - 10 所示，超过 65% 的教师认为，校长在学校愿景上愿意投入很多的精力，认为校长投入精力不足的人数仅占 1.2%。图 3 - 11 则进一步表明，校长在学校愿景中的组织方式方面，74% 的教师认为，本校的校长能够组织专家、教师、学生及家长各方参与。

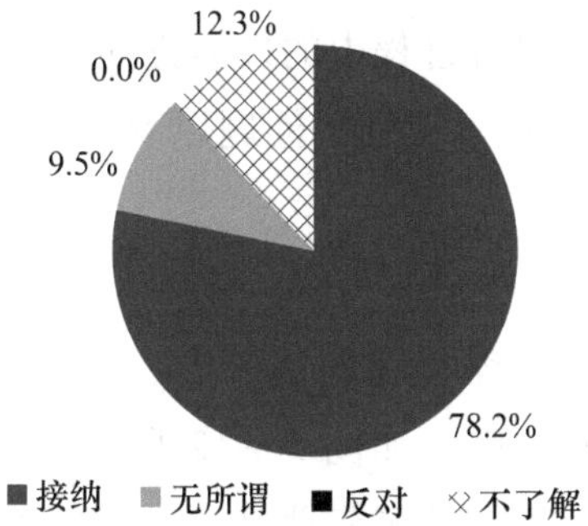

图3－8　教师对学校愿景的态度

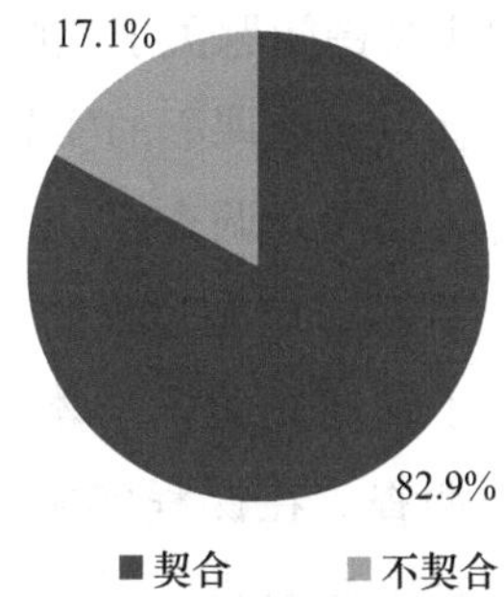

图3－9　愿景与课程改革的契合度

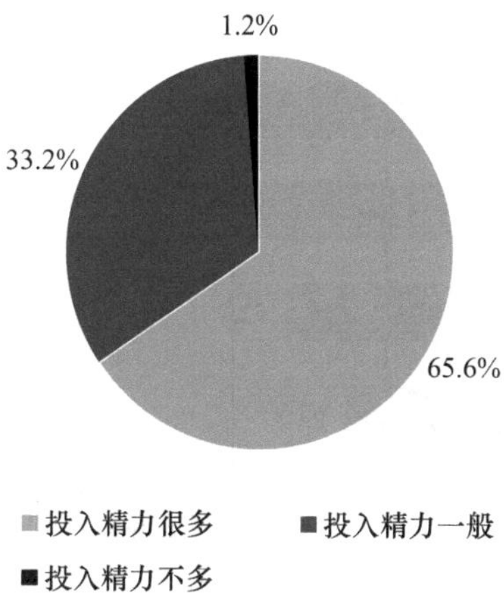

图3－10　校长在学校愿景上的投入精力

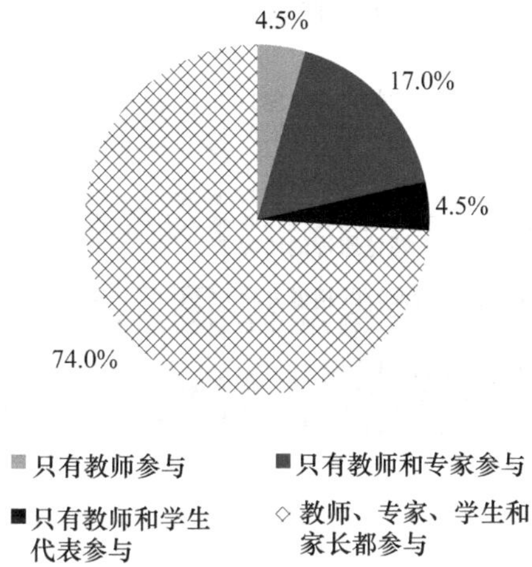

图3－11　校长在学校愿景中的组织方式

综上所述，在组织愿景方面，当前校长对于学校愿景投入了较多的精力，能够统筹包括教师、家长、学生等多方共同参与，确保了学校愿景在实践过程中与学校课程改革方向保持一致。校长在组织愿景上的努力也推动了教师对于愿景的理解与认可，二者互相促进，共同确保了教师课程领导力在目标层面的有效提升。

（二）何事要做：解决课程关键问题

解决关键问题关乎教师课程领导力在提升过程中的发力方向，对此，本研究针对当前课程的实施情况、实施过程中遇到的问题以及问题解决方案等方面展开调查。

1. 课程实施全过程的表现

在了解问题之前，本书首先对教师课程实施的前、中、后期的行为展开调查。在课程实施前的教师行为方面，如图 3－12 所示，教师通过多种方法备课，其中最主要的方法是主动了解学生的兴趣、能力和经验，满足学生发展的需要（人数占比为 84.2%）。除此之外，教师还在拓宽课程内容、把握课程精髓、优化课程结构等多方面积极行动，采取这些措施的教师占比均超过总人数的 60%。

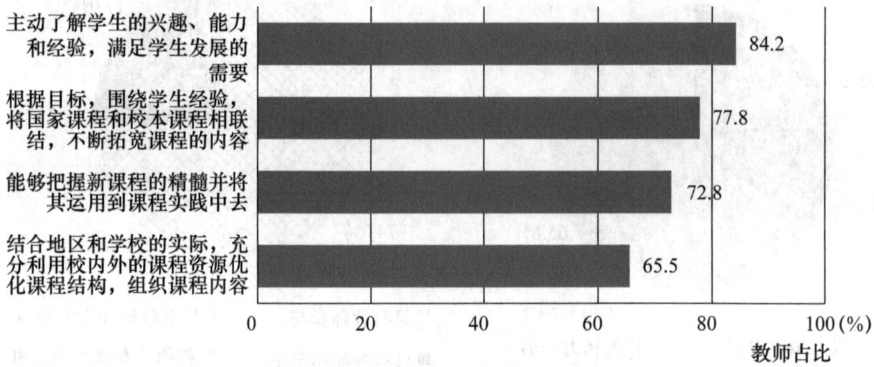

图 3－12　课程实施前的教师行为

在课程实施中的教师行为方面，如图 3－13 所示，为了提升教学效果，教师围绕教学内容采取了各式各样的教学方法，其中，超过 90% 的教师能够灵活运用教学方法和策略来激发学生的学习动机，也有超过 80% 的教师能够在教学时关注各单元学习内容之间的关联性，能够根据学科和学生的情况来编排学习内容的顺序。

相较而言，教师在教学过程中运用现代科学和技术手段帮助学生学习和体验则略显不足，人数占比为 54.4%；对于整合各学习领域之间相关的学习内容，教师更是没有充分的准备和相关的经验，人数占比不足

50%。由此可见，当前教师能够围绕课程要求与课程标准，灵活使用教学方法与策略，通过合理编排内容讲好每一堂课。但是，教师群体尚且没有在前沿信息技术的应用、跨学科融合发展等未来教学的大趋势上做好充足的准备。

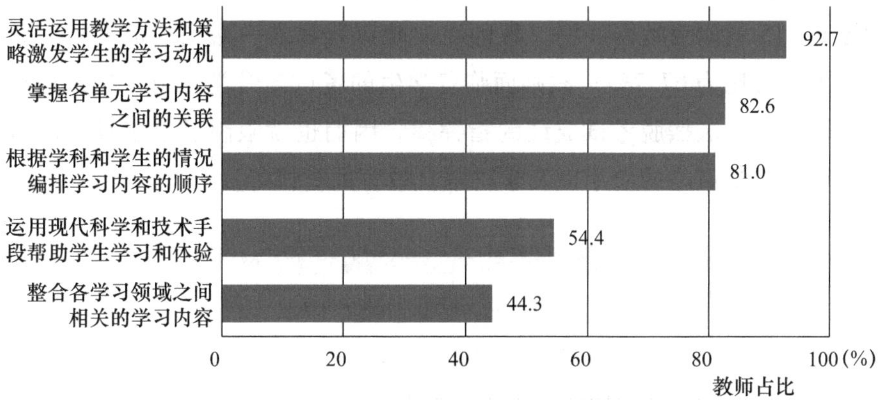

图 3－13　课程实施中的教师行为

在课程实施后教师的评价反馈手段方面，如图 3－14 所示，绝大多数教师倾向于通过学生的口头讲述、课后作业等方式了解学生对课程内容掌握的真实情况，人数占比为 93.4%；有超过 75% 的教师会通过确立评量学生学习成就的标准与方式来跟踪学习者持续性的学习动态。除此

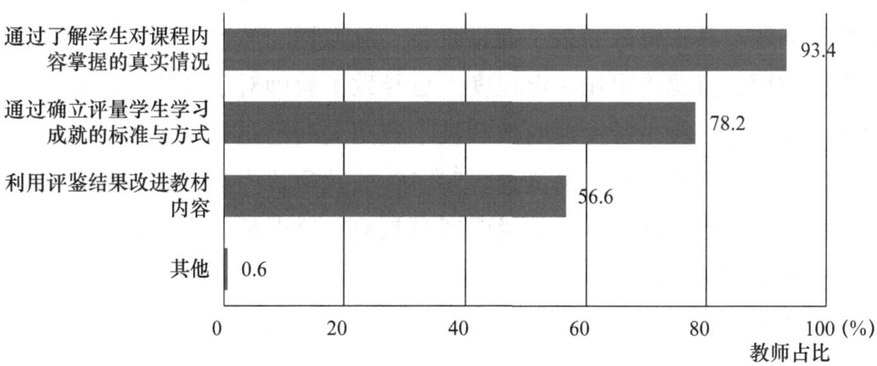

图 3－14　课程实施后教师的评价反馈手段

之外，超过半数的教师能够利用评鉴结果改进教材内容，以持续不断地优化课程结构，完善课程体系。

2. 课程教学的问题与策略

教师在课程教学过程中会遭遇来自各方面的阻力，这是教师在提升课程领导力时需要直面的关键问题。在教师课程教学的实施阻力方面，如图 3－15 的调查数据表明，教师在实施课程教学中遇到的最大阻力是压力大，占比为 67.7%。教师面临着学生的考试与升学压力，在课程实施的过程中无法摆脱考试成绩的指挥棒，因而也就限制了很多教学内容的扩展、教学策略的应用以及学科融合教育的尝试等。

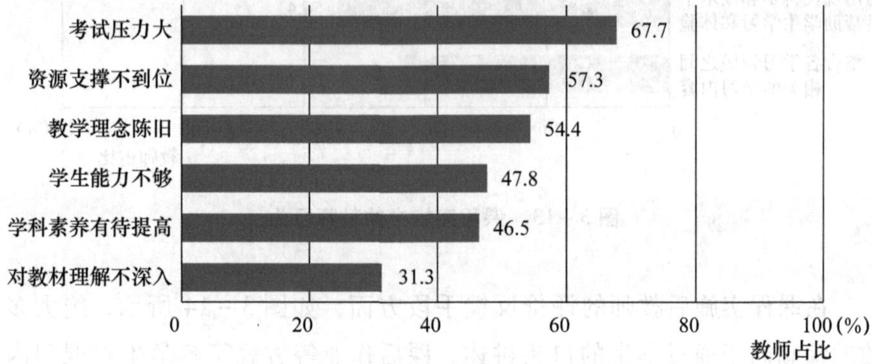

图 3－15　教师课程教学的实施阻力

此外，超过半数的教师认为，当前教学资源支撑不到位、教学理念陈旧等问题。其中资源涵盖了硬件设备、互联网、软件支持、网络资源等多个方面，资源受限在一定程度上也导致了教师对于现代技术应用的匮乏，与上述分析中所发现的教师技术应用欠缺的结论相呼应。教育理念陈旧则是一个较为宽泛的概念，54.4% 的教师认为自己在教育理念上开始跟不上时代发展的步伐，说明通过教研、培训等方式提升教师课程领导力的需求迫在眉睫。

在课程内容设计层面上，如图 3－16 所示，当前教师遇到的最大的问题是，如何基于课程标准与学情研制课程纲要，以及如何基于内容标准编写单元或课时方案，占比均超过 50%，说明教师在课程设计过程中的焦点问题是如何按照国家课程标准制定自己的课程方案，以达到课程内容的理想转化，而这也是当前提升教师课程领导力的重要发力点。

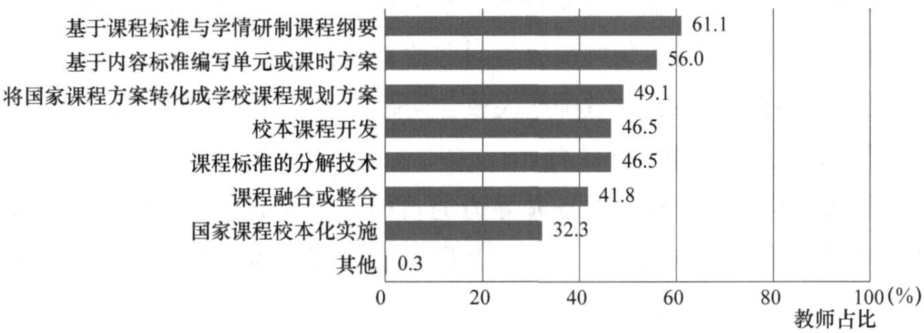

图 3－16　课程内容设计层面的问题

面对各种类型的教学问题，教师们并没有无动于衷，而是坚持把自己视为学校改进的中坚力量，通过多种方法来解决问题。在教师解决问题的途径上，如图 3－17 所示，88.3% 的教师会通过同伴互助的方式来

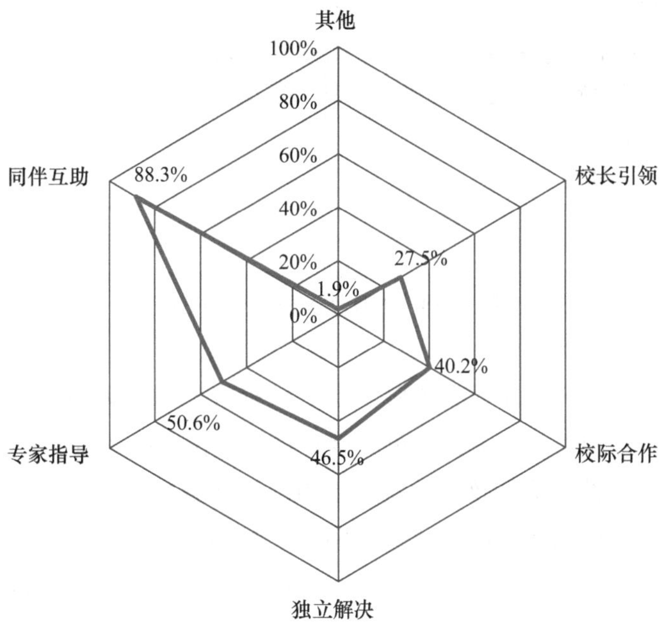

图 3－17　教师解决问题的途径

解决问题，说明教师之间在教学经验、教学资源等方面的合作共享对于解决教学问题具有较大的提升作用。

此外，教师还会选择专家指导、独立解决、校际合作等方式解决问题，而能够通过校长引领解决教学问题的人数占比不足30%，说明当前学校管理者对于直接引领教师解决教学问题的尝试与方法都非常匮乏。

3. 课程变革与课程领导力

解决课程问题、提升课程领导力的目的，是提高学生的能力。在课程变革对学生的影响上，如图3－18所示，教师认为课程变革能够在很多方面对学生产生积极影响，而对此持否定态度的教师人数仅占比5.7%。具体而言，教师认为课程变革主要能够激发学生的自主性，增强学生在思维、表达、探究和自信心等方面的能力。

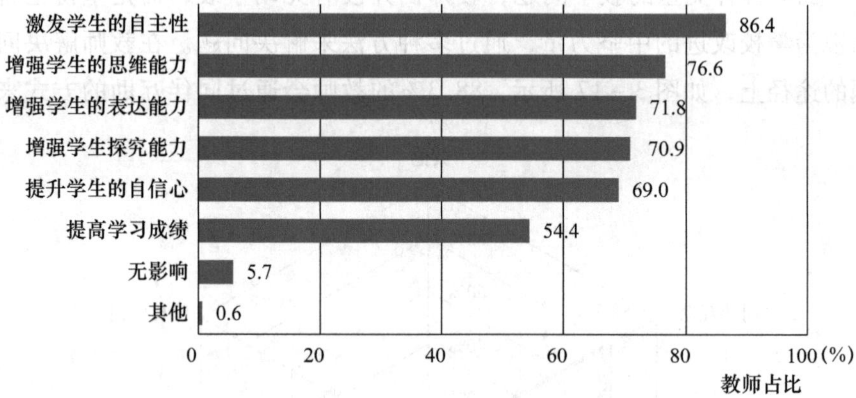

图3－18　课程变革对学生的影响

相比之下，关注课程变革对学生成绩提升的教师人数相对较少，侧面说明在教师视角下，课程变革的核心目的不在于提高学生成绩。然而，图3－15针对教师课程教学的实施阻力的调研数据显示，课程实施阻力的第一位是考试压力，两项数据共同说明教师对于课程变革的理念与当前的教学环境之间存在一定的矛盾。教师在课程改革之初秉持着提高学生综合素质的理念，但是在课程实施的过程中遭遇来自考试的压力，说明教师领导力的发展会受到来自外部环境的牵制。

在教师课程领导力的体现方面，如图 3－19 所示，绝大部分教师认为课程领导力体现在课堂教学方面，占比为 85.1%，说明教师们关注的课程领导的重心在课堂上，把课堂教学做好是提升课程领导力的第一步。此外，教师也非常关注课程领导力在师生关系、专业发展上发挥的作用，二者占比均超过 50%，说明在教师心目中具备较高专业素养的教师能够协调与学生之间的关系，并通过各种途径提升自己的专业水平。

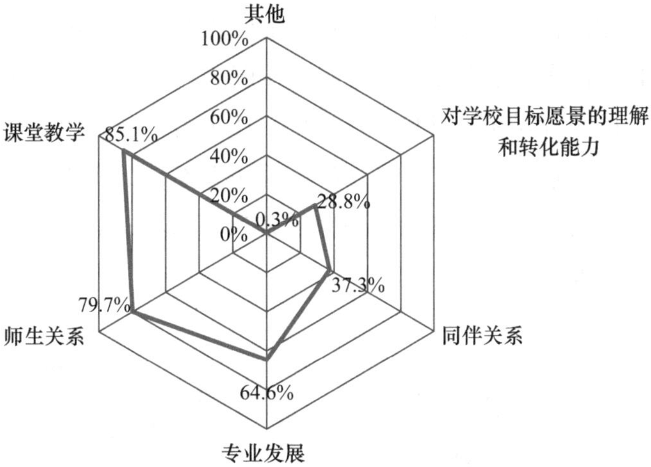

图 3－19　课程领导力的体现方面

相较而言，教师并不太能够理解课程领导力在促进同伴关系以及对于学校愿景的理解和转换上发挥的作用，但是这两者却在教师专业能力提升过程中发挥重要助力。图 3－17 针对教师解决问题的途径，数据表明，目前教师在课程教学中遇到问题时采用最多的方法是同伴互助，即同伴之间的关系是教师课程领导力提升的重要途径。课程愿景的理解更是有助于教师了解当前所处环境，明确教学改革的方向与目标，是课程领导力提升的关键要素。因此，我们认为，提升教师的课程理解力是当前教师课程领导力亟须解决的根本性问题。

（三）何人来做：构建学校课程共同体

学校是一个共同体，教师课程领导力的提升不仅依赖教师自身的努力，而且需要来自各个方面的支持。在赋权增能理念的指导下，唯有建立一个良好的共同体，学校才能够形成统一话语体系，充分发挥学校场域中每一位教师的积极性和主动性。为此，本研究从学校整体、校长、教师与学生4个层面对共同体现状展开调查分析。

1. 学校层面：机会与改革

在学校整体层面，晋升机会与课程改革能够为教师能力提升营造良性氛围，这种环境的营造依赖于各方作用合力，包括区域教育管理制度的实施、学校的中长期规划等，需要各个层级教育单位的共同努力。在教师专注工作能够获得晋升机会方面，如图3－20的调查数据显示，当前超过60%的教师对所在学校表示认可，认为自己专注工作能够获得晋升机会；而在教师对于学校课程改革的看法方面，如图3－21所示，超过85%的教师对学校改革表示认同并希望积极参与，对此持完全否定态度的教师仅占0.4%。

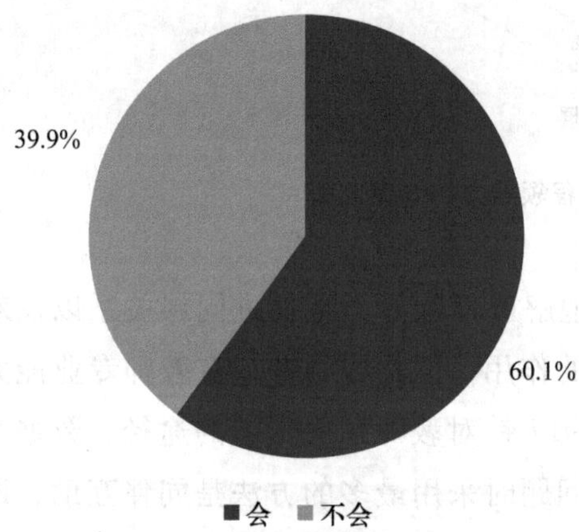

图3－20　教师专注工作能够获得晋升机会

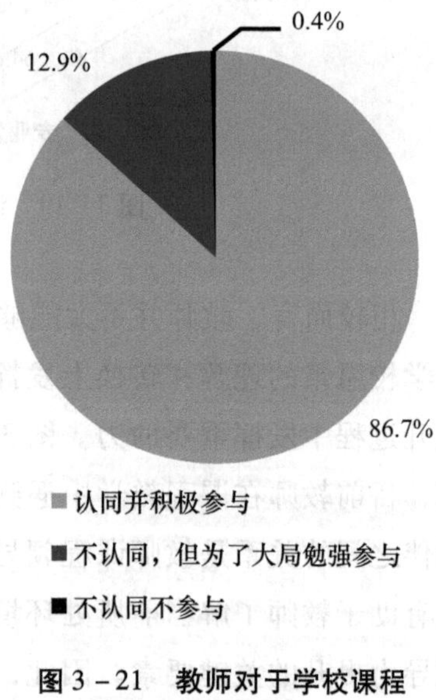

图3－21　教师对于学校课程改革的看法

整体而言，当前学校层面在晋升与改革方面的表现得到了教师的普遍认可，但仍有较大的提升空间。因为数据表明，目前仍有接近40%的教师并不认可目前学校在教师晋升中所创造的机会，也有 12.9% 的教师并不认可学校在课程改革方面所做的努力。如果想要促使这部分教师积极参与学校课程改革并致力于自身专业发展，就需要在制定学校课程愿景时得到他们的理解和认同，并相信通过自己的努力和积极参与可以有效改进专业实践，从而使自己和学校、学生一起成长发展。

2. 校长层面：策略与风格

校长在学校事务中拥有最大的话语权，校长的风格与态度对于教师的领导能力具有重要的影响。在学校的决策类型方面，图 3 – 22 的调查数据表明，70% 的教师认为自己所在学校的决策类型属于民主型，而非权威型，即课程领导不是校长一个人的领导，而是校长在民主决策基础上的团队领导，这对于凸显教师课程领导的主体地位具有促进作用。

而在校长的领导风格方面，图 3 – 23 表明，超过 66.4% 的教师认为自己学校的校长属于勇于创新的风格，而非秉持传统。校长勇于创新的态度能够帮助学校更好地推进课程改革，鼓励教师的创新精神，赋予教师更多的自主权，同样能够有效促进教师的课程领导力。

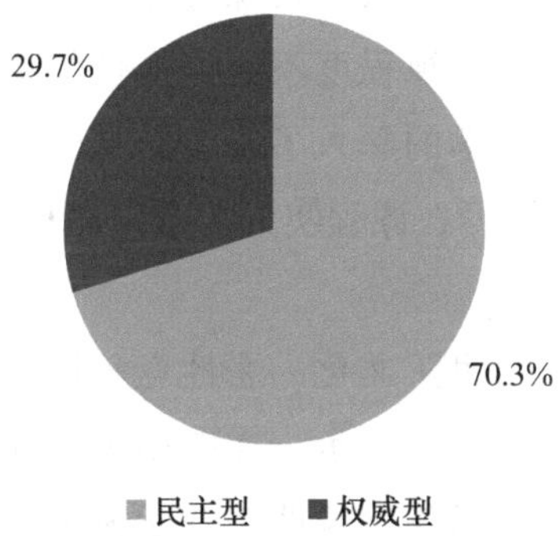

图 3 – 22　学校的决策类型

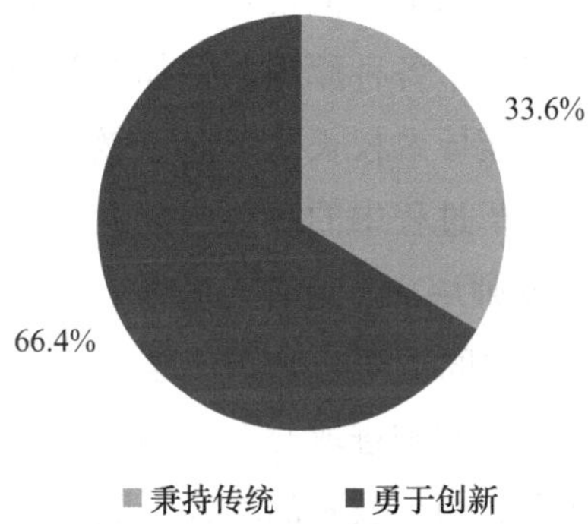

图 3 – 23　校长的领导风格

在校长对于教师发展的态度方面，如图 3 – 24 调查数据所示，88% 的教师认为校长非常重视或比较重视教师自身专业的发展，说明绝大部分学校的管理者都能够关注教师能力的提升，支持教师在个人发展中所做的努力。但是在校长参与课程与教学的时间上，却如图 3 – 25 所示，仅有 43.8% 的教师认为校长能够为学校的课程与教学事务保留充足时间，说明现在的校长大都忙于专业之外的工作，专注课程教学的时间和精力亟待提高。

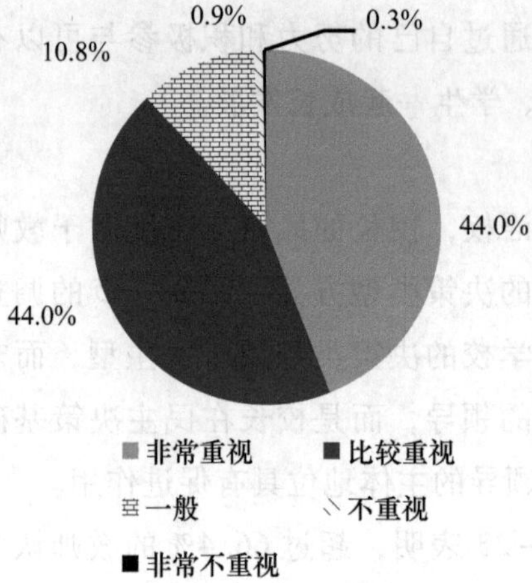

图 3－24　校长对于教师发展的态度

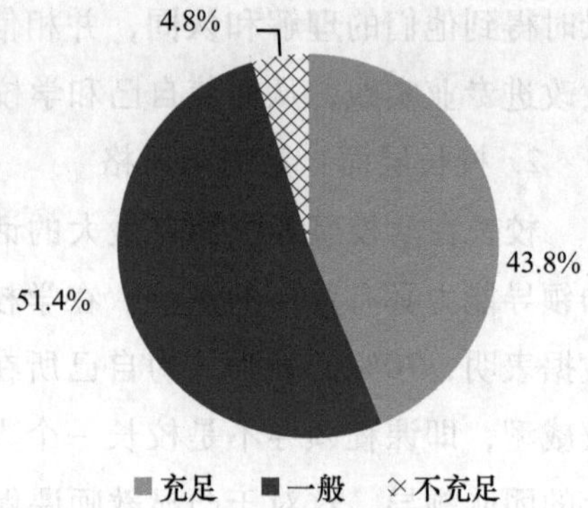

图 3－25　校长参与课程与教学的时间

以上两组数据共同表明，虽然校长对于教师教学能力的提升保持重视与鼓励的态度，但校长并没有充足的时间投入学校课程教学。校长的缺位可能出于各种原因，譬如时间不足或重视程度不高，但任何原因最终都将可能导致校长缺乏对于教师课程教学的深入了解，影响学校层面在课程改革过程中的政策与方案，消解教师在课程实践探索中的积极性。

3. 教师层面：合作与竞争

同事之间的通力合作能够营造良好的团队文化，恶性竞争则会削弱教师的积极性和进取心。如图 3－26 调查数据所示，在获得荣誉时总是或经常得到同事鼓励的教师人数占比超过 80%，说明当前学校的办公室文化能够有效消解同事之间的壁垒，教师在遇到教学困难的时候会主动选择同伴互助，得到荣誉的时候也能够获得来自同伴的正向反馈。

但是，在涉及教师之间容易产生矛盾的部分，譬如在同事争夺教学时间上，图 3－27 的数据表明，目前仍有超过 35% 的教师面临过与搭班教师争夺教学时间的问题。此类竞争会影响到教师之间的相互信任，处理不当则会影响教师之间的合作，削弱教师的组织与领导能力。

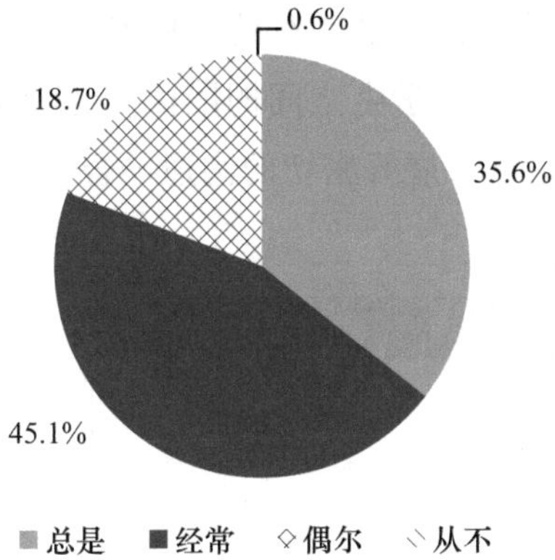

图 3-26　获得荣誉时同事的鼓励

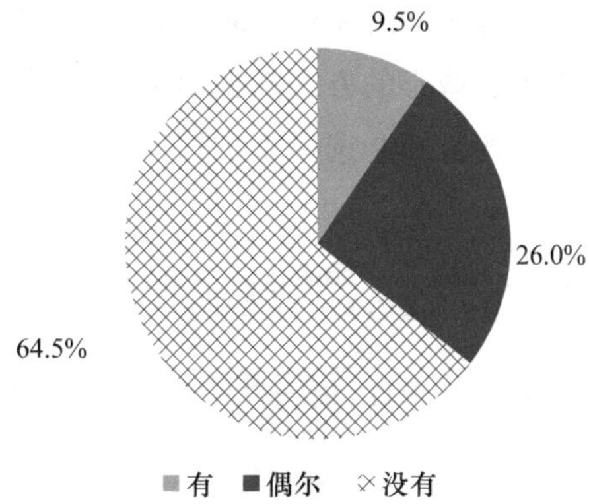

图 3-27　同事争夺教学时间

4. 学生层面：师生关系与交往方式

教师课程领导力本质上是一种课程影响力，而课程是师生共同建构的产物，师生的关系及其实现途径在共同体中占据重要地位。在师生关系的类型上，如图 3-28 所示，调查数据表明，认为师生关系主要是以轻松和谐、友好信任为主的占比均超过总人数的 70%。有一半以上的教师认为自己能够与学生民主协商，与学生曾经处于或正处于紧张敌对的教师仅占比 1.9%。

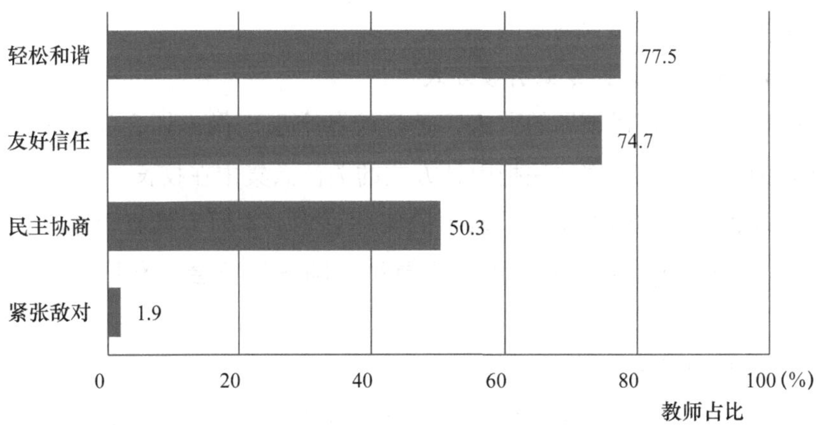

图 3-28　师生关系的类型

了解学生的途径方面，如图 3－29 所示，几乎所有的教师都能够通过交流、谈心的方式掌握学生的感受，打通与学生之间的隔阂；也有超过一半的教师会选择家访的方式，与学生家长展开密切的沟通与合作。

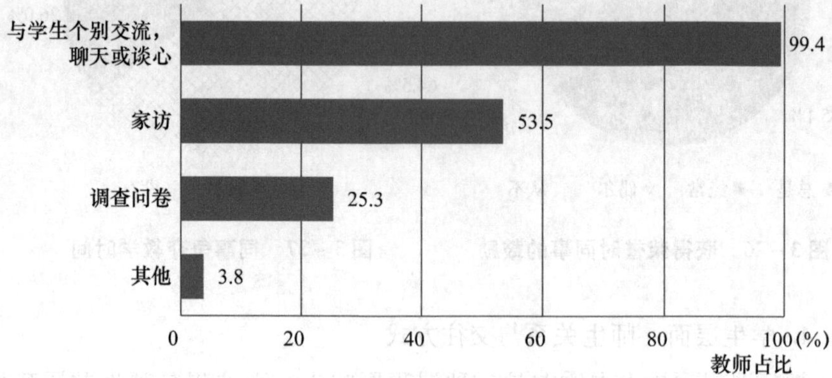

图 3－29　了解学生的途径

以上两组数据共同表明，当前教师能够较好地处理其与学生之间的关系，认真倾听学生的声音，形成一个轻松、信任的师生共同体。在后现代话语下，这种师生之间的密切关系显得尤为重要，它能够帮助教师站在学生的立场上、以学生为中心来开展有效的“教”与“学”的活动，最终实现教学相长的目的。

（四）如何去做：专业引领方式

引领方式即课程领导的方式，是学校各个层面做出切合领导情境的领导行为。先前的研究往往把引领方式的关注点集中在校长一个人身上，忽视了课程共同体的作用以及教师的实际诉求。本研究调查以教师的需求为中心，围绕学校引领方式的选择和教师发展机会的获取两个方面展开。

1. 学校的引领方式

校长在促进教师发展中的举措方面，如图 3－30 所示，76% 的教师认为校长在引领教师专业发展方面出台了很多支持教师专业发展的制度；17. 9% 的教师认为校长不过多干预，主要是教研组层面上的自觉行为；

6.1%的教师认为校长在专业引领上举措虽有但不切实际。总的来说，目前校长在课程引领中发挥了积极的带头作用。

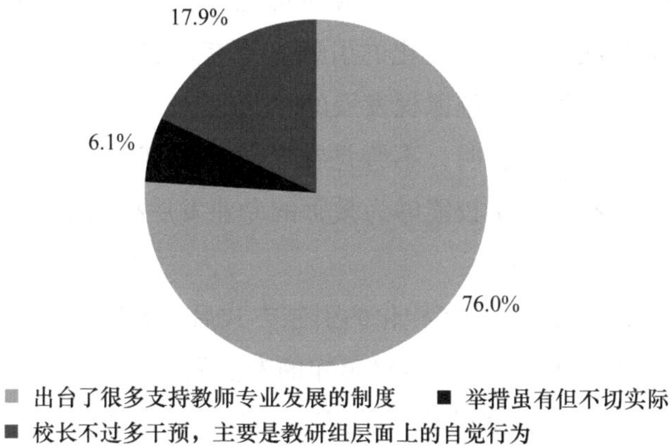

图 3－30 校长在促进教师发展中的举措

在学校常用的专业引领方式上，由图 3－31 可知，学校主要采取的是合作探究式、理念指导式和校际互带式的引领方式，占比分别为 81.3%、

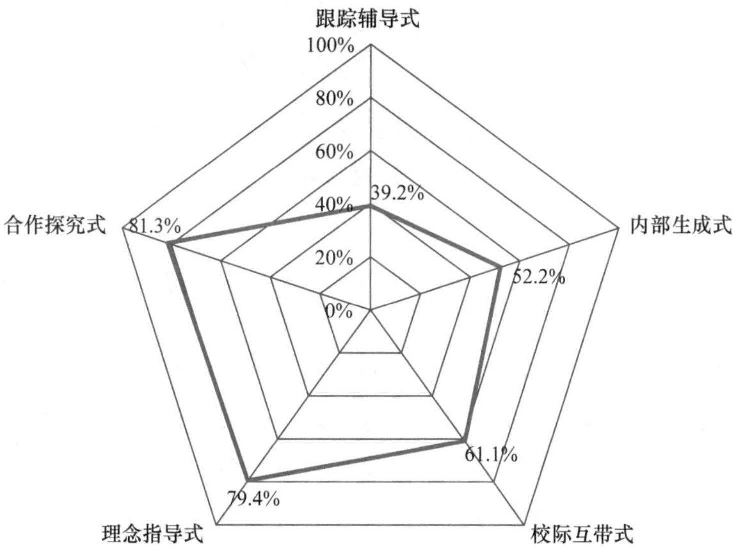

图 3－31 学校常用的专业引领方式

79.4%和61.1%。合作探究即鼓励教师之间形成合作共同体，学校通过组织相关活动提升教师专业能力；理念指导即通过校长、专家对教师展开培训，提升教师能力素质；校际互带即通过校际之间的研讨合作，提升教师的专业技能水平。多样化的引领方式有效促进教师专业能力的提升，也帮助教师积累了引领课程发展的相关经验。

上述两组数据共同表明，不管是在政策与制度的支持上，抑或是具体引领方式的选择上，学校能够为教师的专业发展提供足够支持。

2. 教师的发展机会

当学校层面为教师提供多样化的引领方式后，教师能否感知并充分抓住机会显得尤为重要。在教师能够感知的专业发展机会方面，如图3－32所示，63.9%的教师感到学校提供的专业发展机会较为充裕，即大部分教师在个人发展中并不缺乏机会，而在于自己能否抓住机会。

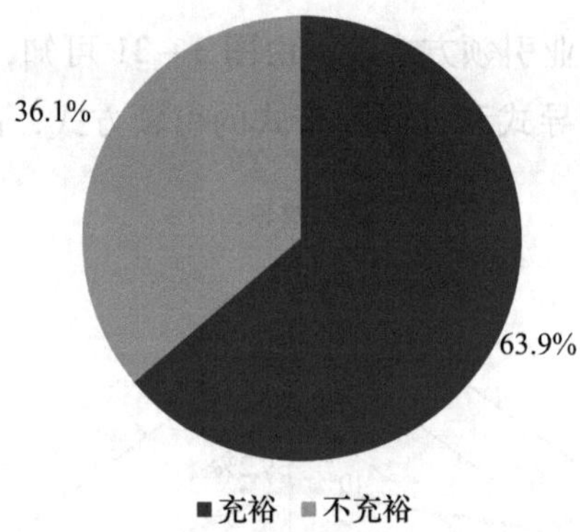

图3－32　教师能够感知的专业发展机会

在教师实现专业发展的途径方面，如图3－33所示，进一步的调查数据则表明，89.6%的教师能够通过培训、学习和研讨等方式提升课程能力，超过一半以上的教师也可以借助专家引领、同伴支持，自觉开展课题、项目研究，积极参与课程决策等方式提升能力，说明当前教师普遍重视学校提供的专业发展机会，珍惜学校在专业引领上提供的诸多宝贵支持。

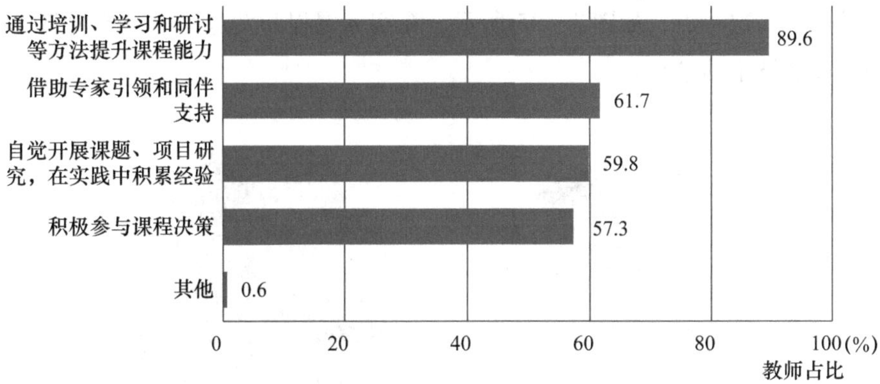

图 3－33　教师实现专业发展的途径

二　作用机制：教师课程发展能力的现状分析

从推动学校课程改革的角度来看，教师课程领导力的作用机制在于教师的课程意识、课程理解与课程参与的相关能力。课程意识和课程理解是教师推动课程改革的内驱力，而课程参与中涵盖的课程教学与开发等相关能力则是保证课程改革得以顺利开展的外部动力，我们对二者展开了调查分析。

（一）课程意识与课程理解能力分析

课程意识是教师在思考和处理课程问题时，对课程价值以及如何实施课程的基本认识，是教师对实然课程的反映和对应然课程的追求。①

简言之，课程意识是指教师对课程的敏感性和自觉性，是一种对课程目标、内容、实施和评价等方面的综合反映，它支配着教师课程活动的方方面面。

在教师对于课程的理解方面，如图 3－34 所示，88% 的教师认为，课程是学生在教师指导下获取的经验，师生共同创造、建构课程；12% 的教师则认为课程是法定的教育要素或知识，教师传递既定知识。数据结果表明，绝大部分教师对于课程中教师与学生的相互促进关系有深入的理解，形成了自觉、主动、高效的课程教学能力。针对校本课程开发态度的调查

① 钟勇为、郝德永：《课程意识：蕴涵与路径》，《当代教育科学》2005 年第 8 期。

更是佐证了这一点，如图 3－35 所示，在实际课程开发过程中，超过 70%的教师能够主动参与。

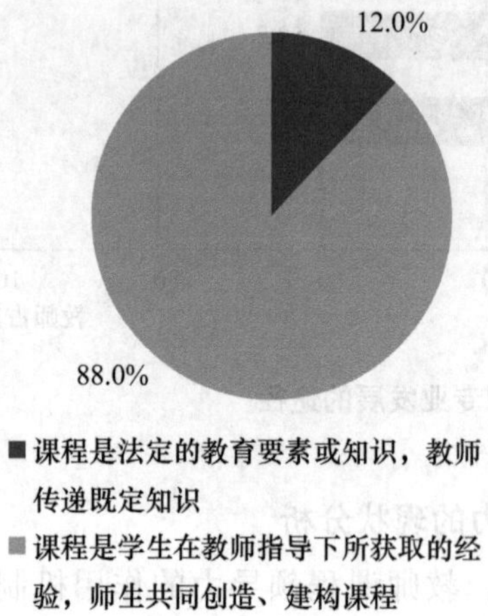

图 3－34　教师对于课程的理解

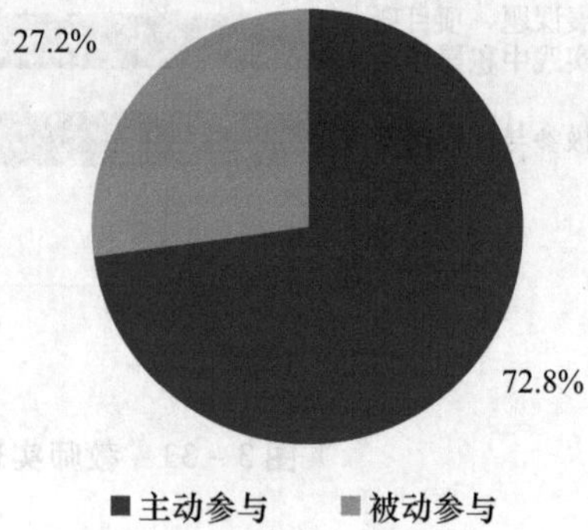

图 3－35　校本课程开发态度

如图 3－36 所示，在课程开发的价值方面，绝大部分教师认为校本课程开发最重要的是有助于培养学生的兴趣和爱好，给学生更多的课程选择权，占比达 91.8%；其次是可以促进自己的专业成长，占比达 81.3%。数据结果表明，教师在参与课程开发的时候，始终能够把促进学生全面发展视为原动力和终极目的，这种自觉的课程意识与课程理解

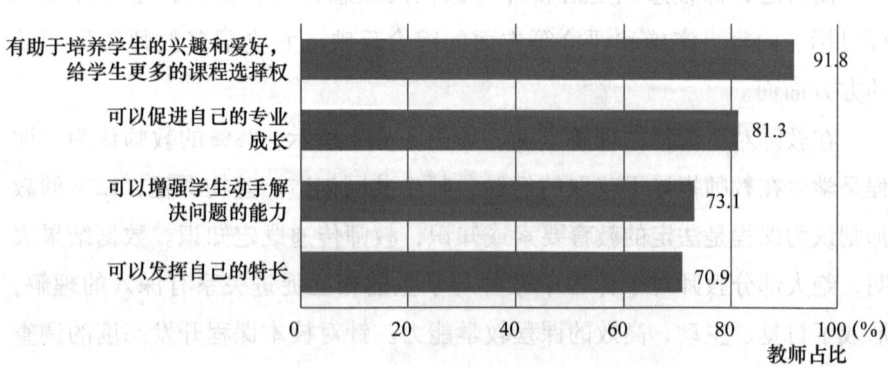

图 3－36　课程开发的价值

能够有效推动学校课程改革的进程。

（二）课程参与能力分析

教师的课程参与能力包括课程教学能力与课程开发能力，其中，课程教学能力源于教师长期深入课堂所形成的经验积累，课程开发能力则是随着校本课程运动的兴起，教师在参与课程决策的过程中逐步培养起来的知识与技能。

1. 课程教学的方法与策略

为了促进教学目标的达成，教师在课程教学中采取了各项手段。在促进教学目标达成的方法上，如图 3－37 所示，教师采用最多的方法是提问、练习和根据学生的水平不断调整教学任务，占比均超过了 80%。此类通过引导的方式帮助学生架设了未知知识与已知知识之间的桥梁，从而逐步达到既定的教学目标。此外，少量教师选择了直接告诉学生课程的学习重点，这种方法虽然在短时间内可以帮助学生快速聚焦教学目标，但是不利于培养学生的自主性。

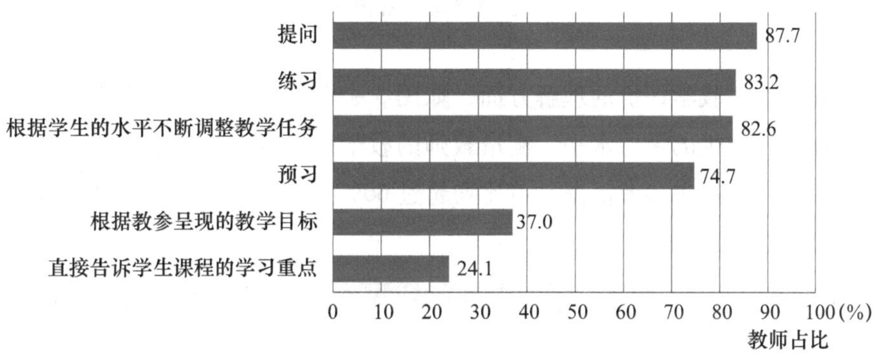

图 3－37　促进教学目标达成的方法

在促进教学内容传递为策略上，如图 3－38 所示，超过 80% 的教师通过案例、故事、推演等方式帮助学生理解课程内容，或和学生交流一些学习方法与技巧。除此之外，教师还会通过一些问题让学生表达自己的观点、告诉学生新旧知识之间的联系，根据班级学生的水平调整教学任务以及实战强练等方式来促进教学内容的传递，占比均超过 60%。极少部分的教师选择死记硬背和完全依据教科书达到教学目的，占比不超过10%。数据表明，当前教师在课程内容传递上拥有正确的课程观念和丰富的教学经验，不再拘泥于传递知识本身，而是希望通过知识的传递促进学生综合素养的提升。

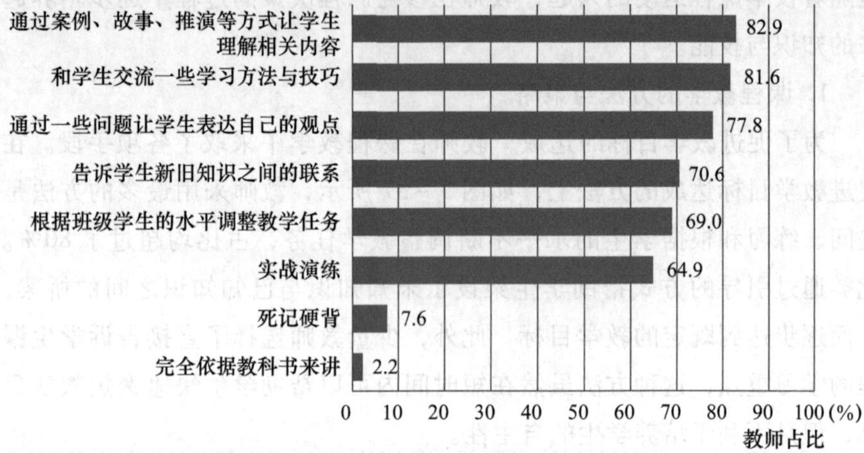

图3－38　促进教学内容传递的策略

在教师对教学评价的理解方面，如图3－39所示，教师认为教学评价可以在反映学生的学习水平、衡量教师的教学水平以及衡量学校的办学水平等多个方面提供参考依据，占比均超过60%。其中，教师认为教学评价

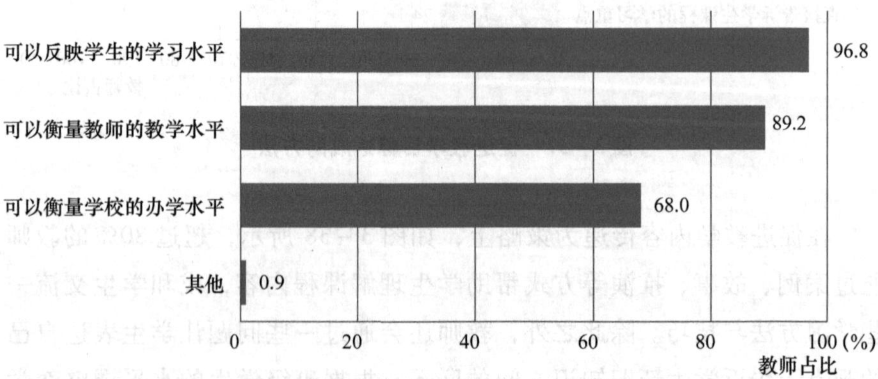

图3－39　教师对教学评价的理解

的核心仍是学生，这与将学生发展视为课程改革核心目标的理念相一致。

2. 教师课程开发能力评估

在调查中，通过李克特五级量表的形式（5 分为最高分）获取了教师在课程开发能力方面的数据，如表 3 - 2 所示。数据表明，当前教师在课程开发方面表现最好的是以人为本的能力，即在课程开发过程中始终能够围绕课程目标设计教学内容；教师的自我效能感、组织研讨能力、统筹规划能力分值也相对较高；教师独立自主的能力则相对较差，说明教师在课程开发过程中需要得到外界的指导与帮助。

表 3 - 2　　教师的课程开发能力

排序	教师课程开发能力维度	均值	标准差
1	以人为本：在课程开发时能够围绕育人目标展开	3.84	0.918
2	自我效能：认为自己的专业水平能够胜任课程开发的任务	3.78	0.896
3	组织研讨：在课程开发过程中经常组织研讨和学习	3.76	0.936
4	统筹规划：能够较好地进行目标设计、整体规划、内容架构、论证需求等	3.76	0.926
5	独立自主：能够根据自身特长独立自主地进行校本课程开发	3.46	1.087

我们通过独立样本 T 检验、单因素方差分析的方法分析了教师课程开发能力在教师性别、职务、教龄和学段上的差异，如表 3 - 3 所示。数据结果表明，教师的课程开发能力在性别、职务、教龄和学段上都不存在显著性差异（$p > 0.05$），说明教师的能力并不因为性别、职务、教龄和所教学段而呈现显著的差异性。

表 3 - 3　　课程开发能力在多维度上的差异

属性	类别	均值	标准差	t/F	p
性别	男	3.76	0.763	$t = 0.602$	0.548
	女	3.70	0.874		

续表

属性	类别	均值	标准差	t/F	p
职务	校长（含副校长）	4.10	0.746	$F=0.778$	0.460
	中层干部	3.79	0.743		
	普通教师	3.70	0.857		
教龄	5 年以下	3.60	0.852	$F=1.397$	0.235
	5—10 年	3.62	0.878		
	11—15 年	3.82	0.873		
	16—20 年	3.72	0.895		
	20 年以上	3.86	0.744		
学段	小学	3.56	0.728	$F=1.655$	0.150
	初中	3.84	0.821		
	高中	3.67	0.835		
	其他	3.63	1.130		

3. 课程开发的困难与需求

在教师课程开发的困难方面，如图 3－40 所示，教师认为最主要的问题在于资源缺乏与时间精力不够，人数占比均超过 70%。与之相对，

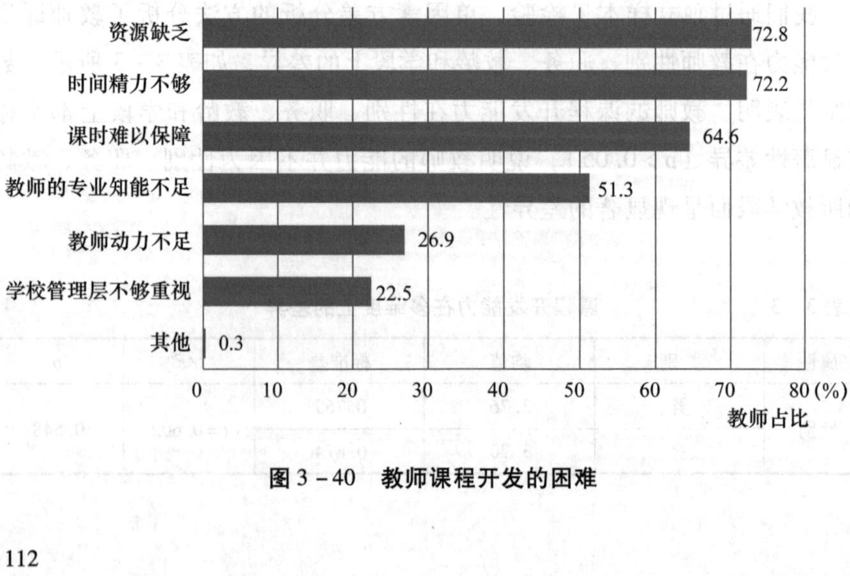

图 3－40　教师课程开发的困难

认为困难源自教师动力不足或学校管理层不够重视的教师人数占比均不足 30%。数据结果表明，当前教师在课程开发方面的困难并非个人能力或动力不足，也不是学校层面不予以重视，而是能够给予的资源与时间相对欠缺，进而导致教师没有精力独立开发课程。

图 3－41 的数据则进一步证明了上述结论，教师在课程开发中希望得到的帮助是提供丰富的课程资源，而后是专家引领与政策支持，占比均超过 85%，说明当前为教师提供课程资源，通过培训、研讨等方式提供专家指导以及制定合理政策为教师提供保障已是当务之急。

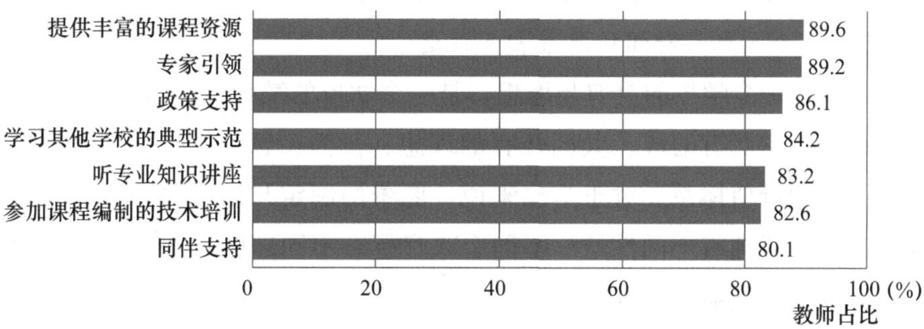

图 3－41　教师在课程开发中希望得到的帮助

此外，研究发现所有选项均有超过 80% 的教师选择，该数据一方面体现出教师在课程开发中的积极性与进取心，另一方面则反映当前教师在课程开发方面的问题与需求正不断涌现。

第三节　研究结论与讨论

在中国，学校课程领导源于国家课程管理政策的驱动。三级课程政策的确定赋予了学校自主进行校本课程开发的权利。国家赋权后，学校教师如何依托课程领导力承担课程责任与行使课程权力，是每一位教师面临的普遍现实问题。本章通过问卷调查与访谈对教师课程领导力的现状展开详尽的描述与分析，并希望通过总结提炼教师课程领导力发展的成功经验，引领未来学校课程改革与教师发展的方向。

一　教师课程领导力的发展现状

从理论视角出发，教师课程领导力的核心要素为学校愿景、关键问题、共同体与引领方式，由此形成了教师课程领导力的内涵。而如果面向学校课程改革的方向，当前教师课程领导力以课程发展能力为作用机制，其中便涵盖了教师在课程理解、课程参与等方面的能力。本研究对此逐一展开分析，以下是对于结论的归纳梳理。

（一）个人愿景与组织愿景相互促进

愿景是一个学校的灵魂与思想，是一个学校的教育哲学与办学宗旨，是一个学校中所有的成员共同怀有的理想、行为、思想规范、价值观等融合而成的价值体系。对于学校来说，愿景的制定与认可并不容易，因为它涉及一群拥有不同性情、不同个人目标、不同理解力甚至不同价值观的人的相关利益。

教师对于学校愿景的理解可以从两个方面考虑，一是自身对于学校愿景的了解程度、接纳程度等，即个人愿景的理解；二是对于学校首要管理者即校长在愿景上的做法是否认可，即组织愿景的理解。研究数据表明，在个人愿景层面，一半以上的教师对于自己学校的愿景有明确的了解，占比为51.4%；能够参与学校愿景讨论的教师人数更多，占比达到了64.4%；而在对学校愿景的态度方面，有超过75%的教师表示接纳与支持。这些数据共同说明，大部分教师支持学校愿景的制定和发展，即便其中的很多人对愿景尚无清晰的了解或者尚未参与过愿景的制定和讨论，但是在教师的视角下，学校愿景有利于学校与个人发展，因而得到普遍的支持。此外，超过80%的教师认为学校愿景与学校课程改革之间存在契合度，愿景被教师认为是学校改革的探明灯与风向标，愿景的形成对于学校发展起到了重要的作用。

在组织愿景方面，校长作为学校愿景的第一责任人，其贡献得到了教师的普遍认可。超过65%的教师认可校长在学校愿景中投入的精力，超过70%的教师认为，校长能够组织专家、教师、学生及家长共同参与学校愿景的制定与修改，教师对于校长的信任度与认可度比较高。而在访谈的过程中，研究者也发现校长往往对于学校愿景非常重视，希望能够通过愿景把教师凝聚在一起。一个受访的校长XZ3在访谈中谈到了自己的体会：

> 在学校治理中，我更加倾向于领导，而不是管理。首先要有一个共同的愿景，并且把它描绘出来。其次要进行充分的沟通，让每个人知道，这个愿景是与自己相关的，而不仅仅是校长和学校的事，要让教师们知道他们干活不是为我校长干的，而是为自己内心的价值认同干的。再次，就是合理担责，每个人都有自己的任务和要求，人人都是领导者，课程运行的终结环节不是由我主宰的，我是任务的承担者。每个人其实都有自己的智慧，而且好多东西都殊途同归，也谈不上哪种方法最优，他只要在那里干，用他的方式把事情做成就行了。

正是这份学校管理者与教师之间的理解与信任，使得教师始终与学校课程改革保持一致，相信学校的愿景，相信学校课程改革的方向，个人愿景与组织愿景相互促进，保障了教师课程领导能力的提升与学校未来的发展。

（二）课程实施与课程变革问题聚焦

教师的课程问题不仅仅是课程实施的问题，也包括课程变革的理念问题。其中，课程实施指的是教师在设计课程内容、进行课程教学、实施课程评价等过程中遇到的实际问题，而课程变革则是教师如何运用新的课程理念来实施课程以及影响学生的问题。在课程发展的过程中，教师遇到问题十分正常，关键在于如何实事求是地解决问题。

调查研究表明，在课程实施方面，教师面临的最大阻力来自考试的压力，占比达67.7%，说明目前外部问责制的功利追求影响了教师的课程教学。以“分数论英雄”的传统评价在中国学校教育中一直处于主导地位，学生的考试成绩是衡量教师教学水平的重要工具。在“唯分数、唯升学”的评价导向下，学校和教师的注意力集中在考试成绩上，而无暇研究考试之外的“副科”以及学生个性发展，这越发导致教师成为“忠实的执行者”，教师难以把自己作为教育主体深度参与学校课程建设当中，成天疲于应付升学和考试，甚至脱离学生的实际和发展需要，随意控制课堂时间和话语，情绪化地评价学生。外部问责的评价制度大大窄化了教师的教育视野和教育追求，使其本该负有“育人”之责的应然使命遭到掣肘。

其次，在上课的过程中，教师认为目前比较欠缺的是对于信息技术的灵活运用以及跨学科融合发展的能力。在课程内容的设计层面，教师普遍面临的问题是课程的转化，即如何围绕已有的规范化的标准创造自己的课程方案与课程内容。为了解决课程实施过程中的系列问题，目前教师常用的方法是同伴互助，人数占比高达88.3%，然后是寻求专家指导或自己独立解决。上述数据共同表明，受限于课程管理统一的长期影响，教师在课程实施与设计上缺乏自主能力。在这样的教育管理体制下，教师一方面受制于国家课程政策的约束，可支配的课程权力十分有限，常常处于课程决策圈的边缘地带；另一方面又受制于地方教育行政部门以及学校权力的规约，如统一的教材、统一的教学进度和考试评价等。这种科层体制阻碍了教师参与课改的热情，也使得教师在需要进行课程设计的时候缺乏相关的经验与能力，在课程实施的过程中无法做到灵活应用与融会贯通。而针对上述问题，教师更倾向于寻求同伴的互助，通过学校或教育部门解决问题的人数占比不足30%，说明目前教育管理部门与学校在引领教师解决教学问题的政策支持、沟通渠道等都显得较为匮乏。

在课程变革的理念方面，教师普遍认为课程变革的核心目的不是提高学生的成绩，而是激发学生的自主性，增强学生在思维、表达、探究等方面的综合能力。而在课程领导力的理解方面，目前绝大部分的教师认为课程领导力主要在课堂教学方面发挥作用，其次则是师生关系以及专业发展方面。

如果把课程实施与课程变革的问题结合起来看，研究发现，目前教师已经能够秉持一种发展的、新的课程理念，认为学校课程的改革与创新的最终目的不是为了学生的成绩，而是学生素质的全面发展。但是，现实给予了教师较大的压力，在教学质量评价的影响之下，把考试作为唯一的评价方式，分数作为唯一的评价标准的评价文化，已经阻碍了学生的全面发展，并成为新课程深化推进的瓶颈。对此，学校与教师不仅仅需要重塑对于课程改革的理念，更需要在技术和策略上进行有效的调整，然而，目前教师缺乏相关的技术与能力。教师在信息技术的应用、学科融合应用以及课程设计等方面的手段与方法依然十分欠缺，在遇到问题时往往会采取同伴互助的方法，但是，这种方法带来的提升是有限的。在访谈中，一所高中的管理者 XZ2 呈现了他们的解决方案：

> 学校基于课程标准的“教—学—评一致性”模式的研究与实施，前前后后共持续了 9 年时间，9 年来学校一直围绕“如何提高课堂教学的质量”不停地探索，从课程纲要的撰写、课程标准的分解技术、教学目标的叙写技术、课程观察量表的设计技术、评价证据的采集技术，再到教师的实践反思，都建立在课堂细节、关注技术的精微研究之上，不但凸显了学科教学研究的专业性，而且教师在参与课堂教学改革的过程中不知不觉地提高了课程能力。对技术的关注不仅仅是为了帮助学生获得高分，更重要的是基于学生发展需要，促进学生全面发展和个性成长。

对于教师来说，在课程改进的过程中既要强调共同基础，促进学生核心素养的形成，又要满足学生个性化与多样化发展，协调二者之间的关系并不容易。事实上，如何持续改进课程教学是学校发展的永恒主题，是教师成长的必经之路，并不存在一次性解决问题的可能，它是一种系统而持续的努力，最终是为了更有效地实现教育目标。

（三）学校、教师、学生合力构筑起共同体

学校课程领导的主体是一个多层次、多角色的复杂系统。从学校层面来看，课程领导主体是指在学校情境中利用权力和影响力实施课程领

导、促进课程发展、实现学校课程愿景的团体和个人，它通常由学校管理人员、教师、学生、家长等构成，其中，校长、教师、学生应当永远处于课程共同体的核心位置。

在学校课程革新的语境下，学校课程领导主体实际上就是学校课程共同体，学校课程改革的成功，在于课程共同体成员之间的相互理解和合作。本书对共同体中校长、教师与学生展开分析，明确每一个角色所处的位置，承担的责任以及面临的主要问题。

1. 以校长为核心的管理层

以校长为核心的管理层在行政上处于主导地位，管理层的政策部署以及校长的领导风格、决策类型、投入时间等对于教师课程改革的理念与行动有较强的影响力。研究表明，当前学校在晋升与改革层面的表现得到了教师的普遍认可，60.1%的教师认为学校拥有较好的职位晋升机会，86.7%的教师认可并积极参与了学校的课程改革。数据表明，学校目前能够为教师提供良好的学校文化氛围，赋予教师开展教学创新活动的动力，鼓励教师参与课程改革，进而促进教师的课程领导力。

在校长表现方面，70.3%的教师认为学校决策类型为民主型而非权威性；66.4%的教师认为校长领导风格属于创新型而非保守型。民主的决策方式与创新的领导风格有助于校长和教师之间建立起互相信任与互相支持，校长通过自己的能力与个人魅力将部下紧紧地吸引在自己或者组织周围，提高了教师的工作积极性，也使得教师在工作中能够更好地发挥自己的特长。访谈中 JS2 的看法也佐证这一观点：

> 校长的创新意识、自主意识和课程意识是课程改革的动因，我们校长给人的直接印象有二，一是敢于创新，二是敢于行动。他不但在全国率先提出校本课程的理念、概念和模式，而且培养了一批优秀的青年教师和学科带头人。

除了校长的个人能力与风格外，校长对于教师的态度也会深刻影响教师的行为表现。调查问卷的数据表明，88%的教师认为校长非常重视或比较重视教师专业的发展。作为课程领导的具体执行者，教师在实践过程中承受着较大的压力，校长对于教师的重视与信任，往往能够成为教师向未知拓展的原动力。在访谈中，JS3 谈及自己在课程改革中的挫折时说：

> 话又说回来，如果说我做这件事（课程改革）不高兴，那也肯定不对。我只知道，学校领导尤其是校长对我很信任，用人不疑，把学校课程改革如此重大的事情托付于我，我不把工作做好，于情于理都说不过去。

对于一所学校的发展和改革来说，校长作为第一责任人，是学校政策与制度的保障者、教师成长的引领者。因此，从提升课程共同体能力的角度来看，校长要不断提高学校治理水平，具备卓越的领导能力，引领教师课程领导力的发展，使得学校办学水平稳步提升。

2. 实施课程教学的教师层

如果说学习是共同体可持续发展的内在生命力，那么，合作是共同体互动的基本方式。在多元化、数字化的时代，任何活动都不是孤胆英雄的单打独斗，而是基于合作的集体创造。在课程改革与实施的过程中，教师之间的互相鼓励、合作共赢能够有效地提升教师的自信心以及课程的开发质量。问卷调查数据表明，80.7%的教师能够在工作中感受到同事的鼓励，形成合作共赢的办公室文化，消解同事之间互相疏离的壁垒。而面向课程改革，教师之间的相互信任与合作更是能够达到事半功倍的效果，教师 J16 的经历证明了这一点。该教师是一名美术老师，她与通用技术老师合作开发的“校园微电影”课程得到了全校学生的欢迎，取得了较好的效果，在访谈中她说：

> 通用技术老师和我是老乡，跟我关系很好，他上技术课，技术这块归他来指导。我们是分组来指导，一开始视听语言由我讲，分组以后，我指导编剧、摄像、剖析和表演，他参与后期剪辑。学生

拍摄时，我们一起讨论文本，后期进行剪辑时他负责技术。合作开发的好处是技术问题很快得到解决，如果我自己单独上，学生少的话，还行，人多还是很难的。我们还在不断地完善、不断地整合，校园微电影不是传统的东西，它比较新。随着时代的发展不断出现新的内容、新的流程和新的故事。

整个课程开设下来，大概有5年多的时间，总体感觉是学生的媒体素养、活动能力和合作精神得到了提高。选修这门课的学生要求参与并完成一部作品，几个人合作做一个作品是可以的。学生还搞了影视社团，高一有两周一次的社团活动，课余时间学生会去做这个事。有一部分学生学了这个课程之后，产生了兴趣，将此作为其将来学习的专业方向，最后被南京大学、中国传媒大学等录取。

除合作之外，教师之间的竞争也应当被正视。学校是一个复杂的组织系统，教师之间难免有一些利益纠纷或矛盾。在涉及教学时间争夺的话题上，调查问卷数据显示，35.5%的教师有过与其他教师争夺教学时间的经历。除相互竞争之外，教师层面的课程改革也会要求一部分能力更强、积极性更高的教师发挥带头作用，结果导致学校在权力与资源配置方面予以倾斜，引发利益格局的失衡。表现在具体层面，教师的领导引起其他教师的抵触与不配合，引起不满甚至产生阻力。在谈及课程改革的阻力时，JS4如是说道：

在课程管理过程中，我也遇到过阻力，有的教师会有抵触情绪。不过他们的意见不是针对我个人提出的，而是针对课程开设出现的问题。毕竟校本课程和研究性学习不是高考科目，教师有不同看法是一件很自然的事。我所遇到的主要问题是在教育教学资源的调配上，自己很难做到事事如意。研究性学习中，学生对教育资源的使用涉及学校的实验室、图书馆、计算机中心、后勤总务等各个方面，像我这样的小角色，遇到问题没权调配，又不能为了一点鸡毛蒜皮的小事就向校长汇报来激化矛盾，只好耐着性子用私人情感来说服对方，要做好这方面的工作确实很难。

教师是课程变革的执行者与实施者，教师之间的竞争与合作是课程变革实践过程中难以避免的常态。对于教师来说，需要的是一个从内到外的调试过程，抓住相互合作的机会，尊重其他教师的理念与想法，接受并正视课程实施过程中存在阻力的现状，努力成为一名合格的课程领导者。

3. 影响教学效果的学生层

从师生关系看，学生的学习状态很大程度上是由师生关系决定的，学生在学校里是否有幸福感与成就感在很大程度上也是由教师的态度和做法决定的。从问卷调查的结果来看，目前师生关系处于一个比较良性的状态，大部分教师认为自己与学生保持着轻松和谐与友好信任的关系，占比分别为77.5%和74.7%，认为自己与学生处于紧张敌对状态的教师仅占比1.9%。除此之外，99.4%的教师能够通过交流、聊天、谈心等方式与学生建立关系，了解学生即时的学习状态。而针对问卷中1.9%的教师认为师生之间存在紧张敌对的关系，教师JS9在访谈中提出他的见解：

教师们认为，我把所有的时间都用上了，反正我尽力了，学生考不好，不是我的问题，是孩子智力问题，并以此作为自我安慰的一个理由，他没有意识到自己的教学方法有问题。

整体而言，目前教师能够较好地处理与学生之间的关系，二者形成互相信任的师生共同体。对于一个追求课程改革的现代民主学校来说，教师与学生之间不应该是一种控制与被控制的关系，而是一种平等、民主的交往关系。教育是心灵的艺术，教育的每一个环节都应该充满对学生的理解与尊重，应该体现出民主与平等的现代意识。唯有这样，教师才能够在推进学校改革与课程改革的时候得到学生百分之百的支持。

（四）学校支持与教师把握共促引领

课程改革不仅涉及技术问题，还涉及政治、文化、观念、意识形态等方面的问题。面对错综复杂的形势，学校层面完善的制度、全面的引领方式和教师层面对于机会敏锐地把握显得尤为重要。

问卷调查的数据表明，76%的教师认为，目前学校能够在引领教师专业发展中出台规范化的规章制度。在具体引领方式上，当前学校采用最多的引领方式是合作探究式，占比81.3%，其次是理念指导式和校际互带式。从学校课程改革的角度来看，对于教师课程领导能力的引导不能悬置于半空中，而是要落实到具体的制度之上。这里的制度可能包括但不限于管理运行制度、科学发展制度、教学组织制度、课程评价制度等。制度之所以能够产生有意义的影响，在于制度为行为者提供了一套特定的意义加工系统，使行为者能够做出一些自觉的行为反应。数据证明，当前学校在支持教师发展方面已经形成了较为完善的制度，并基于制度衍生出多样化的引领方式。

从教师的视角，能否感知到学校为自己提供的机会，把握机会并将其转化为实际能力的提升，是教师专业发展引领过程中最关键的一步。调查问卷数据表明，63.9%的教师感受到了学校为自己提供了充裕的专业发展机会；在具体专业发展途径的选择上，89.6%的教师能够把握学校提供的培训、研讨等活动，以此来提升自己的专业能力。在访谈过程中，一位目前已经在课程领导方面具备丰富经验与能力的教师JS2如是说：

> 刚开始，学校派我和教师JS3去华东师范大学学习课程理论和课程知识，到一些课改样本校参观学习，让我们不断地和专家接触，更新课程理念，增强课程意识。通过一段时间的观摩和学习，加之不断地思考，以及与小团体的讨论与合作探究，开始试行课程改革。
>
> 学校为了把这件事做好，力度很大，专门为我一个人安排了一间办公室，班主任和其他任课老师经常到我办公室来聊天，我和老师们关系非常好。上班时我总是把窗帘拉下，学校也没有人查我，但我也没有辜负领导的信任，每年会交给学校几百万字的资料，包

括教师上交的和我从网上下载的资料。教师 JS3 课时工作量大，而我一周上课不多，大部分时间外出学习和开会，到上课时我再赶回来。这种信任和支持一般学校做不到。

由此可见，学校支持与教师把握二者共同促进了教师课程领导力的提升。对于一所学校的发展而言，学校管理者的领导固然是至关重要的，但是要想发展得好，必须靠大家，得靠教师的力量。只有当所有成员都将学校看成一个充满机会、值得实现理想与价值的大家庭时，学校的功能和管理才会发生质的变化。

（五）理解能力与参与意识不可或缺

在推进学校课程改革的过程中，教师的课程领导力需要通过课程的实施展现出来，这就需要教师拥有一定的课程发展能力，包括对于课程和课程开发的意识以及课程教学与课程开发的能力。

调查问卷数据表明，教师目前普遍对于课程的理解较为深入，认为课程需要师生共同创造与构建。而对于校本课程开发方面，72.8%的教师能够主动、积极参与。高达91.8%的教师认为，校本课程开发的目的是培养学生的兴趣爱好，为学生提供更加多样化的发展机会，然后才是促进教师自身的成长。

在课程改革的初期阶段，最忌惮的便是教师课程意识的淡薄。由于受苏联凯洛夫教学思想的影响，早期中国教师职前培养只有教学的概念，没有课程的概念，关注的重心在于掌握教学规范和技术，忽视了课程教学的整体性。虽然“教学优先”是不争的事实，但是在教师专业发展的系统性建设上，其弊端也是不言而喻的，教师沦为课程实施的“忠实执行者”，逐渐失去了应有的自主能力、反思能力和创造能力，钝化了自我认识和课程生成能力。① 值得欣慰的是，调查数据表明，当前教师已经对于课程与课程开发有着清晰的认识与定位，能够形成自觉、主动、高效的课程理解与意识能力。

① 钱兵、孙在丽：《教师自我发展意识的迷失与唤醒》，《当代教育科学》2018 年第 8 期。

除了课程理解与意识外，课程的教学与开发更是充满机会和挑战的活动领域，是课程主体展现其主体性的绝佳平台。调查问卷结果表明，在教学目标的达成、教学内容的传递以及教学评价的选择等方面，教师都能够采用多元化的策略与方法，帮助学生理解知识、参与活动，提升学生的综合素质与能力。随着课程改革的推进，学校的进一步发展需要教师具备丰富的课程教学经验，并以此形成学校的课程特色，促进学生的个性化发展。

而在课程开发方面，调查评估表明，教师在以人为本、自我效能、组织研讨等方面都有较高的分值，其中最为突出的是教师以人为本的能力，即能够在课程开发的时候始终围绕育人目标展开。此外，数据还凸显出当前教师在课程开发中遇到的最大的问题是资源的不足，为教师提供丰富的资源已成为当前提升教师课程开发能力的重中之重。

从某种程度上来说，教师队伍的发展水平决定着学校课程的发展水平和质量。学校成功的关键要素不仅是以校长为代表的管理者的重视，或是共同体中团队成员的相互合作，教师的课程发展能力更是至关重要的，它是保证学校处于优势地位的核心竞争力。学校为教师提供的各种引领方式为教师专业发展提供了策略或方法，但最终，路还要靠自己走，就像小孩子学走路一样，刚开始需要有人扶着走，慢慢地自己试着走，到最后学会独立走。教师的课程发展能力在借助外力的基础上不断增强内在动力，最终将为课程的可持续发展注入新的生机和活力。

二　发展问题与建议

通过归纳与总结，研究发现了目前教师在发展课程领导力时尚且存在的一些问题，主要体现在学校文化生态、校本化教学范式以及教师专业知能方面，本研究对此提出了发展建议。

（一）学校的文化生态有待改善

学校文化是学校组织内的价值、信念和标准，它在实质上构成了教师课程领导力的底色和背景，教师正是通过习俗、道德、舆论等社会文化因素的影响，逐渐汲取知识、能力和规范，慢慢形成一套自己习以为常的思维定式和行动模式。学校文化生态是不断发展变化的，这是因为文化本身是由学校系统内外的交互作用而生成的。因此，可以从学校系统内外的文化沟通来考察人与人之间文化特质的蔓延。

就目前校长与教师的关系来看，教师普遍对于校长在学校愿景的制定、关键问题的解决、共同体中发挥的作用以及引领方式的选择等层面表达了支持与认可。但是，56.2%的教师认为校长在投入课程改革与教学上的时间不足。这就造成了一个矛盾的现象：一方面教师非常依赖校长的领导，另一方面又会担心校长没有足够的时间投入课程改革的领导过程。而在教师与教师之间，合作本应是主流，因为合作能够促进教师之间的进步，过度竞争则会阻碍破坏文化生态。问卷调查与访谈结果表明，在面向课程改革的时候，教师之间仍存在着争夺教学时间、抵触其他教师领导行为等现象，也有教师在面对竞争时承受了较大的心理压力。

上述内容综合反映出学校文化认同不一的问题，事实上，“对每一所学校而言，如果不清楚学校发展史及其现实，便无法提炼学校精神和建构学校文化”。[①] 因此，理解学校文化，我们决不能单单从文化现象入手，而要从教师、学生以及组织文化等方面深入分析，找到现象背后隐含的文化内涵，并透过文化现象挖掘学校文化本质。否则，教师便难以在情感上或行动上与学校文化建设产生共鸣、与学校文化同向同行。进一步说，如果学校内部尚未形成教师课程领导的文化，则教师成为领导者的可接受性与合法性就会受到挑战和质疑，同时也难以得到其他教师的认同。这样导致的结果是教师更倾向于“单兵作战”“各行其是”，教师之间的合作与交往十分有限，这与教师课程领导力倡导的创造一种信任、合作、包容和开放的教师文化相去甚远。

学校的校园文化需要进一步的改善，构建一个学习的、关怀的、全纳的、探究的、道德的共同体并不仅仅是一句口号。一所学校要持续地向前发展，学校中的每一位成员就需要善于采用多种方式引导共同体作

① 周勇：《学校精神、历史叙事与建构学校文化》，载赵中建主编《学校文化》，华东师范大学出版社2004年版，第73页。

出决策，充分发挥共同体的主动性、积极性和创造性，为教师的课程能力的整体提升创造良好的组织支持。在具体实践过程中，学校应该关注组织结构的调整，实行"分布式领导"。分布式领导强调的是在课程改革的过程中，学校组织架构形成分层分布的权力机构，并在执行的过程中将其贯彻到底，避免出现校长"一言堂"或者一人担责的情况。在今后学校改革发展中，要想继续前行，就必须将整个学校系统的利益主体协同起来，让每一位教师当家作主，树立"人人都是领导，人人参与领导"的理念，这样才能实现组织效益的最大化。

（二）校本化教学范式亟须形成

在调查中，研究发现教师能够在教学各个阶段使用各种各样的方法，涵盖如何设置教学目标、如何设计教学内容、如何开展教学、如何对教学展开评价等，这些都体现出了教师对于操作技术与操作规范的追求。

通常来说，教师的教学技艺都会有操作流程和规范要求，但不管什么样的教学模式、教学方法，都应该体现教育的基本规律。从教师调查问卷的结果来看，教师校本化教学的范式尚未形成。例如，在回答"教学实施过程中的策略"时，教师有能力选择各种灵活的方法，但是对于方法在跨学科融合上的应用鲜有涉及；在调查"教师课程开发能力"时，教师在组织研讨、统筹规划等各方面能力都很强，但是在如何按照课标与学情研制课程纲要与内容上却遇到了较大的问题。上述现象均说明，教师虽然掌握了很多课程设计与实施的相关知识，但却不能从中提炼自己特有的研究方法，可能是知其然而不知其所以然，说明这种技术还不是共同体所共有的范式。

何谓"范式"，库恩认为，范式是为共同体所接受的科学实践（包括定律、理论、应用、实验和仪器）的范例，提供给他们以模型，以创造一种一贯的传统，并被当作由此构成科学共同体第一要素的承诺。① 这种范式应该像牛顿定律一样，其作用像是一个工具，告知大家应该寻

---

① ［美］托马斯·库恩：《科学革命的结构（第四版）》，金吾伦、胡新和译，北京大学出版社2012年版，第8页。

找什么样的相似性，即学会从不同的问题中看出彼此间相似的情形，并将其看作同一科学定律或定律概略的应用对象。[①] 目前教师在教学中虽然有固定的教学模式和流程，但并没有概括为共同体所共有的范式，这些技术规范只是停留在操作层面，还不是规律性的东西。有学者指出："在千姿百态的教学法、教学模式之中，蕴含着共同的规律性的东西，正是这种合'理'性，构成了教学法、教学模式主要的生命元素。"[②] 对于教师来说，寻找和发现不同技术之间的相似性，形成一种大家都认同的校本化教学范式，是未来努力的方向。

（三）教师专业知能应稳步提升

在课程教学中，教师是最重要的。有研究表明，学校中的教师领导者越多，其文化质量和专业品位就越高。研究教育管理的知名学者克里斯托弗·戴和阿尔玛·哈里斯也认为，大范围的教育改进只有当所有的教师成为领导者时才能发生。[③] 倡导教师成为课程领导者是学校教育的追求目标，但是，在教师之间充满竞争和排斥、学校教育面对禁锢的文化背景下，有多少教师会主动扮演课程领导者的角色，又有多少教师有能力承担课程领导的责任？在教师调查问卷中，关于教师的课程领导力主要体现在哪些方面，85.1% 的教师认为是课堂教学，79.7% 的教师认为是师生关系，还有 64.6% 的教师选择专业发展；在涉及课程实施的阻力时，67.7% 的教师选择了考试压力，还有超过 50% 的教师选择资源不足、理念落后。

调查结果也表明，教师一方面明白专业知能对于提升教师课程领导能力的重要性，另一方面在课程实施中又感到力不从心。应试考试的压力阻碍了教师的课程实践，理论的相对不足导致学科素养的欠缺，对教材的理解往往不能把握其本质。虽然教师做出了同伴互助、请教专家等

---

① ［美］托马斯·库恩：《科学革命的结构（第四版）》，金吾伦、胡新和译，北京大学出版社 2012 年版，第 10—12 页。

② 杨九俊：《学校特色建设："寻找属于自己的句子"》，《教育研究》2013 年第 10 期。

③ David Hopkins, Alma Harris, Chrislopher Day, Linda Ellison and Mark Hadfield, *Effective Leadership for School Improvement*, New York: Routledge Falmer Press, 2002, p. 9.

种种努力，但事实上，这个问题仍然没有得到根本性的解决。

首先，无论是校本教研、专业培训还是校际联盟，只是解决了教师专业发展中的显性问题，涉及教师的思想、观念、态度、信仰等深层次的问题似乎还潜在冰山之下，教师持续发展的长效机制尚未建立。其次，多数教师参与学校的课程实践只是对具体的一门课程有过系统的思考和设计，鲜有教师能够进入课程决策的核心层，成为学校课程规划的主体，因此，在他们的视野里，课程是孤立的，难以从学生整体发展的角度来思考课程设计。但我们也应该清醒地认识到，教师专业发展是一个长期的复杂的过程，其专业发展程度与学校发展阶段、工作环境、学校的引领方式、个体的价值观念和自身的职业发展周期等有着密切联系。在专业知能提升方面，教师起初应当依靠外力、借助外力，主要是由专家来引领，随着合作研究的深入，后来更多的是自主探索，在专业发展的不同阶段有着不同的“生活体验”，这些经验和体验能够引发教师重新思考关于“教育”和“职业”的有关命题，从而不断地调适自己的观念和行为。

第四章

教师课程领导力是如何炼成的？

——走进J教师“综合性学习”课程探究空间

对于国家课程高质量实施、学校课程富有特色和创意的建设，教师课程领导力的必要和重要性是毋庸置疑的。由于教育生态、教育管理体制以及教师个人动机、态度和知能方面的阻碍因素，教师课程领导力形成和发展的困难，也是显而易见的。关于教师“应有”“须有”“能有”“难有”课程领导力的研究已颇为丰富，而在“应为”“可为”同时又“难为”的背景和条件下，教师如何“真有”课程领导力从而“真为”课程领导，相关研究却相对稀缺。本个案研究从酝酿准备到撰写成文历经3年，正是想在教师课程领导力炼成的“实然”“应然”和“或然”的现实与可能、机遇与困阻交织的空间中有所探索、有所发现，希望对丰富理论和促进实践有所裨益。

第一节　J教师课程领导的人格品质

俗话说，优秀的人自带磁场，自然而然就会吸引和影响他人，J教师就是这样一位具有吸引力、凝聚力和影响力的优秀教师。然而，“优秀”于J教师而言，又过于抽象笼统而显得单薄苍白。除了显性直观的成绩和荣誉，J教师的优秀烙印着时代的历练，镌刻着生动又大气的思想，浸润着对传统文化的热爱，承载着天职般的教育使命感。J教师的优秀在潜默中透显着昂扬，既有着“酒香不怕巷子深”的底气和定力，又有“筚路蓝缕玉汝于成”的朝气和开拓力。走近J教师，就如同挖掘宝藏，每走近一些，就能发现更多不一样的优秀。

一　因学生论文选题而结识

结识J教师，是因为2019年我指导的一名硕士研究生对小学语文教师的课程综合化实践很感兴趣，并把其作为自己的学位论文选题，原本我们是想以一位比较熟悉且对小学语文项目化学习颇有心得的老师为个案，这位老师先爽快地答应，但很快又给我发微信诚恳地说她只是初涉综合性学习，有一位老师在这方面做得很好，人也值得信赖，并答应帮忙联系J教师。当天中午，J教师便通过微信和我联系上，文字言语中透显着热情的爽朗：“有什么需要请只管讲，我能提供的绝不私藏”，并谦虚说道：“我捣鼓的玩意就是语文和综合实践活动的结合。”随后，J教师发来他撰写的3篇文章，其中2篇是叙事体的《带着孩子玩——我的教育理想及探索》《不忘初心，潜心探索“综合性学习”》；还有1篇是他在个人公众号上分享的《用语文方式开展综合实践活动的探索》，其上有一句理念性文字“任何人都只能帮孩子学习，而不能替孩子学习”。

J教师的两篇自传叙事都从开篇就强调他对语文的“另类”理解，对通过“玩”的方式教好语文的倔强坚持：“一切都可以是语文——1984年刚踏上讲台的我就懵懂地这么想，于是，我和孩子们既在教室里听说读写，又到大自然看闻摸尝。”“小时候就爱玩，参加工作了还是爱玩，在工作中发现，过去玩的东西都成了我宝贵的工作财富。”“我的领导‘告我的状’：J聪明，但太贪玩！他说的是实话，但在我亲人面前这么说话多伤人啊！于是我犟牛脾气犯了：我就要玩，而且还要玩出点儿名堂！”

从“带孩子玩”到“玩者归来”[①] 的 36 年，J 教师在叙事中用 5 个阶段来明晰地概括其个人的专业探索和信念坚持历程：①建立信仰：“带孩子玩”是最贴近孩子天性的教育，储备能量（1984—2000 年）；②闻课改“综合性学习”之风而起，初步探索（2001—2012 年）；③抓住机会、大胆实践（2012—2013 年）：“小核桃，大学问”主题活动获第 28 届全国青少年科技创新大赛一等奖，进入全国十佳，填补当地省域教育空白；④总结经验、扬帆起航（2013 年年底至 2015 年），建构“小学生综合性学习实施模型”，多项活动再获佳绩；⑤满怀信心、展望未来（2015 至今）。

叙事性文字是作者与自己的对话。生活事件塑造了人的自我，记录生活事件的自传和传记研究有助于教师去倾听自己内心最真实的声音，探索内心的真实力量：我究竟想做什么？做这些的价值是什么？有什么困难阻碍我去做？有什么条件支持我去做？我做得怎样？还想继续做下去吗？人的内心是通达清醒的对话伙伴，只要给自己内心声音一些关注和尊重，其就会以一种更温柔的方式进行回应，使作者参与到赋予生命活力的精神对话中。叙事即研究，作者叙事的过程就是反思、探索和理解自我的过程，通过叙事文字将自我与世界进行深度关联和密切链接，对其获得意义和理解，对其自我更新与自我解放具有重要价值。J 教师通过叙事进入自我心灵世界去体悟自我、尊重自我，在识别、选择生活经历中的每一条重要线索的背景中，整合智能、情感、精神和意志的内在生命根基和实践智慧。[②]

与从教经历丰富又善于自我探索的 J 教师的初识交流，让我着实为自己的研究生（以下简称 F 同学）感到庆幸：她不仅能在一个友好开放的环境中深入地开展田野研究，还能够在个人专业发展上获益良多。随后的进展不仅证实了我的判断，而且超出了我的预想。

---

① 2021 年 3 月，当地市教体局给 J 教师“综合性学习名师工作室”正式挂牌，参见 J 教师发表在个人公众号上的一篇叙事性文章。

② 吴国珍：《引出教师的课程领导智慧》，《教师教育研究》2006 年第 3 期；殷洁：《课程理解：教师课程领导的内在维度》，《教育理论与实践》2012 年第 19 期。

二 因深度研究互动而感佩

与我以及我的学生们在田野研究中常遇到的老师们很不一样，J教师不是一名被动的研究对象，等你拿着研究提纲、配合着去回答预先设计好的问题，而是主动敞开自己，让你听、让你看、让你记，让你去思考。F同学这样记录第一次与他见面的场景："初见J教师是在奔赴小学的路上，他的热情就足以打消笔者内心初见个案对象的忧虑，还未踏足J小学的土地，J教师便从伴随自己成长的家乡的环境谈起，从底蕴深厚的地方文化，到如何利用丰富的资源重构、开发课程，似是将笔者当作一名无话不谈的旧识老友。"让F同学意外的是如此热情健谈的J教师并未如其计划的那样，对访谈提纲的每一个问题都给出直接的回答："从第一次交谈开始，J教师就告诉笔者，他希望能以更轻松自在而非来往对答的方式，通过实际行动来一一回答笔者希望了解的所有问题。"正是在一个个不刻意、不经意的交流中——课余时间的闲谈、活动场所的漫步、学校食堂内的围坐、去校外机构递送材料路上的交谈，F同学对J教师的认识逐步丰满："他既是一名小学语文教师，也是一名积极探索的研究者，更是一名始终行进在教育之路的追光者。"①

与其说J教师是配合着的被研究者，不如说其是追寻着的被研究者。前者是他支持你完成任务，后者是他在支持你的同时，你的研究也在帮助他借力发力，达成"追光"的心愿。J教师一直在为自己的"瞎捣鼓"寻找古今中外的学理依据、探询能帮助其趋近理想的思想路径。

在F同学结束实地数据收集的任务后，J教师连续用他的个人公众号推出了8篇、近万字的文章来进一步梳理他对F同学访谈提问②的有关思考："这些天，大多数时间是你自己看，自己听，自己想，自己记，我

① 杨小飞：《小学语文教师课程综合化实践的个案研究》，硕士学位论文，南京师范大学，2020年。

② 访谈提纲主要包括对个案教师的语文教育理念、课程理念、课程综合化意识、语文综合性学习的课程理解、主题确定、活动组织、资源开发等方面的能力，以及课程综合化实践对教师专业发展的需求，存在哪些机遇和困难的调查。

只是抽空和你聊几句，聊得也很蜻蜓点水。从 5 月 25 日起，我抽时间整理我们的聊天内容形成文字，一天一个主题，到 6 月 1 日，共聊了 8 个主题，但愿对你有点用。对我来说，这也是资料积累。”仅读这 8 篇文章的题目就会被 J 教师的文字功底和思维方式所吸引：“碎片与系统”“扁平与立体”“主体与辅助”“综合与分科”“传统与西洋”“太极与资源”“及时与延时”“盆景与风景”。

这 8 篇文章既各有相对聚焦的主题，又相互关联和贯通。田野里长出的智慧就是那样的豁达和融通！每一篇都浸润着 J 教师的教育情怀和理解、实践理性和智慧，帮助我直观和深入地认识了真实的语文综合实践的可为、可能，也让我曾经的那些靠阅读文献、个人经验而获得的一些悬在空中的课程想象有了一个可着落、栖息的园地。尤其让我耳目一新、印象深刻并为之赞叹的是，这些文字背后所透射出来的 J 教师分析问题的思维方式和解决问题的实践方式。其能够把表象上相排斥的两个对立原则或概念连接起来，看到它们之间相互依存的共生性；不线性、单向、静止、割裂地看待事物、现象发生发展的因果关系或评判优劣，而是动态、发展、多向度地审时度势、运用思想、利用资源、优化价值，物尽其用，人尽其才；不简单冒进、急功近利地去宣扬、夸大变革实践成效，而是理性冷静地研磨审视实践，慎终如始地坚守理想。

F 同学的思维方式一直相对“理工化”，容易陷入概念的纠缠，而不能灵活、豁达地直面相互关联和场域开阔的现象本身，这一直是我在指导她的过程中着力想引导她意识到并加以改善或突破的地方。J 教师推送的这些文字可以让她在反复琢磨中逐渐感受并体会到中国传统文化“圆以融”、辩证通达、以简驭繁的生态化思维方式的智慧。因此，对 F 同学来讲，走近 J 教师早已超越了“收集个案数据”的研究价值。对她而言，能够沉浸到教育的田野中，是一个提升其自身课程与教学理解力和实践力的极好的学习过程。F 同学的论文也的确没有辜负这次珍贵的田野调研，从标题到行文，从阐释到反思，都与她以往的文字风格有质的不同，这与 J 教师的说理智慧和实践精神潜移默化的影响有着诸多关系。

表 4-1　课程综合化实践研究交流篇目主题内容与观点摘录

序号	篇名	主题	观点摘录
1	碎片与系统	课程内容 知识建构	• “我赞成系统，但不反对碎片。” • “系统和碎片这两个概念的相对，是某一时空静态的呈现，如果放到动态的时空里看，这两个概念都会变化。……我们所面对的任何一个系统，都是一个更大系统的碎片输出。” • “学习的过程是学习者根据自己的系统需要，碎片外界系统，收获以丰富和完善自身系统的过程。”
2	扁平与立体	综合性学习中教师与学生的思维方式和能力构成	• “我赞成立体，但不反对扁平。” • “一个设计师的设计构想是立体的，但他的构想输出却是扁平的图纸；一个建筑师拿到的建筑图纸是扁平的，但他完成的建筑却是立体的。这样看来，扁平和立体是两种思维方式，它们可以在一个人身上同时具备。” • “‘综合性学习’需要综合的人力资源支持，立体思维的人和扁平思维的人在其中都有用武之地。”
3	主体与辅助	教育人力资源 课程理解	• “教育是综合的，其人力资源自然是综合的，我们可以用‘导师+助教’的形式建构教育人力资源。” • “课程是‘课’与‘程’的有机统一体。‘知识与能力、过程与方法、情感态度与价值观’三维目标是一个不可割裂的整体，其中的‘知识与能力’我们可以理解为‘课’，‘过程与方法、情感态度与价值观’我们可以理解为‘程’，‘程’好‘课’才能好。” • “单一知识和能力的提升极限很低，辅助的知识与能力越多，主体知识与能力的提升极限就越高。”
4	综合与分科	课程组织	• “这个世界是综合的，分科是人为的。” • “我们关注综合就是关注整体，以统筹全局，选择最佳方案，实现整体的最优目标，从而达到整体功能大于部分功能之和的理想效果。但整体是由部分构成的，关键部分的功能及其变化甚至对整体的功能起决定作用，所以我们要搞好各学科的教学，用各学科的发展推动综合的发展。” • “合为分之始，集分又成合。做这两句话后面一句的很多，但没有前句，后一句是做不好的。”
5	传统与西洋	本土教育实践需要的思想	• “我赞成‘古为今用’，也赞成‘洋为中用’。我们要立足于‘今’‘中’的土壤，去吸取‘古’‘洋’的精髓。但我是把‘古为今用’放在‘洋为中用’前面。因为‘古’与‘今’的基因要比‘洋’与‘中’的亲得多。” • “我喜欢在中华优秀传统文化中寻找教育思想，但也不排斥优秀的西洋文化，甚至经常努力地为其中一方寻找另一方的‘配对’。” • “我为‘综合性学习’找到了中华优秀传统文化和优秀西洋文化的配对说明。”

续表

序号	篇名	主题	观点摘录
6	太极与资源	思维方式 知行关系	• “我们去看太极图就会发现：阴极而阳，阳极而阴；阴中有阳，阳中有阴。进而我们又发现：阴阳对等，没有主从。” • “‘知’与‘行’是无限循环、不断上升的，如果我们截取这循环链上的一部分，会有四种可能：‘知行’‘行知’‘知行知’‘行知行’，这四个没有好坏对错之分，是我们的关注点不同而产生的不同认识，没有脱离‘知’的‘行’，也没有脱离‘行’的‘知’，‘知’和‘行’在无限循环不断上升的过程中始终是‘知行合一’的。”
7	及时与延时	文化教学时机 课程评价时机	• “当下的教育是多重视知识传递，少重视文化传承的，我有必要找机会及时地给孩子们讲点文化。我讲的是文化，可到孩子那里还是‘文’，他们得经过生活的历练去‘化’，才能成为他们的‘文化’！这个过程是需要延时的，所以，我们越及时给他们讲文化越好啊！” • “教育需要及时也需要延时，及时种下的东西需要给它生长的时间，让它长出根茎叶花果，才能收获。”“种下种子就想收获，比揠苗助长还残酷！”
8	盆景与风景	课程实施 试验影响 理想愿景	• “长在祖国大地上的花朵是风景，养在家中花盆里的花朵是盆景。盆景里的花朵只能装点我们的生活，风景中的花朵才可能长成支撑祖国大厦的栋梁。” • “过去就我们一所学校这么做，我们是盆景；近两年我们虽然辐射到省内外好几所学校，但这些学校还是盆景。我们当然希望我们的做法成为风景，这符合教育发展的方向。” • “我们相信下一步会有更多的师范大学来研究我们，指导我们，推介我们。我们‘有天皆丽日，无地不春光’的理想一定能实现。”

三　因走进课程空间而敬重

让我对J教师的认识从一名优秀的课程综合实践者转向一名出色的教师课程领导者的机缘，是在J教师于2020年11月邀请我加入他以“综合性学习”名师工作室（先是校级后是市级）为依托的“综合性学习”研究微信群。如果说之前是通过F同学收集的现场资料和J教师主动发来的文字来间接认识了J教师，那么，在这个由来自天南海北近350名基础教育和高等教育教师组成的微信群，除了可以经常读到J教师的文章，更深入地解读他个人的教育观点和见解，还可以通过J教师工作室团队的建设以及其与群里其他老师的互动，而了解他的教育人格、思想和实践是如何感召、凝聚和带动同行者的。

J教师的格局体现在他的语文教育理念中。他认为："今天的语文教育需要更宽阔的胸怀和视野，还孩子以生活本身，方能培育出真正的情怀。"他的语文教育理念和实践得到了省小学语文教研员的赞赏："J教师目之所及的是儿童的未来，心之所系的是生命的生长。不囿于学堂之内，不只在教材之中。天地万象皆是教育之凭借，行知路上滋养孩童之性灵。大教育即在徜徉山水间，真语文只在破壁践行时。走进自然，走进生活，走进文化，这成全的不仅仅是儿童，亦是教育者自身，教育自身，以及教育所影响到的我们共同的明天!"

早先阅读J教师的文章，主要关注J教师如何开展综合性学习，所以对其他文字只是一带而过，未能细思。在进入微信群后，看到他待人接物的方式，处处显示出他的"大气"，这种"大气"源于其心中有大局，包括学校的大局、语文教育的大局和中华传统文化传承的大局。在他的个人叙事中其实早有抒怀：

> 个人利益要纳入集体利益才能获得利益最大化，我可以毫不心虚地说，为了教育，我几乎没考虑过个人利益。我现在经常受邀参加和教育有关的社会活动，关于读书的，关于家庭教育的，关于修养的……经常受邀到相关大群里讲座，受邀帮助和教育有关的杂志组稿。这些都是公益的。现在我们每个人都具有两个身份，一是机构成员，二是独立的平台。因为我们都是机构中的一员，所以，我们必须在机构内按照规章行事；因为我们都是一个独立的平台，所以，我们又可以向外发展。由此出发，我们的大局观可以这样：机构是我们的根，我们不仅要根给我们输送营养，还要给根施肥浇水。根深才能叶茂，树大才好乘凉。我们用什么办法获得水肥以给根浇水施肥？主动把自己嫁接到各种优质平台上，丰满自己，提高自己。也就是说，我们必须关爱机构的大局，而要做到这一点，心中要有更大的局。……不忘初心，为教育，尤其是为语文教育，我愿"衣

带渐宽终不悔，为伊消得人憔悴”，但愿“众里寻他千百度，蓦然回首，那人却在，灯火阑珊处”。

心有大局的J教师不仅有着大气的思想，还有着大气的公益奉献精神。在刚结识J教师时，他曾对我说他“绝不私藏”自己的实践经验，他在微信群中也是乐于分享。在微信群经常分享他以及团队教师的原创课堂、原创活动、点评与反思：“听课、议课、演讲、培训，工作室成员共同打开综合性学习的大门。”这些原创给群里的其他老师带来了颇多帮助：“虽然我们只是生搬硬套，但有模板总比没有模板效果更好，能够让更多孩子受益，何乐而不为呢？所以十分感谢J教师的逐字稿课堂实录。”

J教师不仅乐于分享、奉献自己以及团队的课例、活动案例，还经常分享他阅读传统文化典籍的研读心得，在个人公众号的《学记》浅思自序一文中，有这样一段话：

> 我总在第一时间公开我写的东西，有朋友建议说要注意保护知识产权，我很感谢，但我仍然在第一时间公开。我有三点想法：1. 我的东西很浅陋，不值得保护。2. 我不羞于呈现自己的浅陋，目的是：希望继续成长，恭请补漏纠偏。3. 教育是大众事业，不该封闭。我的东西如果能给同仁们一点启发，那是有益于教育的事。利己利人利教育的事我会继续做，虽力不及蝼蚁，但不敢私藏。

在新近对他的一次访谈中，他说道：“教育是阳光事业，所以，我们的综合性学习总能得到那么多校外机构和人士的帮助和支持；教育本就是阳光事业，那么，我的那些想法和做法守着干嘛？用的人越多，才越有用。”正是这份乐于分享、甘于奉献、不计名利，J教师被同行看作是“教育的清教徒”，他自嘲自己是“一根筋”。

2021年8月，有老师在微信群上传了一张J教师被评为特级教师的公示文件截图，群里老师们纷纷送上祝贺，J教师为答谢老师们赋诗一首《感怀》："抱痴卅五松困童，得意知行探朦胧。无夏无冬无昼夜，有山有水有亲朋。正斜七载是非我，褒誉十分天地功。自此清风悟常道，缘推后辈翔碧空。"J教师在这首诗中再一次抒发了不忘初心的教育执念，无怨无悔地谈磨炼、风轻云淡地论褒誉，义无反顾地担当一位"老教师"的责任和使命。我问J教师在《感怀》中"卅五"和"七载"分别指的是哪段时间？他告诉我：1984年他走上工作岗位，1986年开始顽固于"带孩子玩"，至2021年便是35年；2014年他开始"公开要做"综合性学习，至2021年则是7年。随后，他转发其在公众号上发布的名为《定》《时》2篇文章，告诉我此2文可以很好地解释为何是"卅五"和"七载"。

关于"老教师"，J教师有自己的立场和见解。在其刚过知天命之年时，曾写过一文《别说我是老教师》：

> 不要理所当然地享受对老教师的优待，也不要心甘情愿地接受对老教师的歧视。作为老教师，我们就是要自尊自爱，自重自强。老教师不是教师中的珍宝古玩字画、枯藤老树昏鸦，老教师就是教师，应该按照教师的标准要求自己，你不用另类的标准来要求自己，别人才能不用另类的标准来对待你，不用异样的眼光来看待你。老教师如果能忘掉自己的年龄，用教师的统一标准要求自己，也有可能踏上成功之路。所以，在今天这个特殊的日子里，我想说：我才过50，还很年轻。再过10年、20年，我还想说：我才过60、70，还很年轻！我是教师，别说我是老教师！

《定》文可以视为J教师对自己专业生涯的思索和规划：

> "定"是长久安稳而纯粹地保持正念，坚守正道，坚持正行，达到安宁的状态。从"止"到"定"，是一切智慧的基础。"白日依山尽"，不是"太阳渐渐落山了"这么简单，从"白日"到"依山"再到"尽"，……这三个词对应着接近晚年、晚年、走完人生

> 三个阶段。我的人生正在从“白日”向“依山”过渡，离“尽”不远了……我没有能力“穷千里目”，但是，即使穷十里、一里，也得“更上一层楼”啊！

在《感怀》诗中，J教师提到的“缘推后辈翔碧空”，正是他着手开始做的事业：

> 学校安排我负责培训新进的23名年轻教师。我想要从两个方面着手：一是业务素养提升，二是思想境界提升。这两个方面不是绝对分割的，只是有所侧重。业务素养提升，我想用师徒结对的方式进行。思想境界提升，我想借用老祖宗的东西。此时，我一天研读一章《论语》的计划已经完成过半，加上《大学》《中庸》《学记》等儒家经典已研读过，于是产生了用儒家经典为基础编写一套课程的想法，每课就讲一个字，重点渗透儒家的君子文化。

《定》文后的“系列链接”处有35篇以“一个字”命名的系列文章：“玉，佛，乐，我，心，安，根，位，王，壳，方，大，融，时，独，嫁，水，琢，教，育，学，忠，道，德，法，省，思，静，圆，玩，培，稳，通，悦，俊。”它们便是J教师所提及的“一字一课”教师思想境界提升培训课程内容，每一篇都是从“字”中寻理、论理、知理和用理，始于说文解字，或旁征博引、引经据典、论述古训，或从文人雅士、爱国志士、民族脊梁的风云人生中挖掘优秀品质，或从乡土风尚、地方文化中承续优秀文化基因，最后都殊途同归至教育实践和思想的探讨。字词句篇古韵扑面，思维驰骋、博观约取，思接千载、气如长虹，其己立立人、己达达人的君子精神和品质令人敬重！研究群里有老师夸赞J教师为“天生教育家”，我想正是因为感受到了他视教育为自己“天职”的那股干劲，那种为教育而敞开自我、淬炼自我、奉献自我的执着精神吧！

第二节　J教师课程领导的文化资历

教师作为“文化人”，能在群体中进行基于道德权威和专业权威的课程领导，一定要有足够的基础和条件。法国社会学家布迪厄提出的“文化资本”概念能够帮助我们深入分析课程领导的基础和条件，其把文化资本分为3种状态①：（1）具体化状态的文化资本，是指通过家庭教育和学校教育而储存于个人身上的文化知识、技能与修养；（2）客观化状态的文化资本：是具有象征性的文化观念和文化能力的物化；（3）体制化状态的文化资本，典型的表现形式是通过毕业证书、单位证书和职称证明等确定的学术资格或文化程度。我们可以借鉴布迪厄文化资本理论，但J教师对教育事业至诚至坚、有情有义的情怀、品质和人格，都让“文化资本”这个虽理性却冷漠的术语显得生硬，不仅不贴切于他甚至会引起不必要的歧义曲解。因此，这里使用“文化资历”，其含义平和，兼具资格和阅历的意思，更贴切于J教师。下面从学识、实践、荣誉3个方面来探讨J教师课程领导的文化资历。

一　学识资历：厚

学识资历相当于布迪厄提出的具体化状态的文化资本与体制化状态的文化资本的结合，即内在的学识修养和外在的学历文凭的整合。对大多数人来讲，两者是密切关联。在这个快速发展的时代，学习力是领导力的第一要素。只有深入的学习才能保证思想的活力，才能洞察现实的问题、敏觉时代的趋势，才能笃定地走在人群前，富有吸引力和号召力地引领。J教师能说会道、勤思擅写、知行合一，无不透射出他开阔的视野、深厚的学识，而这和他不那么顺利却又带着些不同寻常的学习历程有较大的关系。

① 李全生：《布迪厄的文化资本理论》，《东方论坛》（青岛大学学报）2003年第1期。

J教师在自我叙事中曾提及其中考的成绩原本可以上当地重点高中，但最终权衡后还是上了中师：

> 1981年我初中毕业，那年中专考试的时间是7月13、14日，如果想考当时的省重点高中X中学，15日上午加试英语。15日，我所在的考点大约只有5%的学生留下，其中就有没学过几天英语的我。我不想走中专，而想上高中读大学。但我的家庭条件不好，我不能对父亲明说，只能用这种方式暗示。那一年我不仅以县第十名的成绩考取了中专，加上英语总分也达到X中学的录取分数线。中专录取体检那天，X中学也派老师来面试，父亲带我参加了面试，但最终还是要我填写了中专志愿书。

在当时，这个选择就意味着J教师没有了参加高考上大学的机会。从这段文字，我们可以看到一个从小就爱玩的孩子同样也爱学习、想上大学，更可以感受到J教师放弃上高中的无奈和不甘。

由于工作需要和自我要求，1985年，中师毕业1年后的J教师参加了H师范大学汉语言文学专业的自学考试。在学习中，一个“在十一年半的寒窗生涯里当遍了所有理科课代表的”理科男，却奇迹般地“爱上了文学，尤其是古文学”，3年后顺利拿到大专文凭，大学梦重新被点燃，他想继续报考古文学专业研究生，却因诸多现实因素未能实现梦想。但这段学习经历为他的语文教育、写作风格以及文化自觉都打下了坚实的基础和精神底色。

原本我以为J教师的最高学历就是大专，然而2022年1月7日，J教师在研究微信群中发了1篇文章《MBA，我毕业了》，我才得知他用两年半的时间完成了工商管理硕士研究生的课程学习，在56岁通过论文答辩获得毕业证书。在中国当下的学历教育语境中，让人既惊又敬，群里的教师纷纷向他表示祝贺：“很感动，超励志，厉害，真牛，致敬，学习榜样……”他告诉我：毕业论文《N市C学校发展战略研究》写得非常辛苦，前后一共改了18遍，终于达到了学术论文的基本要求。过程虽然痛苦，但他现在真能够为一所学校的发展进行规划了。我虽然惊讶，但J教师的工商管理硕士课程学习经历却正好化解了我加入“综合性学习”研究微信群时就产生的一个疑问：一名语文教师为什么拥有着如此专业的管理运营和顶层规划能力？是天赋所能吗？

因为微信群是依托于综合性学习名师工作室建立的，所以在建群之初，J教师在群里接连发了10篇《综合性学习名师工作室管理办法》草案，分别由他工作室的10名成员教师拟写，但每篇草案的微信推文封面上的文字都由J教师题写：“大家的事大家做”“组织必需纪律，纪律源自组织。组织制定纪律，纪律凝聚组织。”“能列出管理办法的人，一定是能自我管理的人”“相信团队的力量”“团队管理的前提是自我管理”“孙武说：‘上下同欲者胜。’热烈欢迎关注，真诚欢迎指导。我们需要您的支持。”“作为一个团队，应该像机器一样，每一个成员都应当具备‘齿轮精神’”“马卡连柯：纪律能美化集体”“黑格尔：秩序是自由的第一条件”“时间管理实现自我管理”“没有完美的个人，但有完美的团队”“单丝不成线，独木不成林”“马卡连柯：纪律是集体的面貌，集体的声音，集体的动作，集体的表情，集体的信念”……这些文字让我看到了J教师的领导力，其不仅对课程具有非凡的技巧：洞见课程价值、统整课程结构、强调课程适应、开发课程资源，还具备高超的人际领导技巧：塑造共享愿景、示范发展路径、营造合作氛围、激励专业实践，[①]从而让我对J教师的印象在一名执着的课程综合化实践探索者的基础上又增加了一个角色身份：一名出色的课程领导者。

我问J教师为什么选择读工商管理专业的硕士？和往常一样，似乎每个问题都是他深思熟虑过的，他这次的解释亦是如此：为需而选，为用而学。他认为，教育中的一些事情只局限在教育专业内思考难以做好，他看到工商管理硕士的课程多数是他在实践中所需要的，譬如他可以把市场营销学的理论迁移到课程产品的开发和实施上，制造的产品只有满足顾客的需求才能有市场，那么，课程也是如此。学生需求具有教育属

① 王珏：《民国教育家型校长的课程领导力特征》，《教育理论与实践》2016年第11期。

性，因此，学生需求复杂，既要看到学生的显性需求，又要看到他们的隐性需求，还要预测指向未来的潜在需要，课程的开发就要兼顾到这3方面需求。但是，开发出来的课程产品不会自动被学生接纳，因此，教学就好比“营销”，需要动脑筋想策略。在他毕业论文的后记中有这样一段文字可以更好地解释工商管理课程为何能为他所用以及如何为他所用：

> 战略管理、运营管理、人力资源管理、管理沟通、管理决策、组织行为学、市场营销学，等等，都一一地迁移到我的系统中。举个例子，产品生产到销售的一般流程是：原材料加工成产品，然后通过营销产生价值。这个价值包括企业价值、顾客价值和社会价值等。而教学流程也是如此：教材是原材料，备课是加工，教案是产品，上课是营销，然后产生价值：学校价值、学生价值和社会价值等。原材料加工成产品，然后通过营销产生价值，从宏观上看，这需要战略管理，这个过程中又有许许多多的因素和流程，又需要策略管理。工商管理学都有系统的理论指导，更有许多生动简洁的指导模型。教材经过备课形成教案，然后通过上课产生价值，从宏观上看，这也需要战略管理，这个过程中又有许许多多的因素和流程，又需要策略管理，这与工商管理学研究的非常一致，工商管理学系统的理论和生动简洁的模型，可以有效指导教育教学。学习期间，我受MBA各种模型的启发，将原先文字描述的‘综合实践活动模型’图示化了，成了真正的模型。我的毕业论文是基于战略管理理论的，由此我知道了怎么为学校做顶层设计。我现在正在是将《市场营销学》嫁接到《课程论》中，来思考课程建设并实施。

擅长融会贯通的J教师，不只是把管理学用来管理，还把其用于课程范畴，从这个角度来讲，其要比学术论文中的课程领导理论研究把课程理论和管理学（领导学）理论分而论之、分而用之更有实践智慧。在J教师这儿，也不存在“管理”和“领导”的矛盾和冲突，对于教师专业发展共同体的运行，两者一样重要：管理注重提供秩序和维持日常运作，旨在稳定和富有效率地“正确做事”；领导注重变革和创新，着力于战略性问题的探讨和解决，旨在富有意义和突破性地“做正确的事”。做正确的事也需要正确的方法，否则也会南辕北辙，事与愿违。

J教师多元且扎实的专业知识储备，灵活融通的知识运用能力奠定了其课程领导的学识基础，使其能够在微信研究群中既热切兴奋、坦率恳切，又从容自如、不惧露怯地探讨问题。这样的专业交流让研究群里的老师打开了思路、开阔了视野、汲取了思想营养，从而让这个课程探究空间始终保持着凝聚力。J教师认为：“一个人层次的高低和他文化修养是密切相关的，文化修养自然离不开学习，而学习又永远是自己的事，所以，一个人层次的高低是掌握在自己手中的。你在学习上坚持什么样的自己，决定着你将来达到的层次。”正因为J教师持续不断地自觉进行自我增能，所以才消解了探讨课程领导困境的相关研究所揭示的中国教师缺乏课程领导的动机、意愿和知能这些问题。

二　实践资历：实

实践资历大致对应布迪厄提出的客观化状态的文化资本，即具有象征性意义的观念和能力的物化。教育实践是教育者观念和能力的外在表现。教育办得好不好，关键看实践得好不好。J教师认为一名教育者既要浪漫地仰望星空，也要务实地脚踏实地。

J教师之所以能够有“综合性学习”名师工作室这个课程探究和领导的实体平台，是因为其30余载默默无闻地实践在先：在全国青少年科技创新大赛“成绩取得后，一些人认为我们是‘瞎猫碰上了死耗子’，其实，我为这个已经有了三十年的思索，三十年的探索，三十年的积累，三十年的等待。三十年，默默地，无人知晓”。对J教师来讲，“带孩子玩”，就是他心中的知行合一的实践，语文是综合的、实践的，用“实践”的方式来开展语文教育，是J教师心中从未动摇过的教育信念。因此“实践资历”是J教师开展课程领导的核心资历，或者说是具有原驱动力的资历，没有它，也就没有在其推动下相应伴生的“学识资历”和“荣誉资历”。J

教师之所以能在56岁读完MBA课程，之所以能在56岁被评为特级教师，正是因为其锲而不舍地读书做事、知行合一的执着精神。

对于耕耘在教育田野的教师来讲，他们最看重的是“做法”，只有“做”才能对学生的发展产生真正的影响，只有“能做”，其才会更深入地去想、去试。群里有教师说J教师是“实干家”“J老师总结的理论更接地气，易于学习、便于推广”，这是因为J教师在群里分享的微信推送大都是他们这个工作室团队的“真实做法”，其又可以分为两类，一类是如何做综合性学习活动，另一类是如何做综合性学习教研，前者为主，后者为辅。关于如何开展综合性学习，J教师团队的分享十分详细，从活动前的酝酿、考察和动员，到活动中的资源材料、过程实录、教学课件，再到活动后的成果展示（发表）、主旨回顾、反思点评，方方面面、完整过程都一一呈现，正如J教师常说的“毫无保留”的开放和分享。但J教师毫不担心这会带来生搬硬套，因为他相信每一所学校的基础条件不一样，教师的理解和能力不一样，学生的发展状态和需求也不一样，每一位老师都会根据自己的现实状况和真实需求对他们的做法进行改造，从而走出自己的路、做出自己的实践。

在阅读J教师的文章和群里分享的案例或活动信息时，笔者发现其分享的活动重复率较高，不常变花样搞翻新。无论是现场活动的专题推送，还是其文章中嵌入的活动案例，主要是以下这些实践活动：“小核桃，大学问”“探究果肉”“探究校园里的活化石——银杏”“创建百药园”“桂花香里探桂花”“探秘华东大裂谷”“我的标本我的手”“探胜吴越古道”“古韵今风探山门”“探研多彩板桥”等。此外，这些活动看上去比较零散，缺乏关联，没有明晰的课程主线，也没有工整、体系化的课程名称，这和当下我们学校课程建设在课程内容上求多、求新、求变，在课程辞令上求工整、新颖、响亮的风气显得格格不入。但就是这种看上去的朴拙，却真正地扎根在教育的土壤中，化作孩子们的成长经历和体验，而不是精美地印刷在学校的宣传册上供人观瞻。相较外在形式，J教师更关注这些活动内在筋骨和品质的塑造，用课程开发的规范、独到的教育思想和细致的实践探究将其打磨成精品。

表4-2　　C学校综合性学习活动一览表

资源类别	活动名称	活动实施时长	活动适合年级
校区内活动	探究校园里的活化石——银杏	1年	2—6年级
	地理园各模型的诉说	1年	5、6年级
	体验防震减灾科普馆	1年	6年级
	解说“千秋功德”长廊	2年	4、5年级
	校园药用植物资源调查	2年	3—5年级
社区内活动	探胜吴越古道	2年	4、5年级
	古韵今风探山门	2年	3—5年级
	探研多彩板桥	2年	3—5年级
	走进现代秋天	2年	3—5年级
	民间传统体育项目中的科技与文化探究	1年	3—5年级
	走近铁皮石斛　关注大健康	2年	4、5年级
	走进红色宁国　体验乡村振兴	1年	4—6年级
	走近宁国牡丹	1年	4—6年级
	探寻千年古龙窑，弘扬宁国陶文化	1年	4—6年级
	探究清明	1年	2—4年级
自然界活动	桂花香里探桂花	2年	2—5年级
	探秘华东大裂谷	2年	4、5年级
	小核桃　大学问	2年	4、5年级
	探究果肉	2年	2—4年级
	创建百药园	2年	3—5年级
	我的标本我的手	4年	2—5年级
	甲路镇树桩盆景的前世、今生和未来	3年	3—5年级

从J教师的文章以及微信群中对每次综合性学习活动的说明，都可以感受到每一个走出校门的活动从构思到成行，倾注了他们团队的许多精力、心血和教育智慧，譬如：

近几年，我们带学生外出几十次，每次活动前的准备时间至少

3个月。这么长的时间我们做了些什么呢？第一，是积聚情绪，因势利导，对孩子做必要的训练。第二，认真考察活动区域，不放过每一个细节。精心设计活动的每一个环节，环节进程掌控精确到分。第三，开好班会和家长会。第四，联系好车辆，确保车辆安全，远程考察请交警支持。“磨刀不误砍柴工”，只有细致细致再细致，才能保证活动的安全和成功。

有些老师在开展某个活动前往往瞒着学生，一直到活动的头一天才告诉学生，其理由是不让孩子因为过早的期待而影响学习。我们认为这么做是让学生“被活动”。学生没有充分的准备，无论是活动效果还是活动过程的安全自律都不可能达到最好。我们的做法是，在活动的筹备之始，就告诉孩子我们将要开展什么活动（具体时间不说）、怎么开展、有哪些好玩的地方、有哪些美好的收获，等等。要学生查阅相关资料，进行知识储备。学生满怀期待却不见下文，便催促。我们便引导孩子提高自己的自律能力和文明素质。过了段时间学生又催促。我们又顺势对孩子做必要的前期培训，如“调查方法”培训和摄影技能培训等等。

“探胜吴越古道”活动启动前，我带着指导组成员3次到万家考察。最后一次，我们一个活动点一个活动点考察，对活动点之间的行车时间进行计算，对每个环节的集体活动时间和自由活动时间进行预判，做好各种情况的解决预案。正是因为我们精细的准备，2014年4月23日的首次“探胜吴越古道”活动才非常成功。一整天的活动，4个相距几千米至几十千米的活动点，十几个环节，我们各环节进程的时间误差都在5分钟内。

“探研多彩板桥”科技实践活动从谋划到完成历时3年多。这个活动的设计就是我们给自己制造的一个“壳”，而在活动实施过程中，一个个大大小小的“壳”接二连三地罩住了我们。但是，我们迎“壳”而上，见“壳”而破，获得了20多个校外单位的支持，和4个无偿给学生体验的基地。

“这是刚刚完成的课件，下周一晚7：00家长会上用：总结‘探究肉果'活动，准备正式启动'探究清明'活动"。做踏踏实实的教育、明明白白的教育、干干净净的教育。""好给力的领导！好给力的伙伴！好给力的家长朋友！好给力的研学机构！昨晚顺利召开了360多人的家长会，今天活动通过了审批，从明天起，700多人分四批走出校门体验传统清明习俗。孩子需要，家长期待，领导支持，研学机构精心组织，伙伴们尽力付出，给孩子尽量多的"第一次"。

F同学在她的论文中有这样一段记录："在笔者实地调研期间，正逢J教师带领其团队准备某个大型综合性学习活动，笔者有幸跟随J教师去了当地的科技局、教体局等递交相关活动材料。起初，笔者并不理解为何要将材料递交给看似不甚相关的单位，活动材料的留存难道不应是学校自己的事情？面对这一疑问，J教师笑了笑却并未直接解答，但他的态度却很坚决，宁愿顶着暑气蒸腾的高温天气，也要在下班后挤出时间，带着笔者一起将材料递交于相关单位。直到返校的路上，J教师才缓缓道来其中的缘由：其实，这一切都与他之前开展活动的经历紧密相关，在开展'桂花香里探桂花'活动之时，学校就曾邀请老中医给同学们讲解桂花的药用价值，也邀请了环保局的同志讲解桂花的植物特性，不少学生表示收获颇丰。家长、学校、社会等之间的合作作为一种动态的课程资源，本就是对课堂教学资源的一种补充。"①

这些文字记录的都是综合性学习活动筹备和幕后的事情，但它们就好比一棵树伸展在泥土下的根系，因为有它们支撑，有它们输送水分、养分，树木才能生长；根系越发达，树冠才能越茂盛。无根的树木虽然也有枝条、花儿、果实、花环和花冠，但是不能生长，不能耐久，因为它的装饰不是从它的根儿生长出来的，只是挂在上面，这样的树木结不出果实，附在上面的枝条会枯萎，会掉落。② 急功近利、形式主义、应

① 杨小飞：《小学语文教师课程综合化实践的个案研究》，硕士学位论文，南京师范大学，2020年。

② ［捷］扬·阿姆斯·夸美纽斯：《大教学论》，傅任敢译，教育科学出版社1999年版，第111页。

景的课程就好比这无根的树木，会很快枯萎，而J教师带领的团队所开发、设计和组织的综合性学习活动有本有根，生动淳朴，生机盎然，能够传递生命气息的教育活动是最有感召力的。

三　荣誉资历：正

教师所获得的荣誉是对其师德、学识和教育成效的体制内制度化的认可与嘉许，是对一位教师是否具有“道德权威”和“专业权威”的官方权威证明。荣誉自然重要，其可以带来进一步发展的资源、机会和平台，但荣誉获得背后的历程以及荣誉获得后都做了什么，比荣誉本身更重要。一位教师能否在同行间有专业凝聚力、引导力和影响力，民意口碑更有分量，相比于证书，教师们更看重的是荣誉怎么来，荣誉得到后怎么做。

J教师获得的荣誉非常丰厚，大致可以分为4类：职称级别类荣誉、竞赛获奖类荣誉、学术发表类荣誉、社会兼职类荣誉。前3类荣誉互为因果，相辅相成。J教师个人简介中的职称是“中小学高级教师，N市小学语文学科带头人，X市综合实践活动学科带头人”，“双职称”既负载着J教师“带孩子玩”的阻困和坚持，也隐蕴着其中的机遇和开拓。在他个人传记中对此有较详细的叙述：

> 我一直将自己定位为语文老师，虽然现在拥有综合实践活动高级教师的职称，但拥有这个职称才两年，而我拥有语文教师职称有30年历史，而且这个职称不会作废。其实我2006年就具备申报中学语文高级教师的条件了（特级也够），但我不喜欢那种语文氛围。这些年我按照自己对语文教育（不是语文教学）的理解捣鼓着，取得了一些成果，但很遗憾现在我高级职称的专业不是语文，好在有贵人点拨：殊途同归、万法归宗；有好友告慰：一个小学教师能有两种不同专业的职称，也是份骄傲。
>
> 感恩这些年，在学校和社会各界的大力支持下，我和同事们一起获得了6个国家级科技实践活动奖，但我们这是用科技的平台

"玩"语文。我外出讲课，自我介绍时，都一直说自己是语文老师。前年我们学校成立了"综合性学习研究"工作室，由我主持，这个工作室如果要升级，而且还是我主持，这个名称不能改变。

那6张国家级证书给我个人带来了不少荣誉，但我并不看重上面的标签，2017年以来，约稿发表了6篇论文，总字数近3万字，有4篇都在讲用科技实践活动研究语文"综合性学习"，还有1篇是讲专业语文的，也就是说，我一直在进行语文教育的研究与实践。J教师写的教学案例"从'在N市三等奖都评不上'到二等奖，再到一等奖并参加省级交流，我的成果越来越被大家接受，我越来越看到希望"。

字里行间，我们可以看到J教师是多么看重"语文教师"的身份，对自己笃信的语文教育理想是多么执着。无论是综合实践活动高级教师的职称，还是国家级科技实践活动的奖项，抑或是工作室的建立、学术论文的发表，都是他坚持自己语文教育理想、开拓自己语文教育空间、建构自己语文教育理论的一个路径、平台和佐证。换言之，J教师不是以获得荣誉为自己的追求目标，而是把它们看作一种专业理解和实践"认同"，他所追求的是一种能够得到认同，能够由"盆景"变成"风景"的具有开阔视野和宽阔胸怀的语文教育。他不喜欢"大语文教育"这种说法，因为他认为，语文教育本身就是宽广的，不能被人为地窄化、僵化和孤立化。

J教师有从事教育管理工作担任校长的经历，但他心有所属，"离开了教学一线，但我仍然关注着'带着孩子玩'，关注着'综合性学习'"，因此在承担完特定时期的职责后，丝毫不留恋于一些人眼里更好岗位，义无反顾地奔赴自己热爱的工作：

2002年暑假，当时的J小学Y校长要我担任完小校长，我坚决拒绝。因为这不是我的理想，我担心担任此职会分散我实现理想的精力。但Y校长拿住了我的软肋，用"义"打动了我，这一当就是7整年。这7年，哪所完小有困难就把我调到哪里，7年中分别任了Q、D、Y3所完小校长。大概是我完小校长当得风起云生，2006年，当时N市教育局分管人事的副局长和时任人事科长力推我去一所中心小学任副校长，并表明了下一步对我的安排。我毫不为之所动。

J教师“清教徒”般的犟还体现在职称评定上，

2006年，我具备了中高职称的参评条件，后来我又具备了特级教师的参评条件，但倔强的我都放弃了这些。当时放弃这些有两个原因：1. 我不自信，我担心戴上这些“帽子”会“树欲静而风不止”；2. 参评中高职称和特级教师，我必须走“官方”指定的路，这是我非常痛苦的。但那时我就在心里给自己定下一个目标，做成3个样本：1. 做一个靠着大专学历、普通教师身份和常规的职称也照样能打出一片天地的教师；2. 做一个老了也照样出成绩的教师；3. 做一个不求名誉和待遇，而名誉和待遇会自动上门的教师。

J教师的担忧是有原因的。早先有研究者指出：教师领导存在等级制、精英化与工具性的弊端，教师对自己的专业发展缺乏自主与选择。该研究主张必须把专业发展的责任交给教师自己，让其进行自我主导的专业发展。因为教师的发展是自愿的，没人能强迫一个人学习、改变或成长。如果成人能自主选择发展的目标和路径，并能对其进行调控，则他们能从中获得更多获益；每一个教师都是独特的，不存在一个适合所有人的专业发展路径，应该让教师自我探询：需要什么？想成为什么样的教师？如何做才能成为自己理想中的样子。事实证明，最优秀教师的成长一直都是自我主导、自我探询、自我选择和坚持的。①

J教师“3个样本”的目标如愿以偿：有了自己的专业探究和交流空

① 卢乃桂、陈峥：《赋权予教师：教师专业发展中的教师领导》，《教师教育研究》2007年第4期。

间，年近耳顺之年，依然充满活力地耕耘在教育改革的前沿，担当起培养教育后辈的责任，享受省政府特殊津贴、被评为特级教师……当然这些心想事成，恰恰也说明在这个“国家发展靠人才，民族振兴靠人才”的新时代，只要心怀“国之大者”，不忘教育初心，那么，正确的个人方向和努力就一定会被看到、被认同、被重视，国家和社会需要更多这样的一线教师。

荣誉是对过往的追求、努力和收获的认同与嘉许，更是对未来更多的人、更笃定的追求、更敬业的努力、更出色的收获的鼓励和期待。J教师正是这样做的，每一份荣誉既是在“赋权”也是在“增能”，让他更有自信、更有力量，也更虔诚、更热忱地影响和带动更多的学校、更多的老师前行探索，努力合作共同实现“有天皆丽日，无地不春光”的教育愿景。

J教师还担任了N市家庭教育协会特聘讲师、市关工委“五老彩虹报告团”成员、省散文家协会会员，教育部中华传统文化高级讲师，中科协中国青少年科技辅导员协会优秀个人会员；能者多劳、德者愿劳，兼职工作都是公益性的。这些社会兼职也是对J教师的学识、能力和格局的一种认同和赞许。从J教师在微信群以及其公众号上分享的一些文章上，也可以看到这些兼职对其学识的进一步积累、拓展和格局的进一步打开、提高都是有助益的。这些兼职还可以更好地加强家庭、学校和社会教育的联系和整合，J教师可以借助多方面的平台更好地为学生成长、教师发展、学校办学创造机会，开阔眼界，丰富资源。总而言之，当荣誉在促进一个人做得更好，帮助更多人做得更好时，同时也在极大地发挥出荣誉拥有者在群体中的被信任、被尊重和被追随效仿的价值。

第三节　J教师课程领导的专业淬炼

一个具有领导力并发挥领导作用的人，需要具有把做一件事情看作为使命的道德感：应该做的事；需要具有判断做事时机的洞察力：能把事情做成什么样；需要坚持做到底的意志力：把事情做成自己想要的样子。它循序渐进，一步一个脚印：它始于你真心去做，它始于别人说了“不成”而你再去做，它始于你说“我们”，而你清楚“我们”是何人，且你一心想天天壮大“我们”。①

J教师在其MBA毕业论文后记中连写了6个“不抱怨”：①刚工作时“关门教学”的大气候不支持“带着孩子玩”，他不抱怨；②因顽固于“带着孩子玩”，被“发配”到村小，但校长惜才并给他创造了博览群书的机会，他不仅不抱怨还感激；③探索综合性学习没人支持、没实践平台，并放弃数次升职涨薪的机会，他不抱怨，他相信前景光明；④指导的活动获全国青少年科技创新大赛一等奖和全国十佳，被人说是瞎猫碰着死耗子，他不抱怨，开始建构“小学综合性学习实践活动模型”，并陆续指导活动获奖；⑤有人抱怨教育体制不好，他不抱怨；⑥有人抱怨高考制度不好，他不抱怨，努力在自己力所能及的范围内大胆创新、大胆实践，没时间抱怨。

这6个“不抱怨”，让我们看到J教师开展课程综合化探索是如何从个人的教育直觉发展为教育信念、显性化为高品质的教育活动、凝练成有学理的实践模型，从而带动更多的教师开展高质量的教育实践；从这6个“不抱怨”，我们不难发现J教师课程领导力的发展不是一帆风顺、径行直隧的，而是挫折和信念这两种冷热力量的淬炼锻造而成。

一　萌发于“带着孩子玩”：教育与童性合

在J教师的文章中“玩”是出现频率非常高的一个字，因为“玩”给他的学生时光也给他初为人师的那段日子带来了积极体验：

> “小时候就爱玩，7岁那年踏入校门，开始了我11年半的寒窗生涯。这11年半虽然艰苦，但‘玩’的快乐始终陪伴着我。”“在

① ［美］帕克·帕尔默：《教学勇气——漫步教师心灵》，吴国珍等译，华东师范大学出版社2005年版，第162页。

工作中发现，过去玩的东西都成了我宝贵的工作财富。孩子的童真童趣能与我共鸣，我指导他们写作便轻松自如；我在玩的时候获得的书法、音乐、美术等方面的技能，也能和孩子分享……于是我经常带着孩子玩：大雪天，我带着孩子们到山野间嬉闹；周末，我借来许多煤球炉和孩子们在教室里炒菜做饭；枯水季，我和孩子们到小河沟里捉蟹摸虾；清明节，我和孩子们一同扎制花圈。我曾把孩子们带到河滩观察鹅卵石的大小、形状、色泽等，让孩子们充分发挥想象，去开发这些鹅卵石的作用；我曾把孩子们带进秋收后的田野拾稻穗，换钱买糖果和文具分发给大家；我带着孩子们刨去稻田表面的肥土，挖出下面的黏土，捏出各种稀奇古怪的东西；为了锻炼孩子们的意志，我甚至用了8小时带着孩子翻越了一座根本就没有路的大山……学生们都非常喜欢这样的活动。当看到他们在活动中体验、观察、想象、表达……我就想，这不就是上语文课吗？这些活动对学生的影响当时并没有发现，因为那时我年年带毕业班。不过后来，总有初中的老师告诉我：你的学生很喜欢你哟，他们中有许多写到你带他们玩，那作文写得真好！”

因为“玩”在当时中国“关门教学”的大气候中显得不务正业，所以，J教师的做法不被校长理解，为了让他“听话”，1986年他被“发配”到村小，这让他的犟牛脾气犯了，更加“顽固”于带孩子玩。他父亲去村小看望他时，他告诉父亲“别人反对我玩，我就是要玩，而且一定要玩出名堂。玩是孩子的天性，只能利用不能抹杀。”但当时“带着孩子玩”对J教师来讲还只是处于一种直觉状态的教育认知：“其实那时的‘不安分’很多成分是青涩年龄段的‘愤青’，自己到底要玩出什么名堂也是糊涂的，只是固执地要这么做。”

1988年，学校安排J教师担任少先队总队辅导员，这个新岗位给他创造了很好的机会去名正言顺地带着孩子们“玩”活动，这个岗位既符合他的兴趣又契合他的信念，工作自然出彩，获得H省“优秀少先队大队部”和N市“十佳少先队辅导员”的荣誉。后来J教师被调任到新学校，他说从1993年至2001年是他最“听话”的8年，也是他要感激的8年：

> 那几年，我一边读书，一边钻研课堂教学业务，Y校长一直拿我当刀来磨。学校组织外出学习，回来他要其他老师上公开课，而要我做理论汇报；学校开公开课，在他发言前都要我先说10来分钟。经过他8年的磨砺，我的理论水平和书面表达、口头表达能力都提升了很多……虽然那8年我停下了“带着孩子玩”，但生活经历告诉我，工作经历告诉我，孩子的天性告诉我，我在读书的过程中了解到的发达国家的教学思想告诉我，“带着孩子玩”是对的。我坚信，必然有一天，‘带着孩子玩’会成为中国教育的响亮的口号！

二　赋权于“综合性学习”：信念与改革合

在许多老师的眼里，“综合性学习”可能只是《义务教育语文课程标准（实验稿）》规定的一个新组成部分，但J教师却从这版课程标准中看到了他理想中的小学语文教育，而“综合性学习”的提出则让其欣喜和兴奋。

> “义务教育语文课程标准”颁布，我认真学习，欣喜异常。其中表述的就是我理想中的小学教育，如“语文课程是实践性课程，应着重培养学生的语文实践能力，而培养这种能力的主要途径也应是语文实践”；“应拓宽语文学习和运用的领域，注重跨学科的学习和现代化科技手段的运用，使学生在不同内容和方法的相互交叉、渗透和整合中开阔视野，提高学习效率，初步获得现代社会所需要的语文实践能力”等。
>
> 2001年，提出了“综合性学习”的要求，以“加强语文课程内部诸多方面的联系，加强与其他课程以及与生活的联系”，我兴奋异常——我找到“家”了。

语文课程内外的这3个方面的联系，对J教师来讲，正是对他“带着孩子玩”最好的官方解释和要求。在J教师后来的许多文章和交流中，“加强3个方面的联系”就如同“第一定律”的原理一般，被其反复强调、遵照执行。从而“带着孩子玩”有了权威的依据，且成为一种富有改革创新价值的新举措，这都赋权于J教师更坚定地去探索自己的教育理想：“我觉得我的行为‘合法’了，我可以放手实践了。”

J教师把自己的思想精神融入对“综合性学习”的认识和理解中，并通过“综合性学习”更好地展现和延续自己的理解和理想，“综合性学习”通过J教师的诠释和实践也具有了主体化、个性化的真实意义和价值。教师理解课程的过程也是阐释自我的过程，而课程获得意义的过程也就是教师建构精神的过程，二者相辅相成、密不可分。因此，“综合性学习”不仅开启了J教师的课程探究旅程，也提升了他对国家教育政策精研细读的自觉，对国家教育政策精神的贯彻，是为个体在现有条件下最大限度地自由发展创造条件。

虽然“综合性学习”与J教师“带着孩子玩”在理念和形式上十分契合，但是当其被作为国家正式课程的一部分而实施时，J教师明显感到原先个体化、经验化、零散化的短线行动的乏力与不足，开始意识到团队化、科学化、体系化、多元知识储备、长线实践的必要和重要。

> 我开始捣鼓“综合性学习”，经常把三尺讲台搬出学校。……从我开始实践的那一刻起，我就觉得“带着孩子玩”不是一个人能做好的。研究的群体越大，其成果的科学性就越强。这样的活动是系统工程，要实施好必须依靠团队的力量。理由有五5点：1. 这是集体活动而不是个体活动，组织协调、安全防护等工作是一个人难以完成的；2. 这是长线活动而不是短期活动，必须要有专人周密计划，统筹安排；3. 这是立体活动而不是平面活动，必须要有专人上下沟通，以争取全方位支持；4. 这是综合活动而不是单项活动，需要多元知识的支撑；5. 这样的活动，其过程的指导要精细，其成果的收集与整理要细致而又全面。以上5点，一个人很难做好。

这段文字从某种程度上可以被看作为J教师课程领导意识生发的思想前奏，他意识到了“我”的局限，开始寻找课程开发和实施所需要的“我们”。然而，于J教师而言如同理想家园般的“综合性学习”，在实践中推进却十分缓慢：“N学校作为紧邻城关的上规模学校，也要占据教研的一席之地。2002年暑假，中心小学教导主任召集并主持召开教研会，我在会上提出要实施‘综合性学习’，当时教导主任非常赞成我的提议，但之后却没了消息。”“2005年，我调到D小学任校长后，便用我编写的《综合实践活动课程的实施》给老师们宣讲，希望他们当中有人能和我合作，但没有效果。”可见，共同愿景的形成和课程实践的合作不是只需教师个体热情和思想这些主观能动因素就能实现的，这些是必要因素，但如果缺失宏观大势环境，依然难由个体认识探索变为群体的认识和行动。

如果说J教师从语文课程标准中看到了理想和希望，时隔十年，他则从修订版语文课标中看到了自己理想的困顿：“2011年，新版《义务教育语文课程标准》颁布，我仔细与2001版的‘课标’比较，心中隐隐作痛。新版‘课标’改动非常大，但对‘综合性学习’这一块的改动接近于零。我们可以理解为十年前的‘课标’对这一块的表述已经非常科学了；但我们更可以理解为，这十年，全中国对‘综合性学习’这一块的行动接近于零，根本提不出修改建议。”因此，J教师认识到推广实施“综合性学习”的“条件还不成熟，大家的意识还没达到。我们的思想可以超前三步四步，甚至十步，但我们的行动顶多只能超前半步：提前十步谋事，提前半步行事，退后一步看事。”因此，J教师一边“继续默默”地探索“综合性学习”：“没人和我合作，我仍然一个人独行”，一边“识时务”地寻找更易于获得支持、获得认可的实践平台。

三　借力于“科技实践”：语文与科技合

J教师有语文和综合实践活动两个职称，且综合实践活动职称比语文高（虽然他内心对自己的定位是一名语文教师），这说明综合实践活动作为国家课程综合化、实践化的新形态，因为没有既往条条框框的束缚，反而给予J教师更“合法”也更“尽兴”的探索空间，实践成果更能被认可。综合实践活动内蕴的科技实践空间为J教师“综合性学习”的探索找到了“天时地利人和”的新平台：“我在网上查阅了有关科技实践活动的资料，发现它完全可以与‘综合性学习’对接，是与我‘带着孩子玩’相一致的……我认识到，科技实践活动可能就是我苦苦寻找的‘综合性学习’研究平台。”

2012年10月底，他征得校长的应允，组织团队带领学生开展以乡土山核桃文化为核心的科技实践活动：聆听山核桃专家的科普讲座，走进山核桃示范基地，考察山核桃树形树貌、生长环境，走进某食品股份有限公司，了解山核桃生产和销售流程……2013年8月，“小核桃，大学问”科技实践活动荣获第28届全国青少年科技创新大赛一等奖，并获全国“十佳优秀科技实践活动”殊荣。这个荣誉填补了该省在这个项目的空白。

J教师认为，成功离不开长期的探索，从树立信念到荣获奖项，“我走过了近30个年头。这30个年头，我品尝到了很多很多的味道，但甜味最多。这甜味就来自我坚信自己是正确的，坚信国家‘课标’里‘综合性学习’这一提法是不会放空的。正是因为如此，我才能一直坚持着，默默地探索着。”

J教师更看到了成功背后的时与势，他归纳了4个方面的原因：

> 1. 意识达到了。转变学习方法、提高学习效率、培养综合性人才，已经成为国家、社会、学校、家庭的共识，更是学生所欢迎的。2. 条件达到了。资金、信息、交通、物资等都能得到保障。3. 全国青少年科技创新大赛是国家级每年一次的大型赛事，科技实践活动是其中的重要项目之一。参与这种活动，孩子和指导老师不仅能体会到“玩”的过程的愉悦，还能收获到“玩”的成果的欢欣，动力充足，目标明确。4. 全国青少年科技创新大赛是8个部委联合举办的国家级大型赛事，各级相关部门高度重视；其中的“科技”二字也激发起社会各界的高度热情，从而获得他们对“带着孩子玩”的

大力支持。因此，我决定正式将科技实践活动作为我进行“综合性学习”研究的第一平台。

从J教师的这些文字中，我们可以看到其对“综合性学习”的执守，即使实践和荣誉皆是以“科技实践”为名，但实质上仍然是“综合性学习”的探索。对J教师来讲，“综合性学习”已经超越于某门课程的特定板块，而承载着格物致知、知行合一的教育精神。我曾经问过J教师，在其被评为特级教师分享在研究群的《感怀》诗中用“正斜七载是非我”中“七载”的意思，他告诉我这“七载”指的是“2014年12月24日公开要做‘综合性学习’，到2021年，为7年”，并推荐我读他写的《时》，其中详细解释为何是“公开要做”：“在实施‘小核桃，大学问’科技实践活动过程中，我没有透露我在实施‘综合性学习’，因为我不敢确定时机是否成熟，虽然我看到党的十八大报告中有‘全面实施素质教育，深化教育领域综合改革，着力提高教育质量，培养学生社会责任感、创新精神、实践能力’的表述，虽然2014年春季我一下子启动了4个科技实践活动。2014年3月30日，教育部印发《关于全面深化课程改革落实立德树人根本任务的意见》，我认真学习，又细心观察教育方向，到2014年秋季，我知道‘综合性学习’已经进入可以行动的‘半步’内了，于是，我向校领导请求负责这年年底学校开放日活动的语文学科展示，校领导同意了。2014年12月23日，我们学校对外展示了两堂‘综合性学习’课，非常成功。课后，我作了“语文‘综合性学习’，我们在行动”的发言。之后，在学校的大力支持下，我们放开手脚用科技实践活动平台实施‘综合性学习’，又将6个科技实践活动送入全国青少年科技创新大赛，并都获奖。这期间，有不少学生的作品在报纸杂志上发表。”

在J教师的心里，语文的“综合性学习”与“科技实践活动”可以融合，但他并不驻足于行动实践，也不满足于行动荣誉，而是进一步深入探究两者结合的事实和学理依据，在微信群中，J教师和大家交流了他关于文学与科学关系的思考：“古代璀璨的科学成就是不是主要用文学的方式记录并传承下来？张衡、徐霞客、法布尔等科学家是不是文学家？四大名著、《战争与和平》等文学巨著是不是百科全书？现代科学能不能离开文学的记录与传播？现代文学的记录和描写要不要详细和精准？古代文学家的幻想现在是不是很多被科学家变为现实？现代科学家的发现和创造是不是又激发起文学家瑰丽的想象？现代文学家瑰丽的想象有没有可能在将来被科学家变为现实？”“文学与科学并不是两条道上跑的车，它们作为人类的创造性活动，内容上是共生的，方法上是相通的，精神上是相济的。我们不能只从理工科方面思考科学，我们要文理双修，两条腿同时走。”

除此之外，J教师在微信群里时而会抛出“回归传统”与“教育创新”、“直接经验”与“间接经验”、“传统教育思想”与“当代教育政策”、“格物致知”与“科学发现”之间关联性、互通性诸如此类学术性很强的基础问题的探讨，都能引发兴趣者的深入思考和讨论。微信群里思和辩的观点已超越了课程实施本身，对提升课程实施质量是极其重要的。J教师在信其然，行其然，知其所以然，论其所以然的实践和研究中，不断地发挥出其“知行信合一”的课程魅力理解力、课程思想凝聚力和课程实践影响力。

四　集成于“123工程”：实践与理论合

J教师对自己的专业身份有明确的定位，对自己的专业实践有明确的归类：“我坚持着自己，我非常清楚我是谁，我要什么，我该做什么！我现在做的事情是：利用乡土资源，搭建科技实践活动平台，进行校本课程开发，进行语文‘综合性学习’研究。”他对自己专业实践的“道理”也同样有自己的范式，以自己的实践探索为基础，融会贯通古今中外思想，并提炼内化为自己的想法、说法和做法。J教师曾在个人小传中说他有一段“最听话”的8年时光，这段时光就是踏踏实实开展传统语文课堂教学研究的8年，经过这8年的磨砺，他的理论水平和表达能力得到提升，时任校长是他的专业引路人和榜样，“具有很高的理论水平和实践经验，每次公开课之后他的评课老师们都爱听，因为他在课前都认真地备了课，他说的都是他自己的东西”。正因为“说自己的东西”成了J教师的自我要求，他不断了解新理论新政策新概念，从不盲目跟随时髦的理论，也从不复制粘贴生涩的语汇，而是旁征博引、融会贯通，再深入浅出、自成一格地摆事实、探学理、讲道理。“123工程”——“用好1个模型，实施2个措施，落实3个关键词”——便是J教师近十年来和自己团队的老师们共同探索和思考的“综合性学习”实践范式。

（一）“用好1个模型”

建构模型是MBA课程给予J教师的启发，在这之前J教师都是用具体的文字去描述和解释，而模型能够让人更加直观地、整体地认识和理解具体实践的价值主旨、基础条件、结构功能、因素关系、过程步骤和预设效果。J教师希望通过“综合性学习”实践活动模型（见图4－1）让更多的学校、更多的老师共同解决“关门教育”和“孤立教育”的问题。

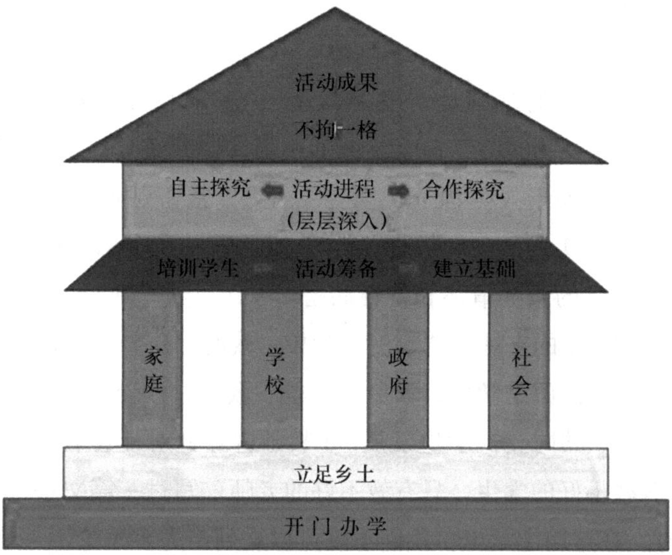

图4－1　“综合性学习”实践活动模型

实践活动模型的灵魂是“开门办学”。这是J教师“带着孩子玩”的初心，其主要体现在两个方面：第一，让学生走出教室，走进校园，走出校门、走进社区和大自然；第二，让家庭、社会、政府等各方面的教育资源走进来，尤其是让家长成为教育资源。J教师和团队老师们通过亲身实践感受到开门办学创造的教育效果。

> “近几年，我们学校每年都会安排好多次校外考察。每次回来，学生们都非常兴奋，他们都说学到了在书本上学不到的知识。每次活动回来，学生们创作的许多作品，不少在网站甚至报纸杂志上发表。很多散文、诗歌，连不少老师看了都会汗颜。”“没有家长参与的教育是苍白的教育！家长的力量是无穷的！让所有的家长都成为教育资源好处多多：①可以让家长了解教师工作的内容、方法、步骤等，使之更加了解教师，理解教师，支持教师；②可以协助教师做好活动过程的安全工作；③家长和孩子共同参加活动，在增进亲情的同时，也参与活动指导，既提高了活动质量，也减轻了教师的工作负担。”

实践活动模型的基础是“立足乡土”。乡土有着得天独厚、丰富多样的课程资源。因为“乡”，地域跨度小、人际距离小，便于资源开发，便于活动组织，便于人际沟通；因为“土”，紧密贴近学生生活，学生易闻易见，通过实践活动能够让学生喜闻、乐见和多思，培养他们热爱家乡、建设家乡的质朴情怀和善良品德。

实践活动模型的支柱是“家庭、学校、政府、社会”。J教师认为教育就像一张桌子，桌面是学生，家庭、学校、政府、社会是4根腿。这4根腿需形成合力，共同支持学生发展。J教师曾经针对社会上广为传播的一句话“没有教不好的学生，只有教不好的老师”写过一篇文章《没有教不好的孩子》，在这篇文章里，我们不仅可以看到与大多争论不一样的观点，再次感受到J教师的思维魅力，还可以看到靠内力“生长”出来的思想与靠外力“打造”“包装”出来的辞令不一样的说服力和导引力。

> 记得20世纪末21世纪初，“没有教不好的学生，只有不会教的老师”这句话很时髦——会上经常有时髦的宣扬，会下经常有时髦

的批判……当年我也是批判者之一，但现在我不批判它了——我接受，只是把这句话改了一下："没有教不好的孩子，只有不会教的大人。"……我为什么要把"老师"改为"大人"？我觉得教育是4根桌子腿支撑一块桌面的八仙桌，而不是独木支撑的圆桌。这八仙桌的桌面就是孩子，四根桌子腿分别是：家庭、学校、政府、社会。想一想，如果这4根桌子腿齐心协力，这八仙桌不就稳稳当当了吗？谁都知道，独木支撑的圆桌是不稳定的，要想稳定，底盘要大而厚重，可这大而厚重的底盘是那根独木自带不了的，须别人赋予。谁来赋予？家庭、学校、政府、社会。所以说，教育是所有大人的事，而不仅仅是老师的事……这4根桌子腿中最重要的一根是家庭，是父母。关于这一点，有个比喻很生动：父母是原件，孩子是复印件；原件好，复印件才能好；要改变复印件，先得改变原件。关于学校的教育功能，我始终认为是纽带。学校就是要调动一切优质资源，家庭的、社会的、政府的等，构建一个多彩的、阳光的大教育环境。多彩的、阳光的大教育环境，会锻造出许多多彩的、阳光的小集体，会让孩子们多彩而阳光。老师的作用也是纽带，是多彩而阳光的教材和孩子们之间的纽带。

实践活动分为3个阶段：（1）活动筹备要细益求细：第一步，积累情绪，因势利导，对学生做必要的训练；第二步，联系好相关部门，确定活动基地；第三步，认真考察活动基地，不放过每一个细节，精心设计活动的每一个环节；开好班会和家长会，做好宣传和组织工作。

（2）活动进程要层层深入：第一步，学生独立地全方位地参与活动；第二步，学生自主合作，选择探究活动中某一或某些方面；第三步，学生对初步发现进行深入研究；第四步，对活动发现进行总结。活动进程要充分合理遵循"自主"原则：教师控制范围，学生自由摄取；教师关注广度，不求学生探求的深度。对活动进程中"合作"的要求：分组不分人，你中有我，我中有你。

（3）活动成果要不拘一格：活动的内容和形式要充分尊重学生的年

龄特点和知识水平，积极鼓励学生用自己独特的个性呈现活动成果。“要想不拘一格，就必须对学生进行诸多培训，这样，学生才能用他喜欢的方式参与活动，用他喜欢的方式呈现成果。我们所有的活动，在实施过程中，指导老师都要对全体学生进行各种培训，包括科学小论文撰写指导、诗歌创作指导、手抄报设计培训、卡通画制作培训、电子刊物设计培训、小主持人培训、黑板报专刊指导、朗诵技能指导等。因为培训多多，呈现才五彩缤纷。”

（二）“实施两个措施”

1. 实施项目式教学

项目式教学是一个开放的、动态的教学相长的过程性系统。每个活动课程都被当作一个项目来对待。指导教师是总项目的负责人，指定学生或学生毛遂自荐担任子项目的“项目经理”。项目式教学就是在老师指导下，将一个相对独立的项目交由学生自己处理，由学生自己负责信息收集、方案设计、项目实施及最终评价。学生通过该项目的进行，了解并把握整个过程及每一个环节中的基本要求。

2. 实施同伴教育

人们通常愿意听取年龄相仿、知识背景、兴趣爱好相近的同伴、朋友的意见和建议。青少年尤其如此。同伴教育就是利用青少年的这种趋众倾向，对其进行教育的方式。此外，兴趣爱好相近，但年龄差距大、知识背景不同的人也可能结为同伴。因此，“同伴”是广义的，在一个项目中，老师和学生或是家长和孩子，都能成为同伴。

（三）“落实三个关键词”

1. 全科教学

“全科教学”是指教学内容和教学目的，就是让学生在活动中全方位地提升知识水平和品质层次。从知识门类方面来看，它包含很多学科。从能力培养方面看，它包括多方面的能力。从情感态度价值观方面看，它全方位提升学生。

2. 全位教育

“全位教育”是指立体的综合实践活动基地，包括 4 个方面：第一，学校——课程开发和学生培训、活动生成整合基地；第二，相关文献收藏部门——文献查阅基地；第三，相关企业或单位——学生实践基地；第四，家庭——成果生成基地。立体的基地，立体的指导，就有了立体的体验，立体的收获。

4 个基地的使用的基本顺序为：第一步，在学校，老师在专家支持下开发课程，然后对学生进行知识、能力、方法、行为习惯等方面的培训；第二步，在文献查阅基地，请专业人员指导学生查阅资料，获得对活动实施对象的最初认识；第三步，在企事业实践基地，请专业人员指导实地考察、实验；第四步，在成果生成基地，请家长辅助学生生成各种活动成果；第五步，在学校，汇总学生的活动成果，建立资料库；第六步，学生共享资料库，进行新一轮实践；第七步，汇集各种资源，全面总结，广泛共享。

3. “三本书”

“三本书”内蕴的是 J 教师对“知行合一”思想的解读，它贯穿学生的整个学习过程，第一本书是“有字的书”，通过学生主动学习和先行阅读；第二本书是“无字的书”，通过学生的实践体验读；第三本书是“自己的书”，即将“有字的书”和“无字的书”结合起来进行创新表达。读“有字的书”，就是自己查阅相关资料；读“无字的书”，就是走出家门和校门去社会上考察探究；写出“自己的书”，就是将文本知识和实践获得融会贯通，形成自己的知识和能力，并将自己的综合品质提升一个层次。关于“三本书”，J 教师曾用“直接经验”和“间接经验”两个基本概念对其进行更深入的学理层面的解释：

> 我和伙伴们不排斥间接经验。我们努力地落实《义务教育语文课程标准》“综合性学习”要求……加强语文课程内部诸多方面的联系和加强语文课程与其他课程联系，其联系的是间接经验，而加强语文课程与生活的联系，联系的是直接经验。可现在小学生没有什么直接经验可以联系，“促进学生语文素养全面协调地发展”这个目标怎么达到呢？

获得间接经验有时比获得直接经验效率更高，体验更好，这是事实，但这种高效率和好体验是建立在阅历基础上的，而阅历是依赖直接经验的。

直接经验学习浪费时间，要看对什么人。对缺乏直接经验的人来说就不是“浪费时间”而是“费时间”。在小学，很多时候就应该费时间。很多优秀的大学老师教不了小学，一个重要原因就是不懂如何“费时间”带学生“直接经验”。

把学来的间接经验应用于实践，生成的经验就是自己的直接经验。这个直接经验对自己来说是创新。“苟日新，日日新，又日新”，天天如此，就会生成相对于自己过去的新的知识系统和操作系统，这更是对自己的创新……

第四节　教师课程领导力的个体探索模式

1978 年以来，“完善改革”“深化改革”“推进改革”之类的话语不断重塑中国的教育生态，也推动了教师在课程改革过程中的自我反思。[①]自从新课程改革以来，新的课程管理制度、课程形态都给教师提出了新的角色定位。因此，教师个体的课程领导力实现，可以通过开发课程、变革教学实现自身的专业领导价值，进而带动教师共同体实现自下而上的课程变革。本书通过 J 教师的专业发展经历，综合考虑教师个体课程领导力如何而生，以及对于整体课程变革发挥了哪些作用。

J 教师课程领导力的实现过程，如图 4－2 所示，“带孩子玩”是 J 教师长期坚持的愿景，从而推动了新课程改革背景下对于“综合性学习”的理解，进而 J 教师的自我探索逐步落实；在这些核心因素的指导下，J 教师借助课程改革的环境，结合个人文化资本和人际交往，同时，J 教

① 韩月：《教育专项治理的行政化弊端及其应对——基于学校安全治理的分析》，《教育发展研究》2016 年第 22 期。

师在形成“综合性学习”课程的过程中，不仅探索了课程的开发流程，也辐射了周围的同事和校外的课程建设共同体，进而实现了自我的专业发展。在这一过程中，J 教师更多地依靠反思性的课程实践和持续的专家对话实现了课程领导力的创生与辐射。

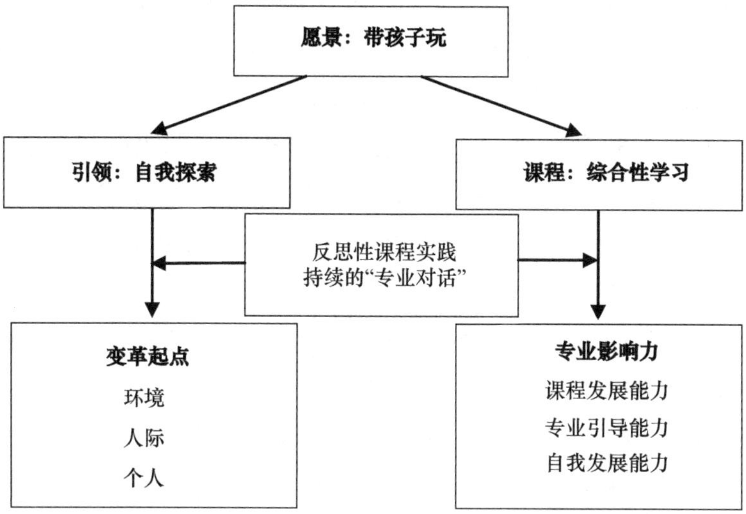

图 4－2　J 教师课程领导力的实现过程

一　基于教育精神生成开展课程探索

从课程改革的环境来看，2001 年《基础教育课程改革实施纲要（试行)》提出了新课程在综合性方面的改革前景。这一文件在基础教育课程改革的具体目标中提出体现课程结构的均衡性、综合性和选择性，在课程结构中指导设置综合课程、综合实践活动，进而增进学生综合运用知识的能力。[①] 而后各学科通过课程标准的实验稿、正式稿呈现综合的学科价值。比如，《全日制义务教育语文课程标准（2011 年版)》将综合性学习作为教学目标的 5 个板块之一，“沟通了听说读写，沟通了语文课程与其他课程，沟通了课内课外，沟通了书本学习与实践”。[②] 课程改

① 中华人民共和国教育部：《基础教育课程改革纲要（试行)》，《学科教育》2001 年第 7 期。

② 陆志平：《 语文课程新探：语文新课程研究》，东北师范大学出版社 2012 年版，第 116 页。

革的理念与实践构成了J教师长期探索、完善综合性学习的背景，J老师在语文课程标准实验稿公布后进行了初步探索，而在正式稿公布后就能够积累成功的实践经验。

从个人专业知识与能力的积累来看，J教师初中毕业后进入中师，之后通过自学考试拥有了大专学历，最终获得了MBA学历，具备了语文教师的专业素养和管理素养，对于课程开发和教学过程具有了更为深刻的理解。在1984—2000年，J教师积累了16年的语文教学经验，形成"带孩子玩"的教育精神，能够结合儿童的需求和课程改革要求，探索语文学科的综合性学习。由于J教师通过《N市C学校发展战略研究》见证了MBA学历的获得，也能够进一步统合自身的课程建设知识与学校建设知识，兼具专业领导与学校领导的能力，为课程领导共同体的建设提供基础。J教师通过参与青少年科技创新大赛、发表成果，不断印证了科研对课程建设的重要性。而通过与校内外教师的交流，则丰富了课程的反思与影响。在中国学生发展核心素养公布后，有学者通过对政策文件、教师专业标准和学术论文进行文本分析，建构了教师核心素养和能力结构体系，如表4-3所示。结合教师核心素养和能力体系结构来看，J教师在教育信念、专业素养、课程开发能力、教研科研能力、合作能力等方面具有特殊之处，能够在语文教学经验的基础上形成"综合性学习"课程及其建设团队。

在人际方面，与资源相比，教师的人际情感交流对课程领导能力具有更大的帮助。J教师1986年开始在村小工作，因为与校长的教育理念不和，专业发展方向还不明确，1988年通过少先队活动明确了如何带着孩子们玩。1993—2001年，在校长的压力下，J教师的理论水平、书面表达、口语表达能力都得到了提升。这也说明，校长或学校重视青年教师的专业发展、推进教师队伍的梯队建设是卓越教师成长的基础。J教师自2002年连续当了7年完小校长，虽然成功发挥了管理才能，也坚定了自身专业发展的信念，但与管理角色相比，J教师更关注自己的专业角色。J教师在2001年之后就有了建设综合性学习课程的意识，实现了课程改革目标与个人教育理念的统一，但是，这一探索在他2002—2005

年担任完小校长时没有充分展开，既与学校的中层领导有关，也与教师的课程理解有关。2011 年之后，J 教师一直进行综合性学习的个人探索，并寻求认可与平台，在 2013 年通过国家级奖项带动了其他教师的参与。如前所述，J 教师在综合性学习领域对于他人的引领作用一方面体现在名师工作室的建设，另一方面延伸至微信群的研讨。

表 4－3　　　　教师核心素养和能力结构体系

主要维度	父节点	一级子节点	主要维度	父节点	一级子节点
教师核心素养	道德修养	职业道德	教师核心能力	教育教学能力	课程理解能力
		思想政治			课程开发能力
		心理健康			教学设计能力
	教育精神	教育理想			教学实施能力
		教育信念			教学管理能力
		教育情感			教学评价能力
	文化修养	专业素养		学习与创新能力	自我认知能力
		人文素养			终身学习能力
		科学素养			教研科研能力
		信息素养		沟通与合作能力	沟通能力
					合作能力

来源：王光明、张楠、李健等：《教师核心素养和能力的结构体系及发展建议》，《中国教育学刊》2019 年第 3 期。

二　以反思性课程实践促动教师队伍的专业发展

J 教师的课程领导力，主要依靠其自身的反思性课程实践而实现，凭借原有课程理念的创新性理解与新课程理念的适应实现自我、课程和他人的整体发展。

J 教师基于“带孩子玩”的教育理念逐渐在丰富自身的课程理解。首先，“带孩子玩”只是 J 教师模糊的认识，但是，在他的专业发展过程中逐渐与语文课程自然性、生活性和文化性相融合。这表明，J 教师的教育理念能够通过鲜活的课程设计体现在学生的经验中，一方面“带着孩子玩”可以适应儿童发展的需要，另一方面也能够帮助儿童适应当前课程改革的生态，具备新时代核心素养的发展目标。其次，综合性学习实现了J教师对语文功能的多样化理解，进而实现了J教师专业素养、人文素养和科学素养的融合。J教师在公众号推送的文章涉及“碎片与系统”“综合与分立”“盆景与风景”等题目，不仅体现了自身语文素养的累积，同时以课程内容、课程组织、课程实施等主体体现了教育与课程等教师专业素养，而其中体现了涵盖历史、传统、民族的人文素养。J教师通过“小核桃，大学问”主题活动获得第28届全国青少年科技创新大赛一等奖，以科技为平台玩转语文，实现了语文与科技的结合，为学生核心素养的整体提升提供了创造性的途径。

J教师通过早期建设生活性的语文课程逐渐迈向探索适应现代社会所需的语文实践能力，逐步提升了自己的课程理解与开发能力。在工作初期，J教师通过带孩子山间嬉闹、炒菜做饭、捉蟹摸虾、翻山越岭，在玩的过程中帮助学生言之有物，对学生的语言表达能力有很大帮助。J教师通过活动更好地实现了语文课程的生活性，在当时能够较好地体现学生的中心地位。而在“关门教学”的生态中，学校领导没有给J教师充分的发挥空间，而从长远发展来看，J教师还需要更好地理解语文课程的其他特点。因而，经过沉淀，J教师在业务能力提升后，能够更合理地思考，如何在课堂更好地玩与通过课外的玩提升课堂的教学效果。时至今日，J教师与探索生活中的经验相比，更加具有深度学习的思维，具备优秀的研究能力，通过建立“综合性学习”实践活动模型、实施项目式教学与同伴教育、落实全科教学、全位教育、“三本书”。比较J教师入职初期和现在的状况能够发现，最初“带着孩子玩”的课程实现方式只能呈现出一位青涩的课程领导者的身份，虽然学生兴趣被调动起来，但是课程的深度还没有挖掘；而随着J教师的专业素养不断提升，形成了完善的教育理念、课程开发流程、研究体系，进而能够与他人分享何为“综合性学习”与如何开展“综合性学习”，彰显了成熟的课程领导力，形成可以被他人所学习的课程模式。

J教师的专业引导能力主要通过校内与校外两个层面得到了很好的

实现。在校内，J 教师“综合性学习”的探索过程最初没有学校或者其他教师的明确支持，“小核桃，大智慧”的主题活动作为 J 教师的课程成果不仅反映了自身教育理念的正确性，也对其他老师具有一定的辐射作用，激励了其他教师参与建设“综合性学习”，带动了校内教师适应新课程改革的理念，为校本课程体系的建设作出努力；在校外，J 教师通过跨越时空的互联网与志同道合的教师交流“综合性学习”，构建了学科共同体的自组织，能够在教师自主的发展诉求基础上实现课程探索，提供一种自下而上的课程改革路径。

教师课程领导力是如何炼成的？本个案尝试从 J 教师的人格品质，文化资历、专业历练三个方面去寻找答案，揭示本土优秀教师的课程领导从“不为”到“为”、从“难为”到“能为”、从“应为”到“愿为”、从“真为”到“为好”的演变发展过程。通过对此过程的描述和分析，我们可以清晰地看到时代大叙事和个人小叙事之间脉脉相通的同音共律。本土优秀教师的课程领导实践是教师课程领导力研究本土建构的源头活水。耕耘在教育田野、奉献智慧、播种希望的优秀教师是中国基础教育高质量发展的中流砥柱。

第五章

课程领导：学校特色发展的支点

任何一所学校的发展都应该找到自己的独特道路，但是，在创建特色发展的道路上，完全寄希望于依赖外力，或者只是对他人办学经验简单复制粘贴，都是肯定不能成功的。在所有的成功经验中，学校管理者通过实施课程领导以培养、提升教师的课程领导力，从而实现学校特色发展却是共性的，是一条捷径。课程领导力不仅是教师专业能力的核心能力，也是校长领导力的重要组成部分，是决定一所学校教学质量的关键因素。X 市 P 小学是一所城市边缘地带“有着悠久历史”的新建校，近几年来，学校管理者遵循传承与创新、实践与发展的原则，着力推进课程领导，激发教师课程变革的欲望，提升教师课程与教学领导力，构建以设计思维为内核的“慧创”课程体系，实现了国家课程校本化、拓展课程项目化、品牌课程系统化、物型课程实景化，推动了学校特色发展。

第一节　一所“历史悠久”的新学校

近些年来，随着中国经济社会的高速发展，城市化进程进入快车道，根据国家统计局 2021 年 5 月 11 日公布的《第七次全国人口普查公报》中的数据，中国的城镇人口占比已经达到 63.89%。在这一背景下，各个地方城市的面积都不同程度地得到扩张，新城市、新城区、新社区不断涌现。与城市发展相配套，一些新学校也出现了，这些新学校有的是真正的“新”学校，大多分布在新建居民小区、居民点和社区；而有的学校则是在原来一些农村学校基础上的翻建，P 小学就是这样的一所小学。

P 小学位于 X 市新城区，是原来附近的几所农村小学合并而成的。这几所农村小学办学的历史差异较大，其中最早的一所学校创建于 1942 年，至今已经有 80 多年了，也算是“历史悠久”。这个“历史悠久”可能只是停留在一些老年人的记忆中和口头上，因为在现实中找不到佐证其“历史悠久”的证据。学校没有校史，没有关于学校历史的文字记载和图片证明，连当地的地方志也没有记录到这所学校的前世今生。从学校初建到现在，校址也是多次变迁，校舍建筑更是多次更替，也就没有什么“历史遗存”了。所以，现在看来，它更像是一所全新的学校，一所没有历史记载的“老校”。

据老人们讲，P 小学前身是本地农村的一家私塾，由同村的几个同姓族人共同出资开办的，能够上得起学的孩子也不多。新中国成立后，这个私塾被收归国有，并在这个基础上成立了本村的简易小学，后来村子人口逐渐增加，这个小学也逐步被改造发展为一所完全小学，1970 年更为现名。之后 30 多年是学校发展的大变革大动荡时期，学校规模不断扩大，学校地址多次搬迁。2006 年，X 市市区面积扩张，P 小学所在的农村被纳入新城区范围，周边的处在城市边缘地带的大量村庄被拆迁，原来散落在不同地方的十余个村的村民被统一安置到一个庞大的新建小区内，常居住人口超过 3 万多人。与此同时，原来处在其他村庄的 4 所村小也被撤并，整体并入 P 小学。P 小学也被迁址到这个安置小区内，除接收安置小区居民孩子上学外，还要接收周围其他村庄的孩子上学，共涉及 11 个行政村、20 多个自然村。P 小学的施教区范围不断扩大，导致学校规模一扩再扩，成为一所典型的“巨型学校”。[①] 目前学校总占地

---

① 巨型学校是指学生总人数超过 3000 人，行政班级数超过 60 个的学校。对照这个标准，P 小学属于典型的“巨型学校”。参见张新平《巨型学校的成因、问题及治理》，《教育发展研究》2007 年第 1 期。“巨型学校”不符合义务教育优质均衡发展的要求，所以，该校在 2021 年被拆分为 2 所学校。

53922 平方米，大约 81 亩，分成南、北两个校区，校舍面积 18968 平方米，现有 68 个教学班，3600 多名在校学生，在岗教职工近 200 人，是其所在行政区域内规模较大的学校之一。

划入新城区后，学校迎来了发展的快速时刻。一是学校硬件得到较大改善。自 2009 年开始，在上级各部门领导的大力支持下，P 小学开始了学校标准化建设，投入了 500 多万元改善办学条件，新建了两座教学楼，改建、扩建了两座教学楼，全面消除了危房，保证孩子们都有了窗明几净的教室。按照江苏省现代化学校标准，建设了各类专用教室、图书馆、体育场馆、科学馆、博物馆等，学校硬件设施发生了巨大变化。二是和区域内先进学校“结对子”，教师素质得到大幅提升。为了更好地帮助 P 小学发展，教育主管部门安排区域内一所办学质量较好的 F 小学和 P 小学结成帮扶对子，F 小学每个学期都选派一些骨干教师和干部参与 P 小学的教育教学、学校管理的各项工作，P 小学每学期也抽出一部分老师到 F 小学“跟岗学习”，做“影子老师”。[①] 通过这样的形式，P 小学的办学质量和水平不断上升。

综合来看，P 小学的办学历史并不算短，但是几经周折，基本上没有多少文化沿袭和学校传统；几经搬迁，几乎找不到能够证明自己历史的资料，找不到能够证明学校曾经存在于不同时代的文物，甚至是能够证明学校曾经存在过的一棵树、一株草、一块砖、一片瓦。现在的校名只是和过去的校名相同而已，从文化和历史来看，基本上没有任何关系，因此，从性质上看，这样的学校还是属于新建学校。作为一所新建学校，如何实现特色化发展是学校管理者必须思考的问题之一。

近几年来，P 小学合并了周边的几所小学，学校规模急剧膨胀，教职工人数快速增加，学生来源日益复杂，给学校管理提出了很多新的问题。首先是教师队伍发生了明显的变化，原来各村小的教师年龄普遍偏大，大多临近退休，集聚到 P 小学后，教师老龄化现象更加突出。原来

① “影子培训”是 2009 年教育部推出的一种新培训模式，也是一种体验培训，要求学员全程参与教育教学实践，培训效果优于其他培训模式。

各村小都是独立的教学单位，虽然都在农村，但是也存在不少的差异；合并后，面临着重新磨合、重塑教师文化的问题。城市化进程推动了大型居民区的兴建，人口集聚效应明显，周边居民急剧增加，导致生源暴涨，造成师生比拉大，大班额现象突出，教师负担明显增加，不得不增加新教师数量。新进教师中既有具有师范背景的，也有非师范专业背景的，且非师范专业背景的占比较多，有的新教师教学基本功非常薄弱，连汉字的规范书写都做不到。即使这样，上级所给的教师编制数量也远远不能满足学校生源暴涨的需求，因此，为了弥补师资缺乏的不足，学校不得不自筹经费，聘用了不少临时代课老师。由于学校地处新城区，属于城市边缘地带，往往成为不少希望调到城市工作的老师的过渡校或跳板校，因此，不少教师缺乏在此长期工作的想法，人心不稳，教师流动性较大。不同学校来的老教师、新进的具有不同专业背景的教师、外聘教师、本地教师、外地教师等等诸多成分交杂在一起。

学生来源的复杂性一点不亚于教师。仅本地生源就有来自居民区的，也有来自附近还没有被撤并的农村的，有父母常年陪伴在身边的，也有跟着爷爷奶奶生活的。家庭背景更是复杂多样，基本上涵盖了所有社会生产门类，有种地的、打工的、自己做小生意的、跑运输的、搞培训的、小企业主等。除此之外，还有大量外来儿童。因为学校周边居民区较大，出租房较多，房屋租金又比市区便宜许多，所以，这些地方就成为不少外来务工人口的暂居之地，跟着务工人员随迁的孩子也进入了 P 小学学习。

与此同时，为了推动义务教育均衡发展，国家大力推动义务教育集团化办学。P 小学所在的区域也于 2014 年开始推进这项工作。该区依托办学质量比较好、社会声誉比较高的几所小学，成立了 5 个教育集团，要求集团内各成员校在教育理念、学校管理、教育科研、教育评价等方面实行统一管理，同时要求各成员校之间实行优质教育资源共享。P 小学于 2017 年加入其中的一个教育集团。对于新建学校来说，加入集团校是件好事，可以方便向同行请教交流，可以共享优质教育资源。与此同时，作为学校管理者也不得不思考一个问题，那就是如何在集团校中实现特色化发展而避免被同质化。

众多的问题摆在学校领导班子面前，迫使他们思考如何找到适合学校发展的方向和道路，从而带领全校教职工实现“洼地崛起”。

第二节　寻找学校发展的突破口

P 小学重组后，上级主管部门调整了学校领导班子，从集团校选调了年富力强的 X 副校长到 P 小学担任校长。X 校长到任之后，认识到科学的理论是有目的实践的先导，因此，要使学校办出特色，必须有特色的理论指导。学校领导班子首先给管理层各成员布置了学习任务，发放理论书籍自学，然后组织大家交流讨论，梳理办学思路和方向。同时，邀请一些高校的专家学者来学校指导会诊，邀请学生家长、社区代表等来校畅谈对学校发展的意见和建议。

一次偶然的机会，X 校长乘动车出差，邻座是一位在动车厂工作的工程师，他就向这位工程师请教，为什么动车能开这么快，以前的火车为什么开不了这么快。这位动车工程师很详细、很专业地向他解释了动车之所以能够快速行驶，也就是“动车组原理”。动车和高铁与以前的火车相比有很多不同之处，这些不同之处就是动车跑得快的主要原因。首先，动车和高铁跑的线路和以前的火车不一样。动车和高铁线路都是独立建设和使用的，原有的火车路基条件比较差，且弯道比较多，而动车和高铁的路基修建技术要求非常高，且线路都比较直，很少有转弯，即使有转弯，转弯半径也非常大，这样既能保证高速运行，也能保证安全。其次，铺设的钢轨也不一样。普通铁路的钢轨每几十米就有个接口，接口比较多，火车车轮滚过钢轨连接处时就会产生车厢和地面的震动，不仅声音很大，而且还限制火车不能快速前进，因为，如果火车的速度太快，震动就会更加厉害，严重的话，甚至会导致翻车事故，只能“龟速”前进。而高铁轨道接口很少，车轮可以平稳滚动、全速前进。再次，车体是不一样的，这个从外形上就可以很清晰地看出来二者的差异。

高铁动车组都采用流体设计，最大程度地减少风阻，所以，高铁动车的车头也被形象地比喻成“子弹头”。除此之外，高铁动车的车体也比普通火车轻，这是由于车辆本身采用了非常先进的材料和生产工艺，使得每节车厢的重量比原来轻了1/3以上。还有就是高铁动车一般拖挂的车厢数量也比普通火车少，通常情况下，每组高铁只有8节。特殊情况，或者遇到人流高峰时，会有16节车厢的编组。最后，动车和高铁能够比普通火车跑得快的最关键因素就是强大的动力系统，这个强大的动力系统不像普通火车只有一个牵引机车，而是每一节都有一个发动装置，每一个发动装置都能够发挥着加速作用，属于“大家齐动员”“一起上”的类型。而普通火车属于过去常说的那句话“火车跑得快，全靠车头带”。即使火车头牵引力再大，但是火车负重太大，跑起来的速度也是很有限的。真是“听君一席话，胜读十年书”，X校长心里马上豁然开朗起来了。他原来一直想着的是学校管理层一班人如何带领全校教职工把学校办好，而没有想到要让所有教职工都参与到学校管理中来。看来，今天对学校管理，单靠校长或者管理层是很难达到预期的目的了。

回到学校后，X校长马上召集班子成员开会，将动车组原理和大家做了分享，得到班子成员的一致认可。结合学校具体情况和前期研讨的结果以及专家的建议，他们决定从实施“课程领导”入手，实现创建学校特色的目标。

在学校里实施课程领导，理论上与动车组原理有相通之处。作为一种领导理论，课程领导侧重学校管理者通过实施课程来改变学校现状。课程是学校里的核心要素，好比动车的一节节车厢，搭载着教师和学生奔向目的地。早期的课程领导主张对课程实施的过程进行改进，认为课程的实施过程不是僵化的、固定的程序操作，应该根据教师、学生、学习环境、教学资源进行合理的、创造性的改造。这一时期，课程领导倡导的重点主要是在技术层面，也可以理解为今天的教学领导。当然，随着我们对“课程”“领导”概念内涵的不断深化，对“课程”“领导”概念外延的不断拓展，对课程领导的内涵也在不断丰富。现在，我们再理解课程领导，其意义必然超越对课程开发的技术性领导，而是更多强调对学校组织的改造与文化的重塑，营造民主、合作、分享的学校氛围。①

20 世纪 70 年代以后，伴随教育民主化运动的深入、课程领域的“范式转换”和课程变革过程研究的深化，课程领导成为新兴的课程研究领域。“课程领导观”是对“管理主义课程观”的反思与超越，其理论基础是解放理性和课程创生取向。② 课程创生取向认为，课程领导不是局部的或者说孤立的事件，教育质量也并不全然取决于课程本身的品质，课程创生应该是由一系列变革事件所构成的、有机的整体变革过程。美国学者托马斯·萨乔万尼对课程领导的界定比较符合我们现在对课程领导的理解，他认为，课程领导是“为学校成员提供必要的基本支持与资源，进而充实教师的课程专业知能，发展优质学校教育方案，促进教师间的交流与观摩，促进学校形成合作与不断改进的文化，最后发展学校成为课程社群，达成卓越教育的目标”。③

而动车组原理给我们在课程领导方面的启示是，学校管理中，无论是学校管理者，还是普通教师，着眼于学校特色发展和自身的专业成长时都要：首先善于独辟蹊径，专注于既定的行业领域，不轻易改变方向与目标，意志坚定、控制欲望、克服恐惧。现在很多学校同质化现象严重，一个非常重要的原因就是，学校管理者特别喜欢“跟风”，跟在别人后面跑，邯郸学步，鹦鹉学舌，没有自己的办学思想和目标。即使如此，也很少能够坚持下去，要么浅尝辄止，蜻蜓点水；要么知难而退，遇挫即停。这样的学校管理者怎么能够办好学校？这样的老师谈什么专业发展？其次，要努力完善内部管理体系，努力追求各业务与职能板块的无缝对接，避免管理变形，减少不必要的摩擦，有效防控风险。在学校管理中，当然，其他社会组织部门也是如此，就是特别忌讳部门之间的“内耗”“内卷”“内斗”。很多组织的衰败甚至消亡都不是外力造成

① 张华：《论课程领导》，《教育发展研究》2014 年第 2 期。

② 韦冬余、吴义昌：《创生取向课程实施：本质与涵义》，《天津市教科院学报》2010 年第 1 期。

③ 蔡怡：《萨乔万尼道德领导思想研究》，博士学位论文，华东师范大学，2006 年，第 3 页。

的，而是内部的不团结导致的。人心齐泰山移，就没有办不好的事情。如果学校各部门之间各行其是，干部之间、干部和教师之间、老师之间缺乏信任、尔虞我诈，制度之间缺乏整体一致性、衔接不畅，甚至相互矛盾冲突，必然导致效率的滞障和风险的加剧，最终导致组织的消亡。再次，要简化组织流程，实行扁平化管理，降低管理成本。学校内部机构并不是越多越好，而是越少越好。原来，中国中小学的内部管理体制大多是“一长二处”，即校长、教导处、总务处，规模大点的学校设有德育处、教科室等。现在，随着学校规模的扩张，学校内部机构也膨胀起来，出现了门类不同的中间管理机构，大多数学校内部机构叠床架屋，一个处室下面再设若干年级组、年级部、学科组等，一个主任下面又有若干个副主任、年级主任、学科主任等，哪个学校里的干部不占到教职工的将近半数呢？学校的行政化、官僚化色彩日益浓厚。在现代企业中，庞大的管理架构、繁复的运作流程不仅严重增加综合运营成本，更将极大地削弱组织的市场适应性和应变力，而划小业务和管理单位，无疑将有效激活组织与个体的力量。最后，也是最重要的，就是一定要通过合理授权与激励机制建设，将团队凝结成完整的“动力机组”，让团队的每一个成员拥有自动力装置。在价值观多元化的时代背景下，“全靠车头带”的局面显然难以支撑一个学校的高效运作和持续健康发展，要想实现整个团队的自动自发、协同一致和高效执行，就必须要有颠覆性思维，努力打造能够有效满足团队成员不同层次需求、充分激发其持久创造力的“自动力系统”。换言之，在学校管理中，一定要努力使每一位教职工都成为领导者、管理者，成为专业发展的自觉实践者、行动者。

当然，学校的课程领导并非仅止于学校这一层面，因为学校并非社会中的一座孤岛。艾伦·A. 格拉索恩提出美国课程领导有州、学区、学校、教室 4 个层面。实质上，课程领导是课程变革过程中不同课程利益相关者通过民主合作而进行的创新性课程工作，其核心是问题解决与课程创生。走向创生性课程领导，这意味着：将一切课程转化为校本课程；让教师在课程理解与创生中促进自身专业成长；让学生在真实的探究学习中不断促进个性与创造性发展；将学校变成学习共同体；将课程开发变成行动研究。由此，让教师真正成为课程领导者，构建每一个学校自己的课程体系。①

第三节　实施课程领导："摸着石头过河"

在一所普通的村小实施课程领导并非易事，首先要解决的就是思想观念转变问题。受传统观念影响，大多数老师都认为自己就是一个"教书匠"，是国家教育政策的执行者和落实者，只要按照教科书的要求照本宣科就可以了，不需要自己再去组织教材和开发教育资源了，课程领导那是学校领导考虑的事情，普通老师没有必要去关注。其次，是知识结构和能力水平的问题。从师资培养的过程看，对教师课程知识和能力的关注只是最近几年的事情，无论是职前的师范教育还是职后的师资培养，关于课程方面的知识相对较少，这必然导致教师课程领导能力弱化的现象。再次，就是农村小学进行课程领导的条件有限。小学教师提升自身的课程领导力并不仅仅是小学教师自己的事情，他们需要很多的外部条件支持，比如学校的管理制度、评价机制、设备设施等。由此看来，推进教师课程领导力提升是一个系统工程，需要很好的规划和设计。

一　课程领导追求的目标

X 校长清醒地认识到，单靠校长一头热是不能实现学校的课程领导的。只有校长和教师的目标一致时，才能产生积极的结果。因此，学校管理者要通过办学目标的确立来汇聚民心。学校办学目标的核心是"办什么样的学校""培养什么样的人""怎样培养人"的问题，即明确学校的发展愿景、育人目标和育人方式。学校办学目标一定是基于校情、学情、师情、社情的，是以儿童的生命成长为中心的思想体系。

2018 年初，学校面向全体师生开展"金点子"征集，在继承学校原

① 张华：《论课程领导》，《教育发展研究》2014 年第 2 期。

有文化内涵的基础上，在全校师生共同策划设计下，将“自强有为”确立为学校精神，以“慧心引领成长，乐创点亮未来”为办学理念，重新梳理、挖掘、构建了学校“三风”。校风是立德、自强、有为，教风是仁爱、慧教、进取，学风是明礼、慧学、乐创。之后，学校又设计了校徽、校旗、吉祥物（慧宝、创宝）。学校又移植集团校“根深才可叶茂，固本方能强末”的办学理念，设计了 Logo，Logo 为一棵大树的形象，以象征生机与希望的绿色为主色调，“H、C”为“慧创”二字的第一个字母，代表着以培养智慧和创新能力为根基，学校成为让每个孩子都得以发展的肥沃土壤。

“为什么而办学”是每所学校首先要回答的问题。经过学习和讨论，P 小学领导班子一致认为要办回归原点的教育，这就是学校办学的立场。教育原点是什么呢？教育原点就是教育的本质和规律。教育回归原点，就是要求：教学的过程中重视激发学生的创造力，而不仅仅是学习知识；学生接受教育的过程重在不断地丰富经历，而不仅仅是掌握技能；教育的过程不仅仅是学生的成长、强健身心，更是师生共同进步、感受教育生活幸福的过程。

“培养什么样的人”不仅是国家对人才规格和质量的设定，也是每所学校应该考虑的培养目标。当今世界正在发生深刻的变革，各国之间的竞争日趋激烈，竞争的焦点是人才。人才的核心素质是创新能力和实践能力，这也是中国学生发展核心素养体系更深层次的要求。一个国家和民族的创新能力，从根本上影响甚至决定着国家和民族的前途和命运。培养学生的创新能力和实践能力，已经成为世界各国高度关注并努力探索的问题。这个日新月异的时代，呼唤创新型人才。创新型人才具有强烈的创造意识和创造激情，富于怀疑性、批评性、追根究底的求索精神，又有着知识创新和技术创新的能力。他们充满探索欲、求知欲，具有永不停息地求新求变的勇气和不畏艰险、锲而不舍的意志和毅力。随着网络经济、网络文化的发展，未来的社会需要越来越多的创新型人才。“慧”“创”这两个字可以高度概括未来人才的规格要求。

目标确定了，如何实现这个目标就成了最重要的问题。“怎样培养人”的方法、途径有很多，哪一条道路是最符合P小学的呢？这是一个具体问题。有了前期的学习和讨论，大家对“课程领导”这一路径很快达成了共识。

二 课程领导实施的内容

学校课程领导实施不能只是学校管理者的一厢情愿，还要调动所有老师的工作积极性，都参与到课程领导中，培养每一位老师的课程领导力，这是学校管理者要做的事情。传统观念中，在学校里，提到“领导”一词，很多人自然地就想到那就是校长；同理，“课程领导”就是校长们对课程的安排，和普通老师关系不大。确实，对于教师是否具有课程领导力还存在异议，一些学者还为此打起口水仗。但是，对于一个越来越民主的社会，个体的独立性必然会越来越强，个体的影响力必然越来越大，人人成为领导者也就可能成为现实，教师也不例外。尤其是，着眼于教师作为专业人员的社会角色，更需要教师都成为领导者。

教师成为课程领导者与校长作为学校领导的本质和内容是不同的。目前，对于教师的课程领导内容认识还不一致，综合各方的观点，结合P小学的实际情况，学校将教师课程领导力的培养重点放在学校课程开发上，具体的内容包括课程开发领导力、课程设计领导力、课程实施领导力、课程评价领导力等。通过探究、合作的方式，对学校课程与教学事务进行引领和指导，实现课程品质的提升、教师专业发展以及学生身心成长。

教师课程领导实施的内容根据具体的活动呈现形式，大致可以分为课程选择、课程改编、课程整合、课程补充、课程拓展和课程新编等类型。新的一轮课程改革将课程根据管理权限分为国家课程、地方课程和学校课程三类。在国家颁布的课程计划中，大致规定了各级课程开设的科目和比例，同时赋予了学校一定的课程选择权和开发权，使学校和教师实施课程领导成为可能。因此，每所学校都可以根据各自的情况开展对既有课程的改造和创生。这其中，课程选择是课程领导实施中最普遍的活动。课程选择至少需要满足两个条件，即教师要有选择的权利，同时还要有可供选择的空间。此外，课程选择对教师的专业资质也提出了相当高的要求，因为课程选择会对学生的学习和生活产生重要而长远的影响，所以，教师必须掌握课程选择的专业知识，并在实践中加以运用和发展。今天，对于学校和老师来说，能够进行课程选择是国家赋权增能的结果，能够使教师在决定教什么的问题上发挥积极的作用。课程选择首先是指，从众多可能的课程项目中选择可以在本学校付诸实施的课程计划的过程。课程选择有多种层次和方法，其中，最综合的选择形式是课程计划中的科目选择。大多数具备校本课程开发机制的教育系统都会为学校提供一系列供选科目清单，学校要从中选择它们所要开设的少数科目。

课程改编是指，针对与原有课程准备对象不同的群体进行的课程上的修改。校本课程开发中的课程改编主要是指，教师对正式课程的目标和内容加以修改以适应具体的课堂情境。此外，它包括某些学校对国外引进课程的翻译和本土化改造。在一个日益多元化和个性化的社会中，教师可能面临越来越多的课程改编任务。进行课程改编需要充分考虑很多方面的因素，但这些因素大致可以归纳为 5 大类，即目的、内容选择、内容组织、学习经验、学习资料。教师应该对上述 5 个方面进行综合考虑，通过增加、删减和改变顺序与重点等方式对指令性课程、引进性课程等加以修改，从而更好地适应学校和班级的具体情况，更好地促进学生的健康发展。①

课程整合是指超越不同知识体系而以关注共同要素的方式来安排学习的课程开发活动。课程整合的目的是减少知识的分割和学科间的隔离，把受教育者所需要的不同的知识体系统一连接起来，传授对人类和环境一致的看法。这一点在小学特别需要。课程整合的一个重要理由就是，必须减少知识剧增对课程数量的影响，防止学生过重的课业负担。柳夕浪认为，可以通过组织主题探究性学习、创设综合活动平台、聚焦大概念等方式和路径进行课程整合。② 在日常实践中，课程整合的常用方法有开发关联课程和跨学科课程两种。其中，开发关联课程是指在课程设

① 陈寒：《教育学教程》，北京师范大学出版社 2011 年版，第 9 页。

② 柳夕浪：《课程整合：为儿童的意义创生而动》，《中小学管理》2013 年第 5 期。

计时，要考虑不同学科、课程之间的有机联系，或者构成新的学科体系，或者能够解决实际问题。在小学阶段，不同课程之间都是彼此相联系的，都是每个学生必备的基础知识，因此，不应该存在厚此薄彼的情况。但是，这里也存在哪些课程之间关联度更高的问题。比如，数学课程和科学课程之间的关联度要比数学和音乐之间的关联度高，所以，学好数学是学好科学课程的前提。2022 年新修订的《义务教育课程方案》中就特别强调了“课程的关联性”。

跨学科课程是把不同的学科作为一门课程来学习。例如，美国学校的社会学科就是作为一门课程来开设的，它把地理学、经济学、人类学、社会学、心理学，有时还把历史学等串联在一起。20 世纪 80 年代，STS（科学、技术与社会）课程在国外是一门广泛采用的学校课程，这也是课程整合的产物。现在流行的 STEAM 课程是世界比较流行的一种综合课程，STEAM 代表科学、技术、工程、艺术、数学，强调学生的跨学科、趣味性、体验性、情境性、协作性、设计性、艺术性、实证性、技术增强性 9 个核心理念，跨学科应用与整合，以提高学生解决问题的能力。2022 年新修订的各科课程标准优化了课程设置，整合了小学原品德与生活、品德与社会和初中原思想品德等课程，统一改名称为道德与法治，并进行 9 年一体化设计。对于艺术课程的内容，除了原有的音乐、美术为主线外，融入了舞蹈、戏剧、影视等内容。科学、综合实践活动课程原来就是整合课程，新的修订方案将劳动、信息科技及其所占课时从综合实践活动课程中独立出来，成为两门新的整合课程，即劳动和信息科技。[①]

对于教师来说，课程补充是一种常用的课程开发手段，也是落实国家和地方课程的需要。国家课程是对全国同一类型学校、同一学段提出的共同要求，难以顾及各地的具体情况、具体特点，因此，非常有必要根据国家课程的要求进行因地制宜的开发，这也是提高国家课程教学实效性的必然要求。每一位教师都可以根据教学实际情况，自主选择补充

---

① 中华人民共和国教育部：《义务教育课程方案（2022 年版）》，北京师范大学出版社 2022 年版，第 3 页。

材料，当然，也可以和其他老师组成教学共同体，一起合作开发。课程补充的内容有很多，可以是矫正性和补救性练习，也可以是一些影像作品，诸如音像材料、教学短片、电影短剧等，也可以是报纸、期刊、美术作品、模型、图表、游戏和电脑光盘等。只要是教学需要，教师都可以就地取材地进行课程补充。

根据课程补充的材料不同，可以将课程补充材料分为 4 大类。第一类是专题性材料，比如教师围绕必修课程中的某些专题，搜集相关资料，作为学科内容的补充，以丰富课程内容，激发学生学习动机，并使学生能够将书本知识与现实生活联系起来。第二类是实物材料，由于书本知识都是间接经验，抽象程度高，不便于学生尤其是小学生的理解，特别需要教师能够提供现实生活中的各种实物，帮助学生理解抽象的概念、原理、法则、操作规范等，这样也能提高学生的实践能力，增进学生对所学知识的现实感。第三类是活动或情境。教师根据课程的教学内容和学生的身心发展特点，设计一些适当的活动或情境，使学生身临其境，从而对所学知识进一步感悟和体验，提高教学效能。第四类是各种辅助性材料，包括巩固性练习、预习性练习等。比如，为使学生学习新知识而准备的以复习、回顾为目的且与新知识具有一定逻辑联系的预备性课程资料，也就是奥苏贝尔所说的"先行组织者"。还有为了加强学生对某些知识点的理解，教师自主设计的巩固练习等。①

因为国家课程和地方课程的同一性特点很难照顾到不同学校、不同学生的差异，所以，很可能造成学生"吃不饱"和"吃不了"的情况。对于"吃不了"的学生，需要老师及时调整教学内容和教学方法，尽最大可能让学生能够达到国家规定的课程标准要求。对于"吃不饱"的学生则需要老师可以适当拓展教学内容。值得注意的是，课程拓展的内容一定是和学生所学内容相关的，是立足学生所学内容的拓展，不是另起炉灶。同时，老师一定要慎重把握课程拓展的深度和广度，不能随意过度拔高课程标准。特别提醒的是，在义务教育阶段不提倡对所开设的课

① 陈寒：《教育学教程》，北京师范大学出版社 2011 年版，第 9 页。

程进行过多拓展，以完成国家课程标准要求为基本目标。

除了上述的几种教师实施课程领导的形式之外，最直接、最显著体现教师课程领导力的就是课程新编了。课程新编，顾名思义，就是全新的课程单元开发，也称为“校本课程开发”，这是国家对教师赋权增能的最直接体现。一些学校为了创建办学特色往往从学校课程开发入手。这些校本课程往往又可以称为学校的“特色课程”“乡土课程”等，充分体现学校的地方特色。这些课程可以在某一具体科目中渗透，也可以在相关学科的整合课程中单独安排。当然，一些办学条件好一点的学校可以开发新兴的专题或学科领域，以适应飞速发展的社会变革和科技进步。比如，P小学就和高校联手，开发了计算机编程课程；和一些培训机构合作，开发了机器人、无人机等课程。学校自主开发的课程在小学综合实践活动课程教学中最为常见。

P小学所在地有不少高校，其自身也是市教师专业发展基地校，每年都接待不少师范生和外地老师的学习，和众多高校、教师培训机构有很好的业务合作关系。借助高校力量，利用每周的业务学习时间对所有老师进行了课程领导的理论培训，使老师们了解了课程领导的含义，基本掌握了课程领导的技能，增强了实施课程领导的信心。

三　课程领导的实施路径

要实现教师对课程的领导，并不是一件容易的事情，需要很多内部和外部条件。在专家的帮助下，P小学经过几年的摸索，摸索出实施课程领导的几种路径。

（一）课题研究

一个优秀的校长不仅善于用办学理念指导学校的教育科研，而且善于将办学主张转化为学校教育科研的总课题，更善于将总课题分解成有内在逻辑性的若干子课题，并能有效发动和组织全校教师都参与到与各自工作有密切关联的小课题研究中去。这种有主题、有层次、全员参与的学校科研，将成为以办学理念为主旋律的科研大合唱，它将全方位地推动学校办学品位的提升。P小学在X校长的带领下，围绕着“慧心引领成长，乐创点亮未来”的办学理念，先后申报了市“十三五”规划课题《慧创：实践创新素养养成的路径研究》、中央电化教育馆（现教育部教育技术与资源发展中心）专项课题《基于设计思维的“慧创”课程实践探索》、江苏省基础教育前瞻性项目等，均成功立项，有力地促进了教师在课程重构、课堂变革、评价体系等几个方面领导力的提升。

（二）国家课程校本化

《基础教育改革纲要（试行）》提出：“实行国家、地方、学校三级课程管理。国家制定中小学课程发展总体规划，确定国家课程门类和课时，制定国家课程标准，宏观指导中小学课程实施。在保证实施国家课程的基础上，鼓励地方开发适应本地区的地方课程，学校可开发或选用适合本校特点的课程。”国家课程在学校教育中的地位，决定了每所学校都必须执行“国家课程”。但是，具体到每所学校如何执行，那就是每所学校“国家课程校本化”的事情了。国家课程校本化执行得如何直接决定国家课程实施的质量，因此，实施的途径以及构建学校的课程教学体系非常重要。统一的课程标准与不同群体学生之间存在的差异决定了国家课程校本化实施的必要性。新一轮课程改革颁布的“课程标准”本身具有“刚性与弹性相结合”的特点，又给实现国家课程校本化实施留下了可能性。重要性、必要性与可能性“三性”合一，使国家课程校本化实施不但必要，而且可行。国家课程校本化实施的过程也充分体现了课程执行的3种取向。课程校本化首先关注国家课程对所有学校、所有学生的共同要求，这是课程实施的忠实取向；其次，课程校本化实施同时也关注学校情境中教师根据所面对的实际教学情景特别是学生的学习需求对国家课程进行的创造性加工和改造，这是课程实施的相互适应取向；最后，每所学校每个学生以及师生互动的结果，可能既不同于国家书面计划的课程，也不同于教师试图教的课程的学习经验，这就是课程实施的创生取向。①

基于学校实情，参考其他学校的做法，P小学的国家课程校本化课

①　徐玉珍：《论国家课程的校本化实施》，《教育研究》2008年第2期。

程教学体系由 3 部分构成。[①] 第一是立足国家课程、地方课程的拓展、改造、整合等。就是原来的国家课程、地方课程名称不变，适当调整其中的内容和教学方法，满足学生的个性化需要。比如，学校中来自农村的孩子比较多，他们的农村生活经验比较丰富，对农村环境比较熟悉，学校在实施国家课程、地方课程的过程中，就尽量地多增加一些农村生产、生活的知识。第二是对国家课程、地方课程的跨学科重构。小学生的心理特点和知识基础决定了小学课程特别需要强调综合性、整体性特点，虽然这次基础教育课程改革也强调了“改变课程结构过于强调学科本位、科目过多和缺乏整合的现状，整体设置九年一贯的课程门类和课时比例，并设置综合课程，以适应不同地区和学生发展的需求，体现课程结构的均衡性、综合性和选择性”，但是在各地学校的实际落实过程中，依然是学科课程占据绝对地位，因此，有必要在现有课程基础上进行重构。第三是在国家课程框架内实施的课程再开发。比如科学课程、综合实践活动课程，国家虽然颁布了相关课程标准，但是，各地具体实施起来却没有统一的教材，这就给各地学校的课程开发留出了空间。近年来，P 小学就以科学学科为主阵地，以强化科学教育平台建设、探索特色科学素养课程和丰富科普教育活动为主线，以科学模型、人工智能活动、创造力教育为突破口，同时积极推进科学社团建设，形成学校特色的科学教育文化，多形式、多渠道地为学生提供科学活动阵地，倡导和组织学生参加各级各类科学活动，取得了国家课程校本化实践的斐然成果。

（三）校本课程开发

最能够直接体现教师实施课程领导成果和教师专业化水平的就是校本课程了。校本课程开发是一项非常复杂的工作，也是一项专业性比较强的活动，对于很多学校来说，是一件不容易的事情。P 小学在一些高校学者的支持下，整合学校力量，根据学生的需求，逐步开发了具有自己特色的校本课程，取得了丰硕的成果。

---

① 李群、张萍萍：《国家课程校本化实施的三种基本范式》，《中小学管理》2015 年第 11 期。

第一，明确校本课程开发的意义，提高对开发学校课程重要性的认识。校本课程是国家课程的有益补充，校本课程的开发要基于学生实际需求，通过开发、实施符合校情、学情的校本课程，满足学生多样化发展的需求。P 小学充分依托学校周边资源，体现学校的办学特色，比如，学校附近的奥体中心、大龙湖风景区、博物馆、气象台、地震局、规划馆等为学生提供实践创新的平台。校本课程实施过程中要重视学生的创新思维和实践探究能力、分析和解决问题的能力以及团结协作和社会活动能力的培养，培养学生合作、探究的精神，提高交往、动手、创新、实践、信息整合等多方面的能力，促进学生个性发展，提升学生的综合素养。通过学校、家长、社区居民参与课程实施，丰富课程资源，形成学校校本课程的鲜明特色。同时，促进教师的课程开发意识，提高教师的课程开发和实施能力，促进教师的专业发展。校本课程开发也是更好地贯彻《基础教育课程改革纲要（试行）》，全面推进课程改革的需要。

第二，组建校本课程开发队伍。明确了校本课程开发的方向之后，学校着手组建开发队伍。与国家课程校本化不同，国家课程校本化是每个教师必须做的事情，是教师必须履行的职责，校本课程开发遵循的是教师自愿原则，教师根据自己的意愿有选择地参加，不是每个老师都必须参加。这是因为，校本课程开发需要持续的时间比较长，没有坚强的毅力是很难坚持下去的。即便如此，在后来的课程开发过程中，还是有不少老师不断退出。有的老师刚参加课程开发时很有激情，积极性很高，随着课程开发的逐渐深入，需要做的工作越来越多，产生了畏难情绪，或者感到自己能力不够，选择了退出。从实效性来看，要成功校本课程开发需要多方面的努力。校本课程开发队伍应包括学校内部人员与学校外部人员。学校内部人员主要包括校长、主管主任、学科教师、学生代表等，外部人员可以包括课程或学科专家、家长和社区代表等。只有内外配合，群策群力，才能有效地促进校本课程开发。

第三，进行社情、校情、师情、学情等方面的分析。只有对各种校内外的情境和需要进行科学、充分的了解和分析，才能开发出适合本学校的课程。校本课程开发除了要考虑到校内的情境和需求外，也要考虑校外的情境与需要。校外的情境主要包括社会需求、社区状况、家庭情况等。从社会需求来看，校本课程要照顾到当代社会对人才的新需要，传统单一型人才已不符合时代要求，而需要全面发展、具备多方面才能的人才，因此，校本课程应给学生提供更多的选择发展自己专长的机会。从社区需求来看，学校都处在一定的社区环境中，会受到来自社区的多方面影响，因此，学校课程设计应把握社区的活动实际。从家庭的需求来看，家庭情况发生了许多新变化，包括独生子女、妇女就业、家庭受教育程度等，应考虑不同家庭结构、经济条件下儿童的需求。校内情境和需求的分析包括对校内资源现状的评估，以及对教师和学生的评估。校内资源包括人力资源、物质和财政条件等。教师是校本课程开发主体，教师自己的知识水平和兴趣在很大程度上影响着课程开发的质量。对学生的评估关系到校本课程的针对性，包括学生的家庭背景、身心发展状况等。

根据上述要求，P 小学分析了自己的实际情况。学校地处新城区，位于美丽的大龙湖畔，几年来新城区的快速发展，使学校成为新城区规模最大的学校。为适应培养新时代学生核心素养的需要，实现“文化立校”的愿景，在徐师一附小“try 一下”教育和江苏省前瞻性项目“适性扬才，由学而能”适合教育的引领下，以“在孩子心中播下创新的种子”为教育哲学，确立了“慧心引领成长，乐创点亮未来”的办学理念，培养有创意、能创新、会创造的“慧创”少年，办学目标非常清晰。环境即课程，学校营建了具有浓厚创新教育氛围的“两廊两中心三园”。这些学习场域动静结合、功能齐全，分为阅读观察区、探究体验区、实践制作区、展示分享区，为利用空间资源实践不同学习方式提供平台，让零距离的学习为学生成长发展赋能。师资力量较强，教师队伍越来越呈现年轻化趋势，拥有中学高级教师 5 人、市区级骨干教师 20 多人，为课程的开发提供了有力的师资保障。学生大多来自失地农民家庭，需要学校提供学生零起点、家长零投入的智慧发展平台。通过对学生的问卷调查，发现学生普遍喜欢实践探究类、设计制作类、社会服务类、职业体验类的课程。为满足孩子的兴趣需求，关注孩子的个性发展，学校尽量设置了多样化的、可供学生选择的校本课程。

第四，确定课程开发的目标和架构。校本课程开发实质就是依据学校所制定的教育目标，建构总体课程，并据以实施、评估、改善的过程。所以，应先明确学校的教育目标，这样才能为校本课程的建设与发展指明方向和提供依据。

学校立足“培养有创意、会创新、能创造的‘慧创’少年”的育人目标，以创新教育为核心，在“慧心引领成长，乐创点亮未来”的办学理念指导下，探究固化了基于设计思维培养的课堂教学基本模式，搭建了以创新素养提升为导向的、以大数据分析为支持的“慧创”综合素质评价体系，架构了“国家课程奠基，校本课程强化，品牌课程提升”的多层次“慧创”课程体系。学校课程架构遵循实践与创新的原则，力求做到基于设计思维的国家课程校本化，以项目化活动为路径的校本课程特色化，以设计思维的方法论为内核的“慧宝创宝秀”品牌课程系统化。课程实施的时间从课内延展到课外，空间从校内延伸到校外，资源、内容的选择从书本拓展到自然、社会的各个方面。校本课程开发以实践性为导向，分为考察探究、社会服务、设计制作、职业体验 4 类，各类课程再针对不同的学段开发出符合学生年龄特点的课程。例如，《龙湖沧桑》课程是为高年级学生开发的考察探究类课程，这门课程基于学生需求，充分利用学校周边的环境资源，家长参与课程实施过程，具有独特的地域特色。

第五，研制与实施。课程开发的目标和架构确定之后，接下来的工作是课程方案的研制，根据具体的社情、校情、师情、学情，来选择设计、组织编排课程内容，确定课程内容的载体，拟定课程实施的方法和路径。这是校本课程开发中非常关键的一个环节，学校课程开发得好不好，课程方案是一个重要的评价指标。课程方案实施前还需要跟教师、家长沟通与说明，听取他们的意见，争取他们的支持与合作以便作出必要修正，这样才能保证实施的效果。课程实施是将课程方案付诸实践的过程，也就是将书面的课程转化为教室情境的教学实际的教育实践。实施过程中应做好充分准备，各方面的协调沟通也需要足够的物质支持。

第六，评价与修订。评价是课程建设过程的重要环节，通过评价可以真实反映课程现状与目标的差距、现存问题以及需修订的方面，能及时反馈，使课程不断完善，从而更有效地促进课程的发展。校本课程评价一般来说要考虑以下 4 个方面问题。一是评价时间。评价既要包括诊断性评价，也要包括形成性评价和终结性评价。二是评价主体。评价主体应以内部评价为主，外部评价为辅，同时主体应多元化，应来自多方面的领域。三是评价内容。评价内容方面不仅要有结果评价，也要有过程评价；不仅要有对学生的评价，也应包括对教师的评价。四是评价方式。校本课程多是非学术的活动型或体验型课程，其学习结果不是很明显，难以用简单的量化来测量，因此，采用质性评价更适宜，如档案袋评价、描述性评价等方式。

P 小学在校本课程的评价中改变原有的单一评价模式，借助学生综合素质评价云平台，采用过程性评价、总结性评价相结合的形式，通过“慧宝创宝”过关晋级、“慧宝创宝”创新徽章、“慧宝创宝”成长档案，对学生进行综合考察、多元评价，引导学生充分发展综合素养，成为有创意、会创新、能创造的“慧创”少年。同时，建立健全学校校本课程管理制度，建立校本课程内部监督机制。优化教师激励制度，经常组织教师学习和培训，促进教师开发和实施课程的知识和技能不断提高。

（四）组织各类社团活动

活动是课程的有效载体，活动课程是小学生喜闻乐见的课程形式。丰富多彩的各类社团活动，就像神奇的万花筒，给学生们的多元发展、个性成长提供了广阔的空间。每天下午第三节课，学生们背起书包走班上他们非常喜爱的“慧创”课程，其中乐高机器人搭建、人工智能、机器人编程、魔方、沙画、动漫设计是学生们争相选择的课程。现在，P 小学形成了低年级小型航模、赛车，中年级 3D 打印笔，高年级 3D 打印、机器人、开源编程、航模等不同的社团、科普组、竞赛组，科普知识的受教育率达到 100%。科学团队还通过自己的教学实践，挖掘课程资源，结合本校的校情和学情，把孩子们乐于学习、易于掌握、便于动手的科学内容引进课堂，成为提高学生科学素养、培养科学兴趣的优秀校本课程，编写了物联网教程、乐动魔盒教材等校本教材。此外，学校举行了“探索科学世界，启迪未来人生”为主题的科学嘉年华活动、第二届科技节、科普宣传周——院士专家走进校园巡讲等活动，使学生通过活动增长知识，开阔眼界，激发学生学习科学的热情与兴趣。

（五）项目化学习

项目化学习是基于项目、目标、问题的学习，也是深度学习的一种形式。目前，对项目化学习的界定很多，巴克教育研究所（简称 BIE）、斯坦福大学的达林－哈蒙德教授，以及学习科学领域的克拉斯克等人对此都有过阐述。这些研究大多强调这些要素：真实的驱动性问题；在情境中对问题展开探究；用项目化小组的方式进行学习；运用各种工具和资源促进问题解决；最终产生可以公开发表的成果。其中，阐述比较详细的是巴克教育研究所：学生在一段时间内通过研究并应对一个真实的、有吸引力的和复杂的问题、课题或挑战，从而掌握重点知识和技能。项目化学习的重点是学生的学习目标，包括基于标准的内容以及如批判性思维、问题解决、合作和自我管理等技能。项目化学习的实施，可以从制定指向核心知识建构的学习目标、设计聚焦核心驱动问题的结构化任务和真实情境入手，引领学生持续探究，形成多样学习成果，并进行公开发布，运用多元丰富的评价方式评价整个项目化学习过程，让学生在真实、有趣、有意义的项目化学习中实现实践经验的建构。①

高质量的项目化学习指向学习的本质。它既是一种学习方式，也是一种课程的结构方式。在《龙湖沧桑》校本课程的实施过程中，始终以项目化学习的方式推进。《龙湖沧桑》课程通过“源起、前世、今生、未来”4 个单元，探究龙湖的沧海桑田之变。“源起——追溯龙湖传说”，以苦难为底色，溯其肇始，感知在漫长的历史长河中，它作为古黄河泛滥冲刷出的水潭带给周边百姓的祸患；“前世——找寻龙湖记忆”，以艰难为基调，追忆新中国成立后祖辈为解决温饱，历尽艰辛，兴修水利、变害为利的岁月；“今生——赏鉴龙湖胜景”，以幸福为色彩，感受父辈

① 沈国琴：《小学项目化学习优化策略》，《江苏教育研究》2022 年第 11 期。

建成生态龙湖、提升生活品质的成就；“未来——畅享龙湖前景”，以发展为愿景，畅想如何为生态家乡、生态祖国贡献力量。其中的“今生——赏鉴龙湖胜景”单元与学生生活联系最紧密，也是整个课程实施的重要一环。学校每年都举行金秋环湖远足游、“龙湖掠影”摄影展、“最美龙湖”征文比赛等主题活动，激发了学生作为景区主人翁的自豪感。以项目化学习实践方式，以“制定各景点间的最佳游览路线”作为研究问题，以数学、语文、美术三科的融合作为突破口，设计了《畅游大龙湖》项目化学习方案。

在老师的带领下，学生围绕“大龙湖景区最佳游览方案”这一驱动性问题，进行为期 4 周的探究。第一周，学生在计算机房进行资料搜索，查找景区图片、文字资料，熟悉景点路线规划和景点知识；第二周，学生实地探索，小组合作拍摄各景点的图片，运用不同的方式实地测量景点间的距离，填写完成学习任务单；第三周，以小组为单位，上网搜集各景点不同季节的图片，根据老师提供的资源，有选择地运用，撰写导游词，制作汇报 PPT，根据导游词绘制导览图、立体图；第四周，进行展示汇报与评价反馈。

计算景点之间的距离有多种方法，因为之前有“身体上的尺”的知识基础，经过小组讨论，学生选择了计步数的方法。学生也给语文老师带来了惊喜。在了解导游职业特点的基础上，结合自己的经历，她们不仅撰写了导游词，还以小组为单位制作了 PPT，汇报时图文并茂，颇有职业小导游的感觉。美术组的任务最为艰巨，对学生们来说也富有挑战，因为她们要选择合适的板材和工具制作立体导览图。选择什么材料做河堤、竹林、小桥等立体的景观呢？在美术老师的指导下，孩子们脑洞大开，就地取材。她们从圣诞树上剪下小部分做成一棵棵树木；用绿色的吸管剪裁拼接做成郁郁葱葱的竹林；捡来小石子，染上颜色，铺设在河堤的边缘，还真有一种做旧的效果哩！制作“观鸟廊”最考验孩子们的耐心，她们先把 KT 板平铺，用尺子压出印痕，组合拼接成立体的廊柱，再用热熔胶固定，大小、比例不合适就一遍遍地返工，直到满意为止。孩子们参与的热情特别高涨，争着涂颜色、捏呆呆蟹、做萌萌虾……最终，当桃花岛、遗迹岛立体导览图栩栩如生地展现在眼前时，孩子们都特别兴奋，这是她们合作的成果！

第四节　渐成的课程体系

经过几年努力，P 小学在“慧心引领成长，乐创点亮未来”的办学理念指引下，以培养学生实践创新素养为主要目标，以设计思维为抓手，构建了“慧创”课程体系，尝试在学科教学中转变学生学习方式，培养学生的高阶思维，养成学生的创新素养，同时促进学校的特色发展，提升学校的办学品位。

今天的课程结构与内容，往往决定了未来学生的素养结构。P 小学构建的“慧创”课程体系之所以把培养学生的创新素养作为目标，是因为实践创新素养是新时代学生 6 大核心素养之一。早在 2014 年，就印发了《教育部关于全面深化课程改革落实立德树人根本任务的意见》，提出“教育部将组织研究提出各学段学生发展核心素养体系，明确学生应具备的适应终身发展和社会发展需要的必备品格和关键能力”。经过近 3 年的研究，2016 年 9 月，“中国学生发展核心素养”研究成果发布。中国学生发展核心素养以培养“全面发展的人”为核心，分为文化基础、自主发展、社会参与 3 个方面，综合表现为人文底蕴、科学精神、学会学习、健康生活、责任担当、实践创新等 6 大素养，还细化为 18 个基本点，使核心素养的落地有了具体的支撑。

为什么以设计思维为抓手？这是因为，设计思维是一种风靡全球的培养学生创新、动手实践、解决问题的方法论，可以解决具体的实际问题。在一线实践中，很多学校和老师最苦恼的就是方法问题，很多时候是因为学校管理者和老师们没有找到合适的方法，使原本美好的蓝图和规划留在空想和纸面上。设计思维强调以人的需求为中心，通过团队合作，解决真实问题。通过有意识地利用相关的设计思维框架来展开教学活动设计，并通过训练使之成为一种思维的习惯，有助于培养学生的创新性思维能力，实现从只注重知识传授向更加重视自我价值实现的转变，提高人才培养的内涵与质量。

“慧创”课程，是基于创新教育，聚焦设计思维，指向智慧生成，通过需求定制、团队合作、问题解决，培养学生创新型人格的学校课程体系。将设计思维这种科学有效的方法论引入校本课程建设与实施，这与学校培养具有实践创新素养学生的教育愿景是相契合的。

本着“专家引领与实践探索相结合”“顶层设计与课程实施相结合”的原则，在专家及其专业团队的理论支持与引领下，学校在原有课程构建研究成果的基础上，经过整体规划、顶层设计，构建了以设计思维为内核的，以基础课程、拓展课程、品牌课程互为补充、相互促进的“慧创”课程体系群。

一　课程体系

“慧创”课程架构遵循实践与创新的原则，力求做到：第一，基于设计思维的基础课程校本化，为创新教育做好普及与保底工作；第二，以项目化学习为路径的拓展课程特色化，强化学生创新思维习惯，提升学生创新思维能力；第三，以设计思维的方法论为内核的“慧宝创宝秀”品牌课程系统化，对学生的设计思维能力、创新思维能力进行系统训练，助推学生的个性化发展。

现在，P 小学“慧创”课程体系如图 5－1 所示，主要由 3 个部分构成：基础课程、拓展课程和品牌课程。基础课程的内容主要是落实国家义务教育课程方案中规定的课程，完成国家课程校本化，主要以课堂教学的方式落实。拓展课程主要是基于学校的校情、社情、师情、学情自主开发的课程内容，包括考察探究、社会服务、设计制作、职业体验等若干方面。在老师的指导下，以项目化学习的方式推进。品牌课程主要以活动形式开展，以学生为主体，鼓励孩子们自主设计、开发课程内容，通过丰富多彩的活动来展示课程学习成果。

在“拓展课程”和“品牌课程”体系形成的过程中，围绕“慧心启智，乐创躬行”的课程理念，学校积极引导各学科老师通过重组、关

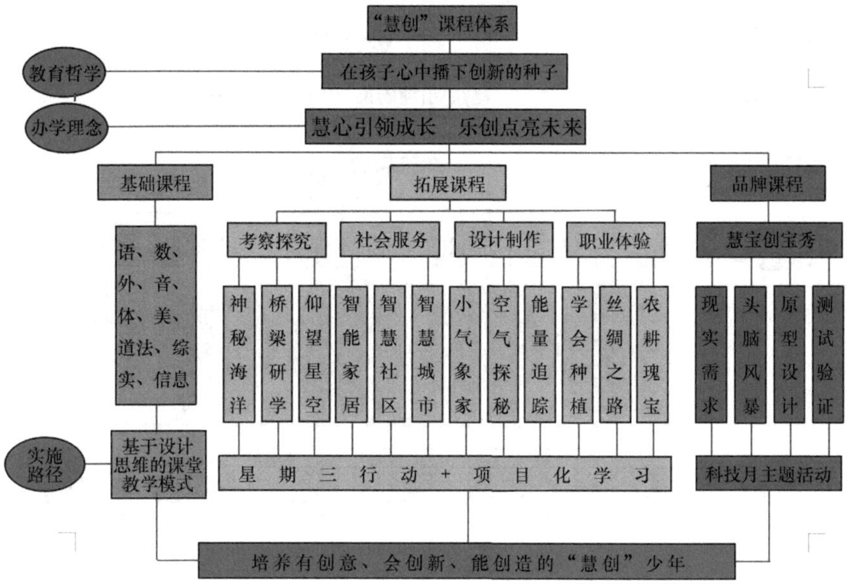

图 5－1　P 小学"慧创"课程体系

联、挖潜等手段对本学科教材进行综合、再造，深挖各学科课程中培养学生创新意识，锻炼学生实践创新能力的因素，使之乡土化、校本化，从而更好地将"慧心启智，乐创躬行"的课程理念融入其中，以达到课程目标。目前，P 小学已经开发了拓展类课程体系，如图 5－2 所示，涵盖 5 大课程系列："德慧课程"养心修身，"智慧课程"慧心增智，"体慧课程"励志健体，"雅慧课程"雅趣怡情，"巧慧课程"躬行乐创。这 5 类课程，不仅有机地融合了国家课程、地方课程，而且展现了学校课程的特色，形成了学校独有的课程体系，最终指向"培养有创意、会创新、能创造的慧创少年"的育人目标。

比如，在数学课堂教学中，以珠心算教学为重点，引领学生的创新意识；在体育课堂中，以足球、武术、拉丁操为抓手，训练学生的运动技能，强健学生的体魄；在音乐课堂中，将非洲鼓训练应用于乐感培养的教学；在信息技术课堂中，以机器人等级考试助推学生创新能力的延展……

学校借助云平台，开设了"双师"引导、全员参与的硬笔书法课

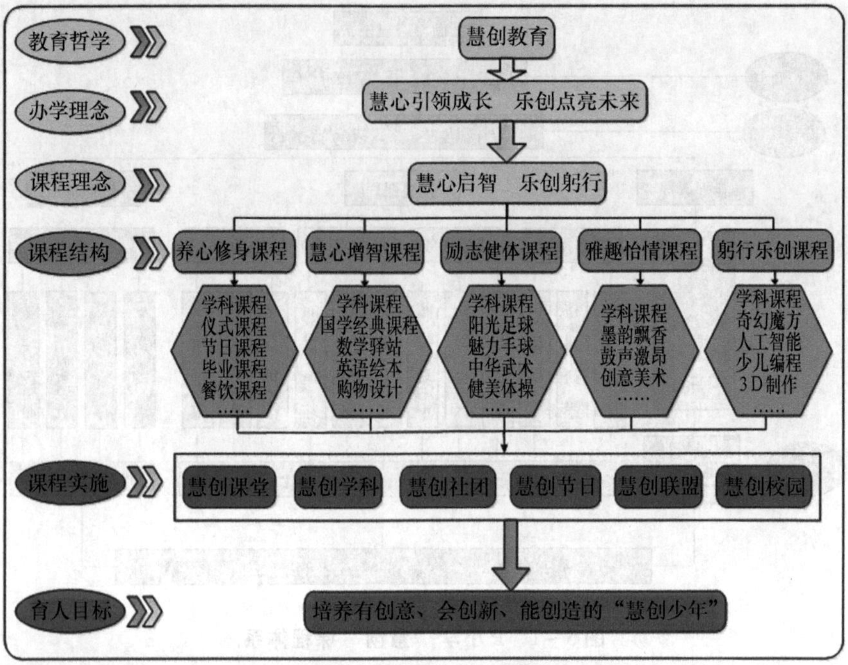

图 5－2　P 小学拓展类课程体系

程，借力社会力量，开设了年级段的软笔书法课程，承袭了学校优良的书法教育传统，丰富了“慧创”课程的内涵；又以“慧心”为引导，营造“全科阅读”氛围，搞好阅读考级活动；还以“乐创”为动力，办好“科技节”主题文化周，培养学生实践创新意识，锻炼学生实践创新能力，助力学生实践创新品格的形成，放飞学生的科技梦想。

“慧创”社团是学校的拓展性课程，进一步丰富了“慧创”课程体系，实现“慧创”课程理念。为此，该学校还借力、借智、借物于社会办学团体、社区人文场馆设施，开设了丰富多彩的社团活动课程。

二　课程实施

（一）基础课程的实施

P 小学基础课程实施模式，如图 5－3 所示，是以创新教育渗透为目标，以学科知识融合为内容，以设计思维框架为过程，构建、完善“探究—构思—实践—评价”的基本教学模式。在学习活动中，强调小组合作、共同成长，突出创新指标的评价，从而强化师生创新意识，为学生创新素养的形成奠基。

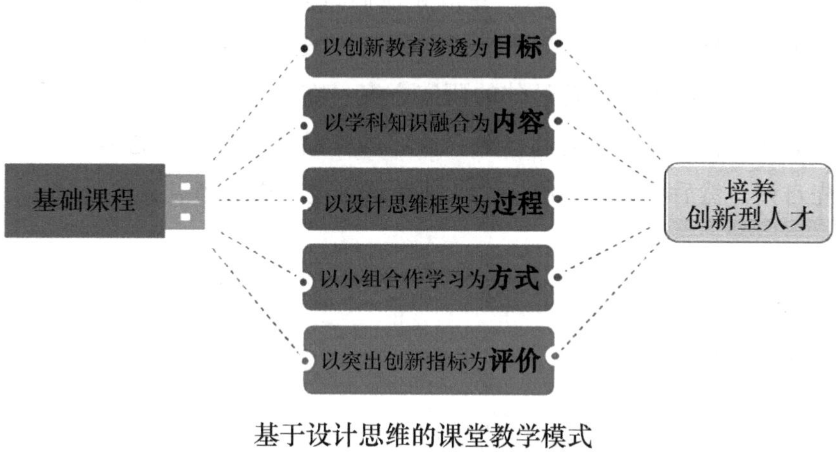

图 5－3　基础课程实施模式

落实国家课程是每所学校最重要的任务，因此，P 小学将国家课程校本化放在头等位置。在落实国家课程的过程中，学校结合自己的特点进行了校本化改革，纳入学校整体的“慧创”课程体系，注重在学科教学中转变学生学习方式，培养学生团队合作和解决问题的能力，以培养全面发展的人为最终目标。在实施课程领导的课题研究的过程中，学校尝试从科学、语文、美术三门课程入手，探索与设计思维相结合，培养学生的创新素养，初步形成了具有自己学校特色的学科教学模式。

小学科学是一门启蒙性课程，它肩负着培养小学生创造力的重要任务。P 小学在小学科学课程中融入设计思维，以科学活动为中心、设计思维框架为环节，完成教学目标，使小学生保持与生俱来的好奇心，发展学习科学的潜力，使他们成为具有创新精神和实践能力的新一代。

通过学习，老师们将小学生的创造力具体概括为 3 个方面：一是对科学知识的了解程度；二是对科学的研究方法的掌握程度；三是对科学技术、对社会和个人所产生影响的理解程度。P 小学在课程改革的实践中形成了富有本校特色的科学课程教学模式，如图 5－4 所示，将科学课程教学模式总结为 4 个环节：识别问题、方案制定、作品生成、作品评价等。在识别问题环节，教师引导学生通过换位思考、社会观察、访谈倾听等方式收集身边的问题，并指导他们将问题转化为课题进行研究。在方案制定环节，老师指导学生设计研究方案，并对不同研究方案进行对比分析，力图能够发现最佳的研究方案。在作品生成环节，老师指导学生如何选择材料、工艺制作等。最后的作品评价环节，老师引导学生首先自评，然后再进行小组评，老师在这个过程中适当点拨和总结。

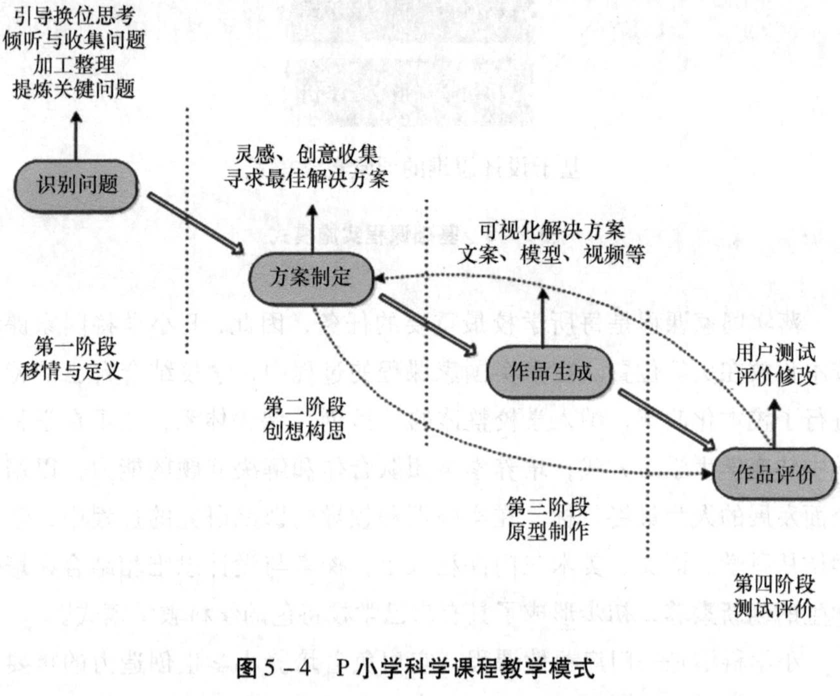

图 5－4　P 小学科学课程教学模式

美术是一门培养学生创新能力的艺术课程，对于提高小学生创造力有着举足轻重的作用。随着现代社会的发展，学生的需求多元化，对美术教学提出更高要求。创造力既是开发学生美术潜能的关键点，又是影响学生未来发展的重要因素。教师应该把培养学生创造力作为美术课的主要目标。P 小学现在形成的美术课程教学模式如图 5－5 所示，包括“兴趣—灵感—构思—实施—评价”5 个环节。在课程实施过程中，老师首先通过拓展教材内容、突破教材局限，将富有地方特色的捏泥人、吹糖人、剪窗花等喜闻乐见、又能够动手动脑的民间美术引入课堂，激发学生的学习兴趣；其次，引导学生回忆生活中自己经历的多重体验来活跃思维，激发艺术灵感；再次，鼓励学生大胆尝试，构思整理创意；再其次，指导学生动手操作，付诸实践，形成作品；最后是指导学生评价，形成一个完整的教学闭环。

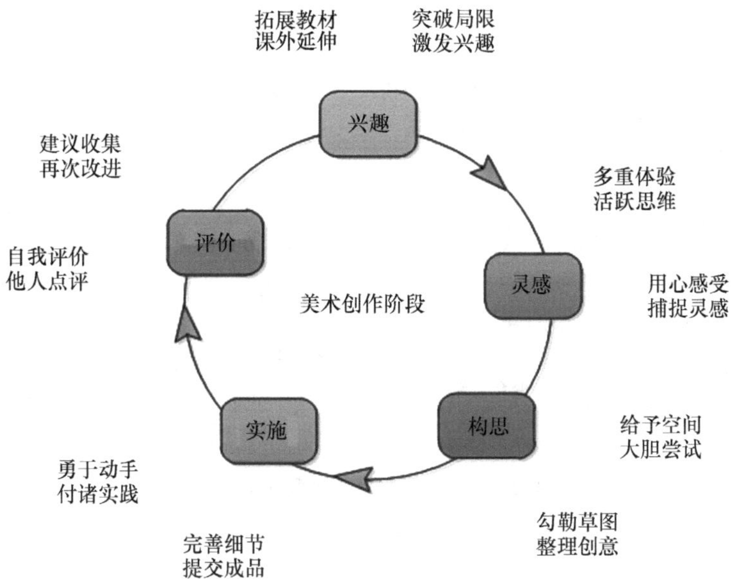

图 5－5　P 小学美术课程教学模式

语文教学是小学各门课程中的重中之重，其中作文是语文教学的难点和重点。作文教学不仅是指导学生“制造”文章，更要创造文章。写作文的过程中，有孩子发挥创造力的广阔空间，但传统的统一中心、统一格式，甚至统一表达方式的训练，使学生思维呆板，抑制了不少学生创作的欲望。在作文课程中融入设计思维，通过设计思维框架，将思维训练与写作过程相结合，让学生在写作的同时张扬个性，思路不拘一格，在不违背规律的前提下求异创新、畅所欲言，进行了思维训练。

P 小学经过几年的摸索，形成了一套行之有效的写作课程教学模式，如图 5－6 所示，将作文教学设计成“观察、选材—构思—写作—评价与修改”4 个阶段。善于观察和选材是写出一篇好作文的前提，这个阶段，老师告诉学生观察的方法、发现问题的方法等，指导学生善于从细微之处发现生活之美。在构思阶段，老师根据小学生的思维特点，指导他们如何来组织作文结构和写作手法，在此基础上形成一篇文章。作文完成后，老师还通过学生自评、学生之间互评等方式指导学生如何进行修改。

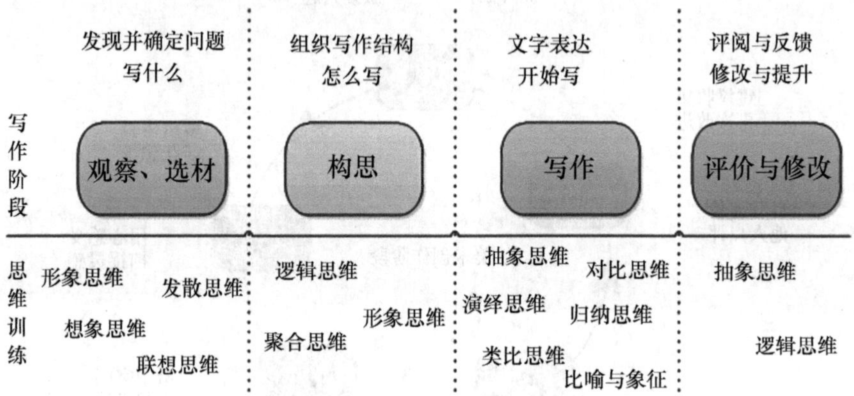

图 5－6　P 小学写作课程教学模式

（二）拓展课程实施

P 小学拓展课程实施过程，如图 5－7 所示，以学生为中心，以完整的项目化学习过程推进，从形成问题—解决策略—融合学科—探究实践—评价展示来依次推进拓展课程的实施。特别是通过国家课程的学科融合，间周开展一次“星期三行动”，打破了学科界限和课时界限，采用“学科教研确定大主题＋活动开展自主选择小主题”的形式，完成既定的目标任务，通过评价、交流、反馈，培养学生高阶思维和创新践行能力。

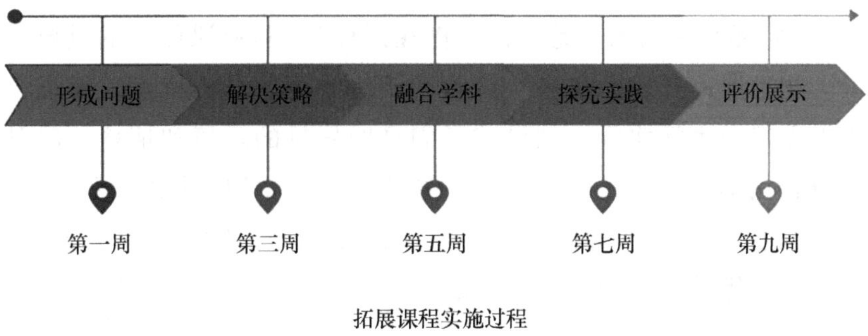

图 5－7　拓展课程实施过程

（三）品牌课程的实施

P 小学品牌课程实施过程，如图 5－8 所示，利用科技创新月主题活动，设定创新活动主题，学生全员参与，体验基于设计思维设置的“现实需求、头脑风暴、原型设计、测试验证”的活动过程，在活动中对学生进行系统的创新思维方式训练，提高学生的创新素养。

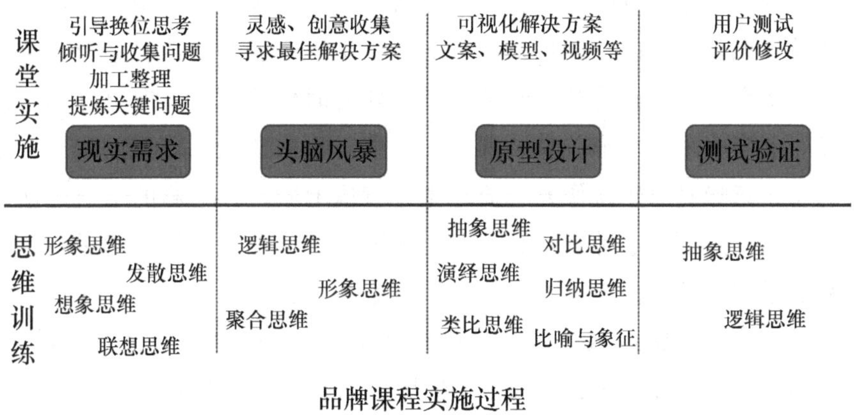

图 5－8　品牌课程实施过程

（四）物型课程的实施

“物型课程”作为一个概念来讲是最近几年才出现的，意在强调发挥“物”的课程意象，以环境建模、物型建构与课程开发为内核，实现“文化塑型”。这和苏霍姆林斯基讲的“让学校的每一面墙壁都说话”[①]的意涵是一致的，是学校“潜在课程”“隐形课程”的重要组成部分。物型课程开发和实施应该紧紧围绕学生的身心特点，围绕学生的兴趣爱好和生活实际，创设孩子们喜闻乐见的环境和情境，反对纯粹的概念化学习，主张让学生“在情境中学习”“在活动中学习”“在探究中学习”，以达到以物化人的育人效果。物型课程建设的研究和实践，拓展了优质教育的内涵，拓展了素质教育的空间，拓展了课程改革的路径。[②]

这几年，江苏省大力推进学校的物型课程开发和建设，在这种大背景下，P小学管理者结合学校的具体情况，营建了具有浓厚创新教育氛围的“两廊两中心三园”。

“两廊建设”。两廊是指学校两座教学楼之间的连廊，学校分别命名为“七彩廊”和“创智廊”。为了让学校的墙壁也说话，管理者们集思广益，对两廊充分设计开发利用，发挥出教育功能。学校深入挖掘中华优秀传统文化，利用48根廊柱，分成天文、历法、建筑、文字、水利、冶炼等若干专题，以图片或文字的形式，展示中国古人的智慧，用古人的智慧点燃孩子们的民族自豪感，引导学生感悟创造精神的魅力和重要意义，培育学生创新精神，鼓励他们在新的时代节点上，向更好的未来出发。七彩廊采用七彩玻璃装饰，阳光照射下来，投下斑驳的影子，很有意境，意味着童年就像万花筒，童年就像七彩桥，七彩的学习生活从这里开始，慧创的小种子开始萌发。创智廊是“慧创少年”们进行创意作品展示的区域，分为书法作品区、创意美术作品区、科技发明作品区等，还有一小块留白区，是学生的“小秀场”，可以在这里一展歌喉、即兴演讲、讲述故事等，成为孩子们展示创造天赋的小天地。

“两中心建设”。这是指图书馆和拆文解字中心，学校将图书馆命名为慧创学习资源中心。阿根廷作家博尔赫斯曾说，如果有天堂，那应该

---

① ［苏］瓦西里·亚历山德罗维奇·苏霍姆林斯基：《帕夫雷什中学》，赵玮等译，教育科学出版社1983年版，第2页。

② 孙其华、刘湉祎：《论物型课程的内涵与要素》，《江西教育》2020年第8期。

是图书馆的模样。可见，图书馆寄托着人们对美好的向往。从理论上讲，学校无论多么重视图书馆建设都不为过，这和自身是什么学校没有关系，凡是称为“学校”的地方就应是学习之地，就应该有一所外观漂亮、藏书丰富、使用方便的图书馆。P 小学管理者高度重视图书馆建设，经过两年的持续施工，一座面积近 300 平方米的慧创学习资源中心建成并投入使用，也成为全区小学中最大的图书馆。

慧创学习资源中心由一座独立的四层楼房组成，一楼为综合性图书馆，集图书馆、阅览室、数字图书馆、创客印刷车间、植物观察室等多功能于一体，配备有自助借还书扫描仪、数字图书馆、无土栽培试验箱等设施设备，全力打造深受老师和学生欢迎的多功能学习资源中心。每个班级都会定期到资源中心举行读书沙龙；举行各种主题式阅读活动，加强自主学习和交流与合作的互动过程。课余时间，学生们也最喜欢来到这里，或自助借阅图书或浏览数字图书馆或制作图文并茂的读书笔记或观察记录无土栽培的植物生长情况。解决问题为情境导向，培养学生的求同、求异思维，全力激发每一位学生热爱读书、热爱生活的美好情感。二楼是创造力云平台实践区，学生们利用物联网云平台发现问题、查找问题、解决问题。在这里有物联网链接的立体植物空间，学生们可以小组形式进行项目式的问题解决的实践活动，同时利用讨论大平台进行各种创新的设计思维的开发。三、四楼是创客中心、STEM 教室、美术、音乐、劳动、科学实验等专用教室，是创造力的成果制作、完成、展示区域，鼓励学生注重实践、注重动手、注重过程，结合科学的方法和艺术的思维，更好地激发创造力。

“拆文解字中心”主要引领学生感受文脉、文道、文韵、文趣，通过动手刻印，体验活字印刷的奇妙，感受中国传统文化的源远流长，激发民族自豪感。

“三园建设”。教学楼前后分别建造了 3 个园子，即阅趣园、墨趣园、物联网生态园。阅趣园的主题是阅读，最是书香能致远，“书香小屋”里的书随手可取，学生可以席地而坐，自由阅读，在书本中撷取创新创造的灵感；墨趣园里墨韵悠长，广场砖上刻着精选的书法、篆刻作品，旁边陈设着斗笔，学生可静观欣赏，也可取笔临摹，感受书法艺术的独特创造魅力；物联网生态园是以原有的水景为核心，采用太阳能发电，进行雨水的收集利用，学生可以进行水体生态探究，观察蚯蚓、蜗牛的生长习性，进行菌菇种植实验等，是学生与自然亲密接触的乐园，是培养他们观察、探究习惯，养成他们创新创造能力的基地。

三　课程评价

课程评价是课程领导中重要的一环，也是检验课程领导成效的主要手段。P 小学充分借助信息技术的力量，构建了“慧创”课程评价云平台，对课堂教师教学行为、学生的学习行为进行实时观察，即时记录，以后台生成的大数据做支撑，帮助教师观察学生动态，分析背后原因，反思教学行为，调整教学方式，改进教学策略，提高课堂效率，形成信息技术支持下的师生评价体系，从而帮助老师不断修正、调整、完善“慧创”课程。

除此之外，“慧创”课程评价云平台还涵盖了对学生的品德发展、学业发展、身心发展、兴趣特长爱好、社会实践能力等多维度、全覆盖的评价。在平台上，及时上传校园学习、家庭生活和社会实践的信息，实现全场景动态数据的采集与分析，打破信息孤岛，实现数据互通的集合，通过“慧宝创宝”评价徽章，形成有信度、有效度的评价报告，并及时推送给家长。评价标准和学校的育人目标相结合，真实记录学生成长轨迹。通过“慧宝创宝”过关晋级、“慧宝创宝”创新徽章、“慧宝创宝”成长档案，对学生进行综合考察、多元评价，引导学生充分发展创新素养。

第五节　课程领导力的认知转化

义务教育阶段一些学校发展变化的缩影，呈现了众多学校受到教育理念更新、教育制度变革的外部影响，激发了学校改革的内在动力，进而体现了组织创生的共性特点。虽然始建于 1942 年的 P 小学拥有悠久的办学历史，但在新中国成立之后却没有建立独特的办学理念与课程体系。与其他多数中小学相似，P 小学在新课程改革之前主要服务于基础教育的规模化发展，通过扫除文盲、普及九年义务教育为社会做出贡献。随着城镇化进程与素质教育的推进，P 小学必然改变原有村小的定位，通过更大的学校规模提供高质量的基础教育。

新课程改革以来，P 小学不仅顺应形势基于学校建立课程体系，探索课程特色。在这一过程中，政府的教育部门不仅提供了压力，也提供了各种改革的维度与指标。而 P 小学通过自身的特色建设，在压力之下实现了校本的教师领导。因此，正是因为国家、学校课程改革的实施，P 小学实现了从有历史无传统向有体系有特色的转变。

一　由外在环境实现学校课程愿景

课程改革催动了中小学对于自身育人目标的探索，逐渐明确培养独具特色的人，进而建立相应的课程体系与学校管理体系。比如，南京琅琊路小学建立了“做集体的小主人，做学习的小主人，做生活的小主人”的“三个小主人”的培养目标；南京市三牌楼小学以“小小探索者，大大思想家”为培养目标，众多学校以培养目标决定了建立何种校本课程、选修课程。学校愿景是学校全体师生的共同期望，而学校愿景领导是学校领导共同体建立的一套学校成员共享的目标、使命以及核心价值，融个人的愿景与学校共同愿景于一体，引导、激励学校成员在其驱动下自觉付诸行动，进而提高学校课程品质及学生学习质量的活动过程。①教师通过统一的学校愿景能够进行有效的领导，进而在学生身上展现不同的色彩。新课程在学生个性化发展方面的努力，以及知名学校的经验是 P 小学确立人才培养目标的外部环境，促进了学校对于办学时代性、独特性的思考。当前，多数学校都基于本校教育哲学确立了办学理念，

① 王红岩、熊梅：《论学校愿景领导的内涵及过程》，《东北师大学报》（哲学社会科学版）2010 年第 5 期。

进而构建了校本课程，完善了课程体系。教育行政部门通过教育督导、发展规划评估、教研指导等工作设定了明确特色课程体系的模板。

由于学校愿景需要通过民主、激励、协调和慎思才能得到相关利益群体的理解与共识，进而实现人人参与的课程领导行为。因此，P 小学在 2018 年面向全体师生开展“金点子”征集，实际上就是一种民主协商的过程，通过调研建立共识的愿景，将“在孩子心中播下创新的种子”作为本校的教育哲学，将“慧心引领成长，乐创点亮未来”作为办学理念。创新一方面是新世纪以来人才培养的时代诉求，另一方面也是我国学生发展核心素养的重要一维。与 P 小学相似，多数学校的教育哲学、办学理念都建立在特定阶段国家确立的人才培养目标、课程改革理念、课程标准等基础上的，进而结合本校学生特点、学校资源和教师特长设计课程体系；与 P 小学稍有不同，部分学校的愿景还会明显涉及本地风土人情、历史传承。

在具体的课程结构方面，“慧创课程”主要体现为校本课程、品牌课程，辅以项目化学习和科技月主题活动。在愿景指导下，校本课程与品牌课程具有如下特征：其一，借助学校周边的环境资源，如《龙湖沧桑》《农耕瑰宝》；其二，衔接初中知识与升学专业的偏好，由教师根据自身专业知识构建新的课程，如《神秘海洋》《桥梁研学》；其三，考察新的生活方式，如《智能家居》《智慧社区》《智慧城市》。从选修课程的开设情况来看，教师课程领导行为的影响因素包括：其一，教师的专长与兴趣可以支持课程的开发，并通过对周围环境的观察探索学生感兴趣的课程；其二，学校所具有的历史与地理资源，比如 P 小学所处的位置可以利用龙湖的资源和农业用地。

P 小学基于外部环境的不断学习，促成“慧创”少年的育人目标得到了具体落实。设计思维的“慧创”课程研究以来，对学生进行系统的创新思维和创新能力的培育，学生的创新素养得以大幅提高，近千名学生在国家、省、市等大赛中获奖。

二　以持续对话与校本教研强化学校品牌建设

学校领导者的行政人员对于教师的专业发展具有格外重要的领导责

任，应该采取多种有效措施和策略促进教师专业发展。从循序渐进的角度来看，主要有举办研习会、组织教师读书会、教学实践经验分享与讨论，并鼓励教师继续进修和提供教师到校外比赛与教学展示的机会；从主动策略来看，主要通过提出课程建设情境、建立特色与塑造愿景，促进校本的课程发展尽快实现正规化；从共同体的构建来看，可以通过不同维度构建团队以规划课程，比如教师的任教课程、所属年级、研究兴趣等；从课程整合的角度来说，可以连贯不同学年度课程活动，避免重复；从引导方式来看，可以设定教师讨论的议题，培养教师主动分享的习惯，形成信任与民主的共同体氛围。[①] 在中国，校本教研与共同体的持续对话对于教师队伍的专业建设十分重要，也是特色课程体系不断完善、学校品牌得以确立的基础。

P 小学通过校长与行政人员的努力，大力推动了课程领导力的建设，在课程领导能力和专业引领能力方面构建了良好的对话与协调机制。在创立校本课程初始，校长率先解释了课程领导对于学生成长和学校特色的重要性，而在执行过程中，中层领导和相关职能部门发挥了重要作用，比如规划课程选择、课程改变、课程整合、课程补充、课程拓展和课程新编等形式。在这个过程中，传统的学科组、备课组、年级组难以保证这些形式的充分实现，因为 3 个主要的功能性组织难以支撑跨学科的综合课程、增值性的课程模块。因此，校内的课程审议机构、教师专业发展中心可以发挥配置课程资源、协调教师资源的作用，比如在补充课程资料时需要学校提供充分支持校本课程开设的专题性材料和实物材料，需要教师共同体在活动设计与实施方面进行协作。

在确立特色课程的过程中，P 小学呈现了教研活动的重要性。首先，高校与教师培训机构为学校课程领导行为提供了指导，在一些高校的帮助下奠定了教师课程领导力的理论基础，在本地教师发展学校建设过程中丰富了教师课程领导力的实践模式；其次，课题研究保障了校本课程

---

① 蔡清田：《课程领导与学校本位课程发展》，五南图书出版股份有限公司 2005 年版，第 237—238 页。

体系的质量，市“十三五”规划课题《慧创：实践创新素养养成的路径研究》、中央电化教育馆专项课题《基于设计思维的“慧创”课程实践探索》都促成并证明了“慧创”育人的科学性；最后，国家课程的校本化和校本课程的开发过程实现了教研的理论思考，学校的特殊情境、教师专长、学生需求在科学课程、综合实践活动课程、龙湖相关的考察研究性课程的探索与实施过程中得到了不断完善。因此，借助教研，教师课程领导力可以获得更高质量的实现。

在基于设计思维的“慧创”课程实施之前，学校特色不明显，缺乏品牌亮点。实施基于设计思维的“慧创”课程研究以来，解决了原有课程零散、碎片化的弊端，解决了传统课堂教学缺少培养学生创新能力载体的难题，形成了“国家课程奠基，校本课程强化，品牌课程提升”的“慧创”育人模式，指向了“培养有创意、会创新、能创造的创新型人才”的育人目标，使学校的办学品位实现了快速提升。

第六章

基于学校课程制度的教师课程领导力培育

——以江苏省锡山高级中学为例

自第八次课程改革以来，中小学的课程制度建设得到较为明显的发展，然而时至今日，多数学校的特色课程、校本课程、选择性课程都面临教师领导力不足的挑战。为满足学生全面而有个性的发展，中小学的课程建设不仅要符合官方的要求与外部的指导，还需要建立独树一帜的课程制度。多数学校的课程制度之所以有形而无实，未能在教学质量、科研发展、德育建设等方面产生丰富成果，还在于有效的教师领导力没有得到发展。

薄弱学校在对教师领导力不足进行归因时涉及如下几类：其一，进行教师能力归因，许多中小学会强调教师自身的问题，缺乏对于教育理念、管理方式、制度建设等方面的认知；其二，进行教育情境归因，从自身位置偏远、教育资源贫乏、生源较差等外部情境因素解释学校的发展困局，缺乏对于教育规律的内在考察；其三，进行教育评价归因，过度强调升学考试对于课程建设的导向作用，缺乏对于教育过程的整体感知，其中在初中和高中阶段的表现尤为明显。

江苏省锡山高级中学（以下简称“锡山高中”）是江苏历史文化名校、江苏省重点中学、江苏省首批四星级高中、江苏省高品质示范高中首批建设立项学校、普通高中新课程新教材实施国家级示范校。锡山高中位于无锡市城郊，是一所典型的农村中学。学校始建于1907年，1963年被评为江苏省重点中学，1997年被评为江苏省首批九所国家级示范高中。[①] 锡山高中《校本课程规划方案（1997年）》是国内最早完成的校本课程开发成果，教育部主编的《〈基础教育课程改革纲要（试行）〉解读》一书中"学校一级的课程管理"内容便是依据锡山高中的实践进行编写的。"江苏锡山高中学校课程体系的整体构建与实践创新""基于课程标准的教学研究与实践""学科育人：普通高中发展素质教育的路径创新与理论探索"等3项成果获国家级教学成果奖一、二等奖；"巅峰体育课程体系的构建与实践"被评为全国优秀改革成果；研究性学习实践探索、促进学习的课堂评价、学科组专业化建设等3项成果连续3次荣获省政府教学成果特等奖。学校被教育部确定为全国新课程改革实验学校、全国课程改革骨干教师研修基地、"长三角名师名校长"培训基地；学校有"大陆校本课程发源地"之美誉，江苏省校本课程开发研究所设在校内。《中国教育报》连续两期在头版头条刊发长篇通讯推介锡山高中经验，《人民教育》也以专辑、专栏、专版等形式介绍锡山高中课程建设成果，中央电视台综合频道以"百年温情"为主题介绍学校办学理念和成果。为表彰学校"在推进体育教育，秉承身体、意志、心灵和谐发展教育方面所做的卓越贡献"，国际奥委会专门授予锡山高中"顾拜旦金牌"。

2021年，锡山高中运用SWOT工具对学校创建工作的优势、劣势、机遇及挑战进行分析时，将自身优势总结为：能坚持正确的办学方向，坚持素质教育的价值追求；坚持专业探索，课程改革示范全国；教学设施现代化程度高，教学设备世界一流，创新学习环境来变革学习方式；学科组专业建设持续多年，注重提升教师专业品质；实施新课程改革，在选课走班、学生综合素质评价和学生发展指导方面进行了有益尝试。[②]

---

① 崔允漷、唐江澎主编：《有效，无限的探寻》，华东师范大学出版社2004年版，第9页。

② 唐江澎：《务实探索，不负重托，担当新课改"国家队"使命》，《江苏教育》2021年第Z3期。

由此可以发现，在锡山高中的发展历程中，学校愿景、课程专业共同体、教学资源、教学制度发挥了重要作用，较为明显地形成了有章可循的学校课程制度。

自 20 世纪 90 年代以来，锡山高中在选修课程、活动课程建设的基础上，逐步建立了涵盖校本课程、研究性学习课程等完整的学校课程体系，并形成了完整的课程领导制度。锡山高中的课程特色化发展过程可以在教师课程领导力培育方面解答如下问题：其一，在课程改革初期，行政推动与教师主动的协力如何实现；其二，在课程改革推进过程中，个别的教师领导如何带来专业共同体的分布式领导；其三，在课程改革持续推进时，完整的课程领导制度包括哪些部分与如何实现。

第一节　由局部到系统的校本课程开发

在探索校本课程时，锡山高中面临诸多挑战：其一，作为农村高中，教育资源、家庭背景、生源水平都没有特别的优势；其二，所处区域限制了学校对于优质教师的吸引力，早期较为年轻的教师队伍缺乏课程建设的指导；其三，高考改变命运的信念强化了应试教育的惯习，课程改革受限于教育评价。然而，在校长的领导下，通过对个别教师课程领导力的培养，校本课程开发的制度逐渐得到完善，并逐渐实现全体教师的积极参与。

1999 年 10 月，全国普通高中课程改革研讨会在江苏锡山召开，时任校长朱士雄在会上介绍了锡山高中的校本课程的实践，提供了考察现场，引起了全国各地教育主管部门、高中的关注。[①] 借助校本课程，锡山高中不仅建立了课程开发的经验，也探索出教师队伍建设的经验，为学校的持续改革奠定了基础。自 1992 年开始，锡山高中经由“三大板块”改革逐步建立了完善的校本课程制度，并实现了教师自身的专业发

---

① 朱士雄：《校本课程开发的实践与研究》，《人民教育》2000 年第 5 期。

展需要。在课程开发的过程中，无论是国家课程还是校本课程都会面对教师领导能力不足乃至教师不够积极的挑战，锡山高中正是通过校本课程的建立逐渐促使教师从被动参与到主动领导。

一　校长推动下的局部课程改革动员

20 世纪 90 年代，学生学习的选择性在国家课程政策中得到越来越重要的体现。1990 年，《现行普通高中教学计划的调整意见》提出，“为了更好地贯彻教育方针，在使学生全面打好基础的前提下，注意发展他们的兴趣和特长，增强他们适应社会生活和生产的能力，决定在新的高中教学计划尚未制定前，对现行高中教学计划进行适当调整”，将课程分为学科课程和活动，而学科课程则采取必修课和选修课两种形式。[①] 1991 年，《关于在普通高中开设选修课的意见》进一步明确“选修课是允许学生根据自己的兴趣、志向进行选择学习的一种课程”，强调“加强选修课的建设，使选修课的设置逐渐规范、完善是普通高中课程改革的一项重要任务”。[②] 面对新的改革，多数学校与教师往往持被动应对的态度。对于锡山高中而言，选修课程的开发奠定了校本课程改革的契机。

1992 年，锡山高中开始进行选修课试点，尽管还缺乏体现办学宗旨、符合学生需求、呈现学校特点的应有之义，具有一定的随意性与盲目性，但是也为校本课程的开发积累了经验。学校通过规范化建设提出“必修 + 选修”“基础 + 特长”的教改思路，形成学科课程（含选修课、劳技课）、活动课程、环境课程 3 大系列，进而在体育、语文、数学和英语等学科开展改革形成符合学校特点的高中选修课和活动课系列。[③] 1992 年至 1994 年，学校改变了以往学科教学（必修课）的状态，而 1995 年至 1996 年，学校选定“语文阅览课”与“体育仪式和健身能力培养的课程改革”作为重点研究课题，开始进行校本课程开发研究的典

---

① 《国家教委关于现行普通高中教学计划的调整意见》，《人民教育》1990 年第 6 期。

② 《关于在普通高中开设选修课的意见》，《人民教育》1991 年第 10 期。

③ 王淑芬：《学校课程领导发展的个案研究——以江苏省锡山高级中学为例》，教育科学出版社 2017 年版，第 58—59 页。

型课的试验。①

从局部课程改革的经验来看，校长的专业领导发挥了重要作用：其一，在国家、省级课程改革精神的推动下，快速思考课程的实现方式；其二，具有风险评估意识，基于风险最低的学科开展改革，比如以体育、语文学科进行试验，降低来自升学的压力；其三，关注潜在学科领袖的培养，在体育、语文学科开展试验之前都会由校长选择相关教师进行实施，不仅培养了学科领袖也奠定了学科发展氛围。在此基础上，锡山高中的体育、语文学科具有课程领导能力的教师迅速脱颖而出，课程成果也不断增加。在这一过程中，教师的课程领导力并不是自发的，而是适应相关政策、校长压力的产物。所以，教师未必是天然的课程领导者，但是，领导情境的建构可以帮助教师将潜在的领导能力变为现实的领导能力。

二　育人目标指导下的校本课程全面参与

1997 年之后，在课程专家的介入下，锡山高中的教育理念和育人目标不断明确，学校积极开展了校本课程开发的系统试验，逐渐建立起具有特色的课程体系。②

通过施良方、钟启泉、崔允漷等专家的启发，锡山高中在国家颁布相关文件之前就建立了校本课程的概念。为澄清校本课程的目标，锡山高中成立了专门的课题组，通过调研提出了学校的育人目标，即“做站直了的现代中国人”。朱士雄校长将育人目标的内涵解释为：③

> 第一，应该做堂堂正正的有中国心的人，以爱国为荣、不爱国为耻，这是作为一个中国人的最起码的品质。第二，应该做既承继了民族传统美德又具有现代文明素质、行为习惯的人。第三，应该做具有良好的科学文化素质，能为日后自立社会、成就事业打下合

① 朱士雄：《校本课程开发的探索与思考》，《教育发展研究》2000 年第 2 期。

② 朱士雄：《校本课程开发的实践与研究》，《人民教育》2000 年第 5 期。

③ 崔允漷：《校本课程开发：理论与实践》，教育科学出版社 2000 年版，第 139 页。

格基础的人。第四，具有坚韧意志、强健体魄的站直了的人，其核心品质可具体化为："自信心、民族性、创新、现代化、健康、坚毅"。这是我校对现代化人才的理解和定位，也是我校对育人目标的形象化、概括性表述，这个明确的人才规格、育人目标，是我校新世纪高扬的旗帜，也是确定我校校本课程总体目标的依据之一。

《全日制普通高级中学课程计划（试验）》确定了新的课程结构，也为校本课程方案进一步明确了方向。[①]（如表6－1所示）

表6－1　1996年《全日制普通高级中学课程计划（试验）》中设置的课程结构

学科类课程	活动类课程
必修学科	必须参加的活动课程（校会班会、社会实践和体育锻炼等）
限定选修学科（侧重接受升学预备教育或接受就业预备教育）	
任意选修学科（为发展学生兴趣爱好、拓宽和加深知识、培养特长、提高某方面能力而设置）	学生自愿选择参加的活动课程（科技、艺术等）

在学校育人目标、课程结构要求、前期经验的基础上，锡山高中初步形成了自身的学校课程结构，1996—1997学年第一学期高一年级设置的选修课与活动课情况如表6－2所示。[②]

虽然课程结构为学生带来了很多的选择，但从完善校本课程体系来看，锡山高中尚有部分课程问题需要循序应对，诸如课程目标的实现、学生发展的需求、课程类型之间的关系、课程评价等问题，这对于教师课程领导力的发展而言也还具有一定的局限。[③] 首先，在学校愿景认同的角度来看，虽然现有课程可以支撑学生多样发展的需求，但是校本性

① 《全日制普通高级中学课程计划（试验）》，《学科教育》1996年第4期。

② 崔允漷：《从"选修课和活动课"走向"校本课程"——"江苏省锡山高级中学校本课程"个案研究》，《教育发展研究》2000年第2期。

③ 王淑芬：《学校课程领导发展的个案研究——以江苏省锡山高级中学为例》，教育科学出版社2017年版，第64—65页。

质还缺乏充分实现。其一，这些课程虽然可以凸显课程结构的丰富性，但是没有具体实现育人目标的下沉，也就是说每门课程、每类课程该如何体现育人目标；其二，校本课程应当以学生发展为本，而现有课程主要基于教师自身学科背景而开设，难以顾及学生广泛的兴趣与特长；其三，课程具有明显的应试倾向，难以真实贯彻素质教育的理念，更难以具体从应试角度之外丰富。

表6－2　1996—1997学年第一学期锡山高中高一年级选修课与活动课安排

课程结构	课程分类	具体科目	培养目标
选修课程	体育课程	男排、女排、男足、男篮、女篮、乒乓、武术、围棋	在完成体育教学大纲规定的必修课程后，促使学生熟练掌握一两门健身技能
	学科课程	英语听说、语文阅读、数学分层选修、物理分层选修、化学	培养学生语文阅读能力与英语交际能力，让全体学生得到全面发展
	微型课程	法律常识、学法指导、心理讲座、科技音像、理化实验录像	增强学生科技和法律意识，掌握正确的学习方法，养成良好的心理素质
活动课程	艺术类	铜管乐演奏、竖笛、民乐演奏、声乐合唱、摄影技术、写美术字、实用美术、花鸟与国画	培养音乐、美术兴趣，提高艺术鉴赏力，少数同学艺术特长得到发挥
	体育类	乒乓、男篮、女篮、男排、女排、武术、足球	增强体育意识，提高健身能力，在高中阶段掌握一两门健身技能。
	技能类	物理实验、化学实验、英语语音、英语视听阅读、机械识图、新绿文学社、计算机	提高学生理化实验操作能力、英语交际能力和语文写作能力，初步学会计算机操作与无线电安装
	学科类	数学竞赛辅导、化学竞赛辅导、物理竞赛辅导、英语阅读竞赛辅导	通过课外活动，培养一批学科尖子

其次，从课程问题的教师理解来看，教师尚难清晰认识自身课程领导者的身份，缺乏超越传统学科课程的认知。其一，在课程领导权力方面，无论是选修课还是活动课，教师开发课程的出发点主要还是在参考学科课程标准，而教师的创造性思考、实施过程的规范化程序、效果评

价的多元化倾向导致教师尚不清晰自己的课程领导权力，也难充分履行相应的责任保障课程开发的程序；其二，受到传统课程观念的影响，教师对于学科课程的认识仍停留在夯实基础与提升分数的层次，缺乏素质教育所强调的个性化理解，比如活动课程中各科竞赛课程以尖子生为培养目标；其三，教师对于选修课程、活动课程缺乏跨学科与综合实践的思考，主要基于某一学科开发的课程表明当前缺乏团队开发意识，活动课程的学科性也难以承担其经验性功能。

从现有课程结构的特点出发，为了彰显学校的愿景并提供培育教师课程领导力的生态，建立完善的校本课程制度已成必然。一方面，教师需要通过课程制度了解如何开发课程，明确自己的权责；另一方面，课程制度可以约束教师按照专业要求开发符合校本理念、具有严格流程的课程，进而保障校本课程的质量。

因此，在校长、学校中层领导、优秀教师和华东师范大学课程专家的合作下，锡山高中在校本课程开发方面实现了理论与实践的双向突破：在理论层面，通过校本培训以便提升教师的课程知能，以学生发展为本来理解课程；在实践层面，探寻校本课程开发的技术路径。[①] 在此基础上，锡山高中形成了《校本课程规划方案（1997 年）》。这一方案共分为规划基础、总体目标和总体结构 3 个部分，以及 2 个附件（包括《锡山高中校本课程开发与实施流程》和《校本课程〈课程纲要〉的说明》），建立了学校后续课程规划方案的基本框架。

《校本课程规划方案（1997 年）》将规划基础确定为国家教育主管部门指导性文件、学校办学宗旨、学生需求评估和课程资源评估 4 个部分，确定了课程规划的外在结构力量，而校本课程总体目标则确定了课程规划的内在动力，具体呈现为课程的总体结构。锡山高中技术课程开发实施流程，如图 6 - 1 所示，通过规划基础、建构框架和组织实施 3 个环节，教师的课程领导行为能够有章可依。

---

① 王淑芬：《学校课程领导发展的个案研究——以江苏省锡山高级中学为例》，教育科学出版社 2017 年版，第 68 页。

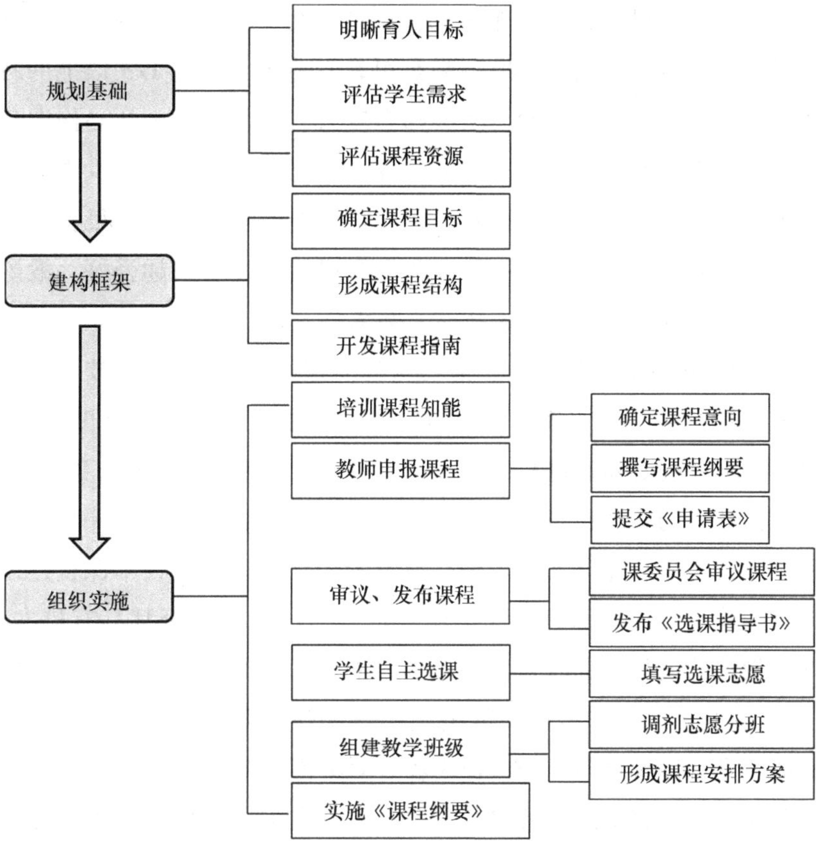

图 6－1　锡山高中校本课程开发实施流程

1997 年 5 月至 1998 年 5 月，由朱士雄校长担任主持人的校本课程开发研究课题组围绕活动课、任意选修课的设计、实施与评价开展了有关校本课程的调研，反馈了锡山高中校本课程开发的阶段性效果。这次调研的结果显示：其一，从教师的课程认知来看，多数认为学校对于基础知识与技能方面的目标实现较好，而对于自主与创造精神方面的目标实现较差并需要得到加强，而活动课、任意选修课能够发挥相应的作用；其二，从学生的需求评估来看，与人交往与相处、学习方法、承受挫折的心理素质、从事专门职业所需知识是 12 个选项中获得较多认可的项目；其三，从课程内容的选择与组织来看，一半以上的教师都会通过学校图书馆收集资料，有31%的教师完全依靠图书馆，有38%的教师会自编教材，大半教师以知识点顺序来组织教学材料，另有1/3以上的教师会考虑到学生的兴趣；其四，从教师态度来看，部分教师从必修课程所需的课时、教材和设施角度理解活动课、选修课，但是还缺少更为清晰的认识；其四，从课程效果来看，78.2%以上的学生表示“很喜欢”或“喜欢”所选课程，而原因主要为这些课程能够发展兴趣爱好、锻炼身体、加强动手动脑能力、掌握技能、磨炼意志等。①

自1992年开始选修课程、活动课程的探索至1997年《校本课程规划方案（1997年）》的确立，锡山高中获得了校本课程的制度化经验。首先，校本课程必须通过制度实现全员参与。从课程领导者的身份来看，以校长为核心的管理层虽然是天然的课程领导者，但是，每一位教师的课程领导行为尚未充分发挥。校长或者领导层可以确立校本课程建设的方向、构建精品校本课程，却不能决定每一门课程是否都具有校本性。在课程设计的过程中，教师对课程内容的知识必须比学校领导层掌握得更多。② 在此基础上，教师才能突破单一学科的限制，才能提供学生感兴趣的、具有综合性的选修课程或者活动课程。然而，教师的全员参与、育人理念的全课程渗透需要操作规则，与此同时，教师才能了解如何成为课程领导者，并具有领导能力。其次，课程制度体系可以通过课程领导的操作化而不断完善。如前所述，锡山高中的课程愿景是基于调研而确立的，并不断在课程制度实施中获得操作化。为了帮助教师理解课程开发的过程，锡山高中在1997年研制了《校本课程开发指南》以阐述校本课程开发的意义、依据和原则，在1998年制定《校本课程管理细则（试行）》以明确校本课程的申报与遴选、发布与开设、考核与评估、奖励与惩处等。③

① 崔允漷：《校本课程开发：理论与实践》，教育科学出版社2000年版，第108—116页。

② ［美］利奥·H. 布拉德利：《课程领导：超越统一的课程标准》，吕立杰等译，中国轻工业出版社2007年版，第2页。

③ 王淑芬：《学校课程领导发展的个案研究——以江苏省锡山高级中学为例》，教育科学出版社2017年版，第92—93页。

然而，随着国家课程改革的推进、学校课程体系的特色化发展、生本理念的广泛共识，锡山高中的课程体系在教师课程领导力方面又面临如下挑战：其一，学生的主体地位如何得到进一步加强；其二，如何开发更多超越传统学科课程的综合性、活动性课程；其三，课程评价如何反映学生的个性发展。这些挑战通过研究性课程与选修 II 系列课程获得了回应，锡山高中的特色化课程体系也完善起来，教师队伍整体的领导力也不断彰显。

第二节　从个别到全员的研究性课程实施

教育部在 2000 年颁布《全日制普通高级中学课程计划（试验修订稿）》，首次将研究性学习纳入高中学生必修课程，2003 年颁布《普通高中课程方案（实验）》强调了研究性学习在高中课程中的重要地位，而锡山高中经历个别化探索、局部性试验和全员参与积累了较为完善的经验。① 在这一过程中，教师的课程领导力可以得到如下回应：其一，校长的课程理念如何落实为全体教师的教学理念与行动；其二，教师如何超越自身开设的课程，在模块课程中发挥有机作用；其三，如何以学生为本而实现教师的全员课程参与。

一　先于政策实施的个别化探索（1998—2000 年）

在政府力推基础教育课程改革、理论界倡导学生探究学习、学校校本课程创新发展的背景下，锡山高中开始探索教学方式的改变，通过个别教师的校本课程开始研究性学习试点。在 1998—2000 年期间，个别教师开设的具有研究性学习特点的校本课程，如表 6 – 3 所示。②

① 崔允漷、唐江澎主编：《有效，无限的探寻》，华东师范大学出版社 2004 年版，第 1—21 页。

② 崔允漷、唐江澎主编：《有效，无限的探寻》，华东师范大学出版社 2004 年版，第 17 页。

表 6-3　1998—2000 年体现研究性学习特点的校本课程

课程类别	课程代号	课程名	指导教师	学生人数
人文素养类	XRW112	贾平凹散文作品欣赏与研究	唐江澎	31
	XRW107	新时期文学鉴赏	柏俊荣	45
	XRW109	唐宋诗词鉴赏	顾黎艳	30
科学素养类	XRK105	水火箭制作与改进研究	顾慰曾	29
	XRK112	化学实验改进与创新	马啸波	26
	XRK112	化学实验改进与创新	王新福	25
	XRK309	物理在生活中的应用	张广宏	40
	XRK319	人口资源与环境	曹列文	43
生活职业技能类	XRS303	电视节目制作与主持	申宝光	30
	XRS304	新闻采访与写作	柴莹	30
	XRS315	网（主）页设计	李宏军	33
	XRS317	中国古代音乐美学思想研究	谢明刚	32

这些课程的开设能够探索自主、合作和探究学习的真谛，课程试点与校本课程开展有类似的倾向：其一，学校领导或有一定能力的教师会优先开设，比如学校时任副校长唐江澎便承担了一门课程，尝试引导学生去图书馆查找、摘录贾平凹的有关资料，以兴趣小组的形式开展合作研究、集体探讨形成论文；其二，研究性学习的主题与高考不直接相关或具有一定的辅助作用，弱化课程的功利性，比如生活职业技能类的研究性学习与高考的内容没有直接关系，人文素养类涉及的课程涉及部分语文知识，而科学素养类则涉及生活化的高考知识；其三，学生对于所选课程具有一定兴趣，在教师指导下通过个性化学习完成研究作业。因此，在课程改革的校本化探索过程中，参与师生的能力与课程性质具有十分重要的作用。

虽然个别化的探索已经在 1998—2000 年开展了 3 年，但是，这些尚未成为必修课程，在改变学习方式上也逐渐出现两个隐忧：其一，探索行为是单个学校、部分教师的创新，并非全体教师参与、多数学校推进的常态，难以从根本上改变学生的学习方式；其二，停留在学校号召阶段，没有内化为全体教师的内在要求和主动行为。①

二 政策实施后的局部性试验（2000—2001 年）

2000 年，《全日制普通高级中学课程计划（试验修订稿）》将研究性学习正式列为高中生必修课程，基于已有的个别化探索和校本课程经验，锡山高中在 2000—2001 年开展了局部性试验，实现从个别化探索到全员参与的过渡。

学校领导选定通过校本课程改造和“体育与健康”课程开展局部性试验，旨在形成学生全员参与的组织管理经验，形成可以用来培训教师、指导学生的研究性学习的常用研究方法读本，形成研究性学习的评价方法和评价操作流程。② 首先，在教师与课程选择方面，为预防管理与评价方面的风险，依托于语文组的吴伟昌、徐中华老师和体育组的甘亦农、张书超、陈德献老师分别以“吴文化研究”和“体育与健康”为载体开展研究性学习课程。其次，在开展过程中，学生根据自己的爱好选择研究课题，进而组成 2—6 人的课题小组开展研究。最后，在唐江澎的支持下，参与改造校本课程的教师共同撰写了《走入研究性学习——中学生常用研究方法读本》，系统梳理了阶段性的经验。2001 年，唐江澎以“普通高中研究性学习课程开发的支持系统研究”为选题，从政策和制度支持、信息和资源支持、理论和技术支持、行政支持 4 个方面建立了系统化的构想。③

三 全员参与的实现（2001—2002 年）

锡山高中研究性学习的实施流程在准备阶段之后包括寻找选题、课题论证、研究实施和成果汇报 4 个阶段。④ 在研究性课程指导小组直接而具体的指导下，研究性学习得以有序开展，也说明学校课程制度建设

① 崔允漷、唐江澎主编：《有效，无限的探寻》，华东师范大学出版社 2004 年版，第 20 页。
② 崔允漷、唐江澎主编：《有效，无限的探寻》，华东师范大学出版社 2004 年版，第 22 页。
③ 崔允漷、唐江澎主编：《有效，无限的探寻》，华东师范大学出版社 2004 年版，第 26 页。
④ 崔允漷、唐江澎主编：《有效，无限的探寻》，华东师范大学出版社 2004 年版，第 31 页。

伊始需要适度的权力集中，通过自上而下的改革压力推动师生认同课程建设愿景。因此，对于多数教师课程领导力的生成与发挥来说，制度的外在压力、资源保障与专业指导具有重要作用。

相对于规章制度的制定、课程资源的统筹而言，针对教师的专业化指导具有更大的挑战。锡山高中通过每周发放“第 X 周教学安排”表进行有效的教学指导，统一内容、统一行动，每周由学校课程指导小组的成员首先进行备课，讨论并制定每周教学内容，然后以教学处的名义发放“第 X 周教学安排”表给每位任课教师，每周教学安排翔实具体，规定了教学任务、课前准备、教学步骤和教学要求 4 个部分，并提供具体说明。①

在 2002 年春季学期，课程领导小组的成员开始探索研究方法模块化的教学设计，更加明确了研究性学习的实施过程，为师生提供指导并提供研究的自由。研究性学习实施流程的模块化设计，如图 6－2 所示，共分为 5 个模块：其一，走进研究性学习；其二，研究方案的设计与课题论证；其三，科学的研究方法与研究实践；其四，信息资料的整理与分析；其五，课题研究的总结、交流与展示。②

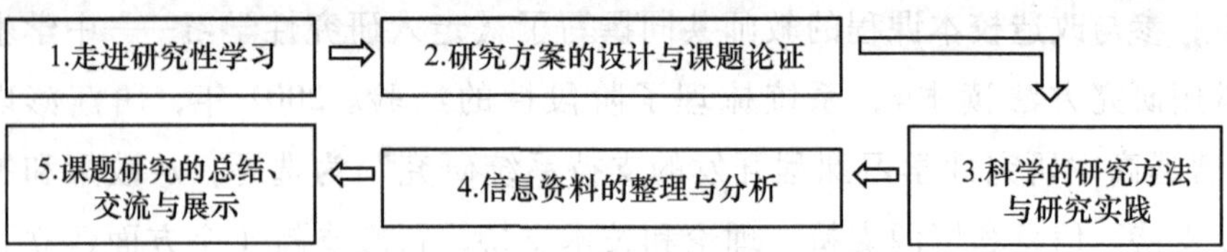

图 6－2　研究性学习实施流程的模块化设计

2001 年秋季开学后，在行政权力的推动下，学校按照新老搭配、学科文理搭配、教学科研能力搭配的原则，将所有高一任课教师统一分配到各个班级担任研究性学习的教师，而一个班级一般能够分配 4—5 名指导教师。③ 这种安排虽然考虑到了教师参与的规模，但是也会遇到参与质量的挑战：其一，课题指导小组既要提供资料又要负责管理，具有时

① 崔允漷、唐江澎主编：《有效，无限的探寻》，华东师范大学出版社 2004 年版，第 41 页。
② 崔允漷、唐江澎主编：《有效，无限的探寻》，华东师范大学出版社 2004 年版，第 48 页。
③ 崔允漷、唐江澎主编：《有效，无限的探寻》，华东师范大学出版社 2004 年版，第 57 页。

间、精力上的挑战；其二，所有问题都反馈给课题组长与课题指导小组，领导团队解决问题的能力受到挑战；其三，研究性学习的指导工作会延伸到固定课时之外，全体教师的工作负荷受到挑战；其四，每个班分配到4—5名教师，各自的指导责任不够明确，加上教师日常的工作压力，教师参与的秩序、效率受到挑战。因此，全员参与初期的主要问题体现为专业与管理两个方面。

2002年2—7月，学校开展指导教师分工试验，将指导教师分为班级指导教师和课题指导教师：2名班级指导教师负责所在班级的管理和指导，其他教师在学生聘请下都可以作为课题指导教师而不需要跟班。由于班级指导教师人数减少一半，教师参与方式更加灵活，研究性学习的开展形式也更富活力。① 在此基础上，教师在研究性学习中的作用定位在4个方面：其一，参与学生的研究活动，激发、维持和组织学生的自主活动；其二，对学生进行基础的科学方法引导；其三，为学生研究提供专业知识的支持；其四，进行必要的组织管理和协调工作。②

2002年9月，学校将参与研究性学习的教师分为3类：其一，指导教师，负责所在班级研究性学习的管理和指导等所有工作，由学校研究性学习指导小组指派一名；其二，协管教师，负责在具体活动场合的学生管理与咨询，由班主任和后勤服务教师维持活动秩序、分配资源；其三，学术顾问，负责为学生提供所需的专业知识指导，由学生自主聘请，可以是校内教师也可以是校外人士。③ 这次调整以明确的制度规范了活动的形式、提升了活动的效率，比如，指导教师的人力资源得到优化、学生研究内容的选择更加自主、学生能够进行更为有效的自我管理等。

在研究性学习开展的过程中，学校将专业化作为不可替代的优势，通过如下3个方面的基础获得实现：其一，学校的教师较为充足；其二，学校有激励教师积极参与的机制；其三，教师逐渐提高了自身在专业研

① 崔允漷、唐江澎主编：《有效，无限的探寻》，华东师范大学出版社2004年版，第65页。
② 崔允漷、唐江澎主编：《有效，无限的探寻》，华东师范大学出版社2004年版，第66—67页。
③ 崔允漷、唐江澎主编：《有效，无限的探寻》，华东师范大学出版社2004年版，第68页。

究领域中的资质。①

第三节　基于选修 II 系列课程的课程体系完善

2000 年，《全日制普通高级中学课程计划（试验修订稿）》强调“选修课是在必修课基础上，为拓宽和增强学生有关学科领域的知识和能力开设的，学校除按照国家规定开设选修课外，地方和学校为满足学生多样发展的需要也应创造条件开设灵活多样的选修课，学生可以根据个人志向、兴趣和需要自主选择修习”。② 这从两个方面定位选修课：其一，在必修课程之外探索相关的分层教学；其二，在课程三级管理制度下探索地方课程与校本课程的发展空间。这在 2003 年印发的《普通高中课程方案（实验）》具体分为选修学分 I 与选修学分 II：选修 I 的系列课程强调“根据社会对人才多样化的需求，适应学生不同潜能和发展的需要，在共同必修的基础上，各科课程标准分类别、分层次设置若干选修模块，供学生选择”；选修 II 的系列课程强调“学校根据当地社会、经济、科技、文化和发展的需要和学生的兴趣，开设若干选修模块，供学生选择”。③ 在传统课程观的影响下，学校易于从选修 I 的角度进行课程开发，缺少从选修 II 的角度考虑课程开发问题。选修 II 课程体系可以打破学校原有的课程认知，推动学校以建立各具特色的课程体系。

如前所述，《校本课程规划方案（1997 年）》所建立的选修课程与选修 I 具有交叉、重叠的状况，由于选修 I 的课程模块一般由省里统一规定，学校能够自主开发的课程实际上只有在选修 II 的课程模块中，也就是说，选修 II 将成为学校教师专业发展的新挑战，也带来了学校特色发

① 崔允漷、唐江澎主编：《有效，无限的探寻》，华东师范大学出版社 2004 年版，第 111 页。

② 《全日制普通高级中学课程计划（试验修订稿）》，《学科教育》2000 年第 3 期。

③ 《教育部关于印发〈普通高中课程方案（实验）〉和语文等十五个学科课程标准（实验）的通知》，2022 年 4 月 1 日，（http：//www. moe. gov. cn/srcsite/A26/s8001/200303/t20030331_ 167349. html）。

展的新契机。在此基础上，锡山高中通过对如下问题的应答带来教师课程领导力发展的必要要求：其一，在新课程改革的背景下，学校的育人理念如何体现于新的课程结构；其二，新的课程结构如何反映学生的需要，具体可以设计哪些课程；其三，如何完善校本课程体系，选修II系列课程需要如何规划。基于校本课程建设的经验，锡山高中通过构建《选修Ⅱ课程规划方案》，进一步完善了课程规划设计的基本步骤与方法，实现了教师课程领导力的持续提升。

一　确立选修II的课程规划方案

选修II系列课程的规划引发锡山高中对于学校教育哲学的进一步厘清，带来新的理念反思。锡山高中的百年历史为学校教育哲学提供了养料，20世纪90年代学校育人目标为“做站直了的现代中国人”。在2006年提出学校当下的教育哲学为“谦恭厚重、大气恢宏”，并具体表述为“体貌谦恭、学养厚重、胸襟旷达、志趣高远”这16个字：首先，体貌谦恭指学生应该内无妄思、外无妄动，内敛而儒雅；其次，学养厚重是锡山高中学生的第2个特征；再次，国际视野、宽容等新课标中所倡导的东西归结为一个人的胸襟的问题；最后，特别强调一个人要志向高远，但同时必须注重他的趣味和品位也要高尚。①

为构建选修II系列课程框架，锡山高中在2005年对学生的课程需求进行了新一轮调查，了解到学生最关注的6个课程领域分别是：创新能力、特长爱好、学会交往、生活技能、耐挫心理素质和团队领导，而认识学校、地方文化、学科竞赛是排名最后的领域，值得注意的是学科竞赛恰恰是学校1997年之前较为关注的选修课领域。② 在教育哲学、学生需求与地方期待的基础上，锡山高中建立了《选修II系列课程规划方案（2005年）》，具体结构如图6－3所示。与《校本课程规划方案（1997年）》相比，2005年建立的选修II系列课程区分了限选与任选类型，而且能够使其

① 唐江澎：《课程创生：植根于历史文化》，《教育发展研究》2008年第Z4期。

② 王淑芬：《学校课程领导发展的个案研究——以江苏省锡山高级中学为例》，教育科学出版社2017年版，第269页。

内容与国家课程、必修课程没有直接关系，真正反映了学生的需求。

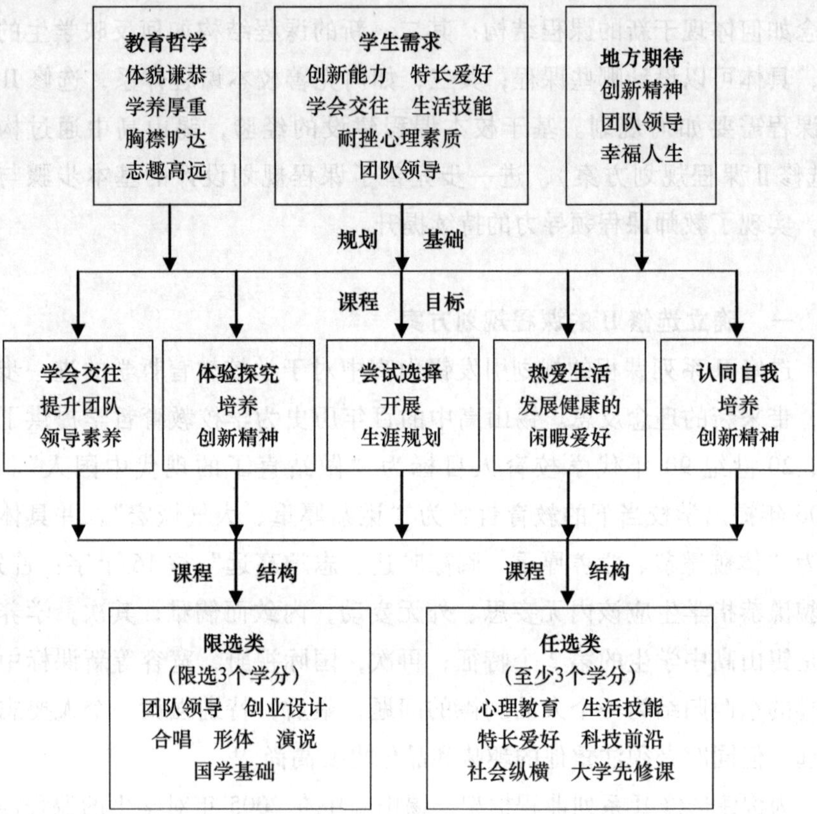

图6-3　2005年选修Ⅱ系列课程的规划基础、课程目标和课程结构

在持续的课程改革中，锡山高中的教师队伍已经具备了一定的课程领导力，可以保障选修II系列课程结构的建立。然而，教师的课程领导力仍需面对如下挑战：其一，从愿景的角度来看，教师在不断优化的科研生态中实现了新生的课程目标；其二，从课程问题的角度来看，没有能够独立进行课程开发的专业教师，也就是说，新教师除了学科课程的相关知识与能力外，必须不断生成综合性的知识与能力，并且能够为满足学生的需求具有持续提升课程领导力的动力；其三，从共同体的角度来看，选修II系列课程以新兴问题或综合能力为起点，

需要教师具有广泛的兴趣与跨学科的背景，要求教师队伍内部存在若干课程开发团队。

二　学校规划方案的不断完善

随着学校教育哲学的进一步演变、学生需求的转变，锡山高中形成了《学校课程规划方案（2008 年）》。锡山高中将“健全人格、发展个性”作为跨越时代的永恒价值追求，将当下的学校教育哲学确定为“生命旺盛、精神高贵、智慧卓越、情感丰满”。在 2008 年，学校通过调研发现，学生的课程需要与 2005 年相比有了明显变化，比如对科技与创新、综合艺术具有较多需求，而大学先修课程也被越来越多的学生列为想学的课程。可见，随着社会与经济环境的变化，地方课程的期待也发生了变化，在学校与周围环境的影响下，课程资源日渐丰富。基于上述基础和原因，2008 年学校课程的框架设计，如图 6－4 所示，课程的总体目标与选修 II 系列的课程结构出现了新的形式。

教育哲学、地方期待与课程资源构成了教师课程领导力产生的相对稳定的基础，而学生与时俱进的需求则是教师领导力提升的动态推力。随着科技的进步、学生心智的成熟，学生的课程需求会出现较为频繁的变化，也会带动学校教育哲学的自我更新，进而对于教师课程领导力提出更深层次的要求，诸如与时俱进、持续创新、自我反思、协作共进等。在 2008 年至 2018 年之间，《学校课程规划方案（2008 年）》实现了国家课程的校本化，为学生个性成长提供了多样化的课程选择，通过促进学习评价的研究、江苏省语文课程基地的建设，将教师课程领导力转化为学生的学习力、学科的创新力、学校的号召力。[①]

2014 年，《教育部关于全面深化课程改革落实立德树人根本任务的意见》提出，“经济全球化深入发展，信息网络技术突飞猛进，各种思想文化交流交融交锋更加频繁，学生成长环境发生深刻变化”，这在国家层面提出了课程改革的更高要求，由此带来了 2017 年普通高中课程方

---

① 唐江澎：《专业地探索立德树人实践路径——锡山高中课程建设的问题解决方案》，《未来教育家》2021 年第 4 期。

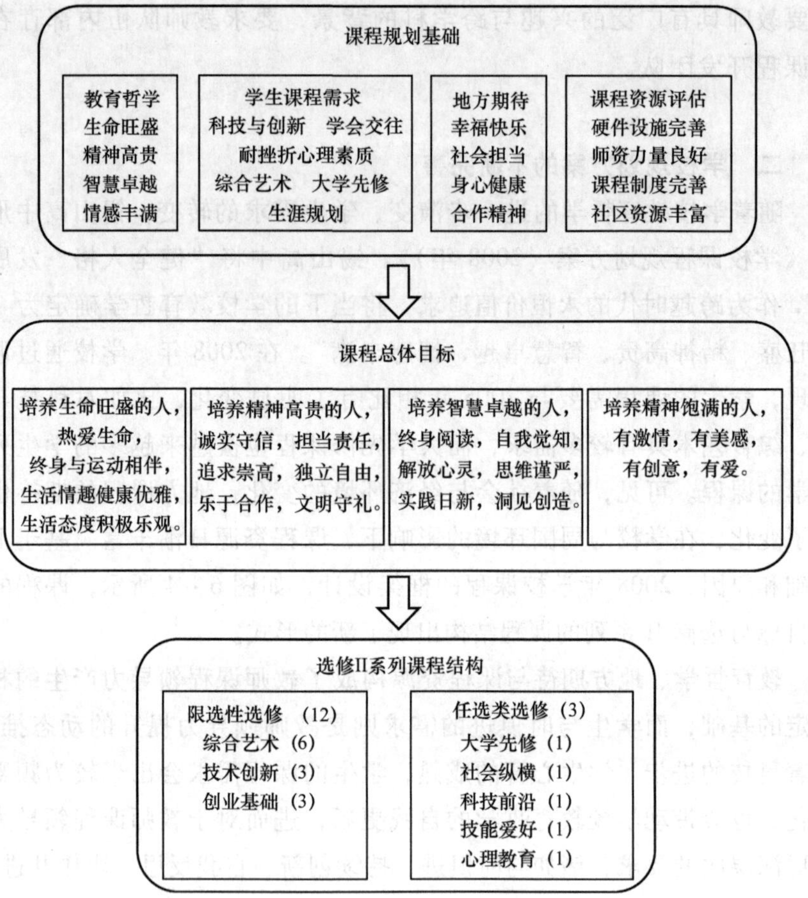

图 6－4　2008 年学校课程的框架设计

案和课程标准的制定。[①] 课程改革的深化和课程标准更加强化课程对于育人目标的支撑，也带来锡山高中对于学校育人理念、课程体系的革新。2018 年之后，锡山高中对“站直了的现代中国人”进行了新的内涵解读，将毕业生形象塑造为终身运动者、使命担当者、问题解决者和优雅生活者 4 个角色，由此构造了 4.0 体系的课程版本，将国家课程里 88 个学分的、14 个学分的、42 个学分的一个个地进行对应分类，进而提出面

① 《教育部关于全面深化课程改革落实立德树人根本任务的意见》，2022 年 4 月 1 日，(http：//www. moe. gov. cn/srcsite/A26/jcj_ kcjcgh/201404/t20140408_ 167226. html.)。

向专业大类的课程体系，统整必修课程、限定性选修课程和校本课程。①锡山高中与高校13个学科大体对应建构的7个专业大类，如图6－5所示，学校现有课程体系能够尽量与高校现行的13个学科进行对应，能够帮助学生获得衔接基础教育、高等教育与职业规划的系统性知识与能力。

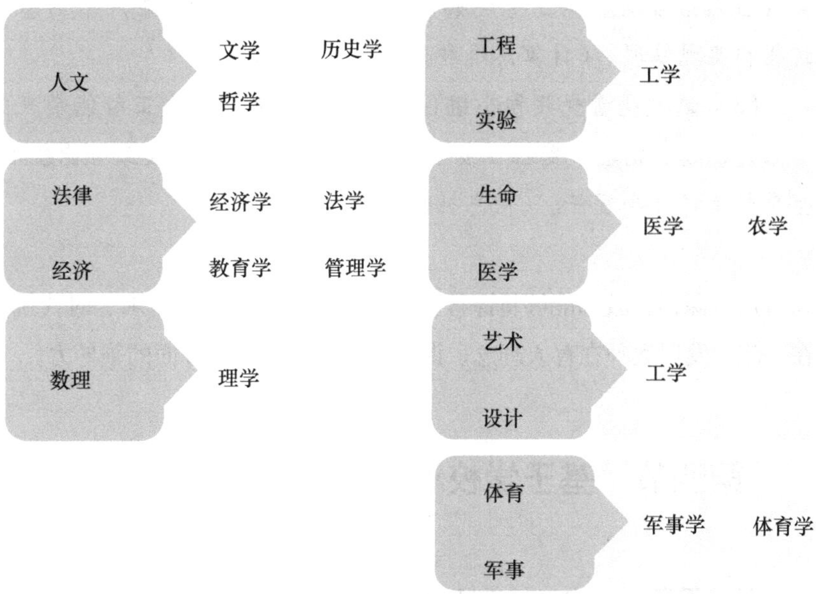

图6－5　锡山高中与高校13个学科大体对应建构的7个专业大类

在新的体系探索时期，锡山高中的教师领导力也将迎接新的挑战，比如深化课程理解与学生生涯的关系、引导学生延伸对于高等教育的适应性、应对时代新生的知识需求等，而学校建立的研究生态则能够提供较好的智力保障。比如，基于2017年版课程标准中必修课程模块“数据与计算”和选择性必修模块4“人工智能初步”的内容，调研学生对于人工智能的情感与态度，锡山高中开设了“走进人工智能”这一课程，基于核心素养取向拟定了学习目标②：

① 唐江澎：《专业地探索立德树人实践路径——锡山高中课程建设的问题解决方案》，《未来教育家》2021年第4期。

② 马进亮、魏一静：《开好人工智能“第一课”》，《江苏教育》2019年第51期。

(1) 通过对智能玩伴小天机器人的观察、亲身体验以及教师的讲解，学生能够知道人工智能的概念以及基本特征。(信息意识)

(2) 通过智能玩伴小天机器人和智能家居百度小度机器人的分析对比，学生能够了解人工智能的发展历程，分析小度机器技术优势（自然语言理解和百度大脑），并理解百度人工智能应用的基本过程和实现原理。(计算思维和数字学习与创新)

(3) 通过观看视频和小组讨论，学生能够探讨人工智能带来的一系列道德、伦理、隐私、安全等问题，理性地看待人工智能技术，担负起信息社会责任。(信息社会责任)

通过这一课程，教师能够将课程标准的新诉求、学生的需求、时代挑战结合在一起，发挥教师在育人理念、课程理解、民主共生方面的领导力。

第四节　基于学校课程制度的支持体系

一　学校课程制度构建的教师领导问题

（一）学校课程制度的概念思考

所有人际交往都需要一定程度的可预见性，而当人们受规则（制度）约束时，就可以有意为社会的发展提供基础。人类的相互交往依赖于某种信任，正如学生、家长、教师都相信能够通过学校实现学生的有益成长，才能形成理想的教育合力。而信任则需要以特殊的秩序为基础，创设或维护良好的秩序，就要依靠各种禁止不可预见行为和机会主义行为的规则，以及鼓励可预见行为的良好举措，这些规则可以被称为制度。[①] 与经济、政治或其他社会活动相比，教育更为关注如何鼓励可预见的行为实现改革或创新，而其他活动更关注禁止不被期待的行为。因此，课程、学校

① ［德］柯武刚、史漫飞：《制度经济学：社会秩序与公共政策》，韩朝华译，商务印书馆2000年版，第3页。

的相关制度应当更加考虑好的教育活动如何产生、开创性的教育举措如何开启、可行的教育理念如何得到落实，简而言之，教育领域的制度关注的是善的出现，而不仅限于避免恶的发生。就制度是构建行为人之间互动的一系列规则而言，组织即是可能受制度约束的集体行为人，在一个组织的内部，制度框架不仅制约着个人之间的互动，也会鼓励个人之间的互动。①

从制度的类型来看，制度包括正式与非正式的制度。在我们与他人的日常互动中，不论是在家庭内部，还是在外部的社会交往中，或是在事业活动中，支配结构的绝大部分是由行事准则、行为规范以及惯例来界定的。正式规则虽然是非正式约束的基础，但在日常互动中，它们却极少是形成选择的明确而直接的来源，非正式约束来自社会传递的信息，对于个体的影响更为深远。② 相对于其他活动而言，教育更需要非正式的制度。从制度的内生性角度来看，教育制度根植于人们自身的教育利益和理性计算，是各种力量相互冲突和妥协的结果，而不是命中注定或脱离需要和实情的纯理性设计或抉择的结果。③ 在政府或企业会有更为明确的制度文本去协调人们的利益等，但是，教育场域往往没有细化的文本约束人们的行为，有赖各种道德领导力的协调。因此，在学校中，教师开展的各种领导行为，还需要非正式制度尝试探索人们之间的信任与感情。因此，对于教育而言，制度可以鼓励可预见的积极的教育活动，也可以防范可预见的消极的教育活动；正式制度可以在利益与理性方面协调教育场域的人际关系，非正式制度可以在道德与感性的方面增进教育场域有机联结。

在第八次课程改革开启后，中国对于课程有了更为丰富的认识，也提高了对课程的结构化理解，促成了学者们对于学校课程制度的研究。

---

① ［美］杰克·奈特：《制度与社会冲突》，周伟林译，上海人民出版社 2009 年版，第 3 页。

② ［美］道格拉斯·C. 诺思：《制度、制度变迁与经济绩效》，杭行译，格致出版社、上海三联书店、上海人民出版社 2014 年版，第 43—44 页。

③ 康永久：《教育制度的生成与变革：新制度教育学论纲》，教育科学出版社 2003 年版，第 125 页。

基于课程制度问题需要得到关注、教学与课程概念进一步厘清，郭元祥提出“课程制度是学校落实课程计划和课程方案，有效促进学校课程实施与课程开发、课程管理与课程评价的一系列规程和行为准则，是学校实现课程自主更新的机制”。① 而和学新认为，“学校课程制度是一定时期内，在学校形成或制定的，结构严密、相对稳定、体现学校教育价值观的，参与学校课程建设的全体人员都必须共同遵守的程序、步骤和规范体系，是学校进行课程规划、课程开发、课程实施、课程管理、课程评价与校本教研等一系列活动的价值准则、行为规范和运行保障”。廖辉则认为，“学校课程制度是以现代课程理念为指导，在学校场域内用以规范、约束学校内外课程关系的规则、规范和运作机制”。② 李孔文从学校课程制度创新的角度，分析了课程制度的结构化问题，探讨了课程标准的具体化、教材理解的生活化、课程形态的丰富化、课程实施的操作化、课程评价的多元化等。③ 可见，学者们对于学校课程制度的理解存在狭义与广义两种理解方式：从狭义的角度来看，学校课程制度涉及从课程规划到评价的正式制度；从广义的角度来看，学校课程制度还包括支持课程运作等在内的教师管理、学生工作、教学科研等正式和非正式制度。由于课程的立体变革需要学校整体的充分支持，在这里对于学校课程制度的理解也将从广义的角度进行考察。

（二）教师课程领导力视角下的学校课程制度问题

学校课程制度是学校的核心制度，是学校课程领导、校长课程领导和教师课程领导的共同产物，而教师课程领导则是其中最为重要的支撑。然而，教师并非天然的课程领导者，需要在非正式或正式制度中明确如何发挥领导力，进而确保学校课程制度的有效性。因此，教师课程领导力与学校课程制度是彼此建构的关系。从锡山高中的发展情况来看，教师课程领导力是在非正式的学校课程制度中逐渐出现的。比如，时任校长向具有工作积极性的教师赋权，选择体育、语文等学科的教师尝试开

① 郭元祥：《学校课程制度及其生成》，《教育研究》2007 年第 2 期。

② 廖辉：《学校课程制度变革的路径分析》，《课程·教材·教法》2013 年第 11 期。

③ 李孔文：《学校：课程制度创新的生长点》，《课程·教材·教法》2016 年第 3 期。

展课程创新，乃至调研学生的课程需求都不是学校的正式制度。之后，教师课程领导力不断完善，学校课程制度也逐渐形成了完整的体系。

从教师课程领导力的角度来考察学校课程领导制度的实施情况，多数学校可能会面临一系列的挑战。其一，课程愿景如何铸就教师课程领导力之魂，或者说，课程愿景如何能够呈现在教师的领导行为之中。通过挖掘本校育人目标的时代特点，锡山高中在课程问题和道德领导中强化了教师的理解。一方面，日益完善的开发制度需要及时了解学生的需求，塑造了师生共生的课堂；另一方面，校长、中层领导的个人魅力形成了道德领导，并通过分布式领导确立民主的学校治理氛围，在育人目标确认的过程中通过教师参与实现目标的内化。

其二，非正式制度与正式制度之间的关系如何得到平衡。部分学校依赖于校长个人的课程领导力，缺乏完整的课程制度，对于教师而言会因为缺乏制度环境而难以理解与发挥自身的领导力。而在锡山高中建立校本课程之前，学校借助已有的育人目标、校长的领导智慧和华东师范大学的专家团队逐渐建立系统的制度文本，在部分教师的努力下形成了可供学习的校本经验。在这一过程中，校长的道德领导、学校的分布式领导、制度的民主性与共享性共塑了教师课程领导力的生成环境。

其三，在制度环境的基础上，教师如何能够主动而非被动地进行课程领导。在尝试开发精品课程、增设选修课程时，许多学校面对缺少教师主动申请或运用行政手段施压的局面，对于教师而言，课程领导变成了外在压力，而缺少内部动力。与之相比，锡山高中的 3 种策略发挥了较为重要的作用：首先，通过单独沟通与奖励性制度，鼓励教师遵循制度进行课程开发；其次，学校通过与专家团队的持续合作，提供了课程开发的专业保障；最后，也是较具独创性的是，通过寻回教研组与明确教研组长的角色，为所有教师提供积极的专业环境，通过共同体的优势帮助教师切实增进专业能力。

其四，教师课程领导力应该从哪些角度来考察结果。受到应试文化和升学评价的影响，多数学校较为关注学校课程制度对于升学的支持，较为关注教师在国家课程与升学相关课程的教师领导力，忽视学生发展的全面性。在锡山高中的校本课程、研究性学习课程的开展过程中，学校不断建立育人目标与课程体系的联系，新建课程不仅能满足学生需求，更可以支撑育人目标的实现。因此，教师的课程领导力也以满足学生的发展需求为首要目标，而后则是教师队伍的整体成长与学校品牌的逐步形成。

二 锡山高中的学校课程制度与教师课程领导力建设

基于理论分析与锡山高中的学校课程制度建设情况，可以得到教师课程领导力的锡山高中路径，图 6－6。在文献综述的基础上，教师课程

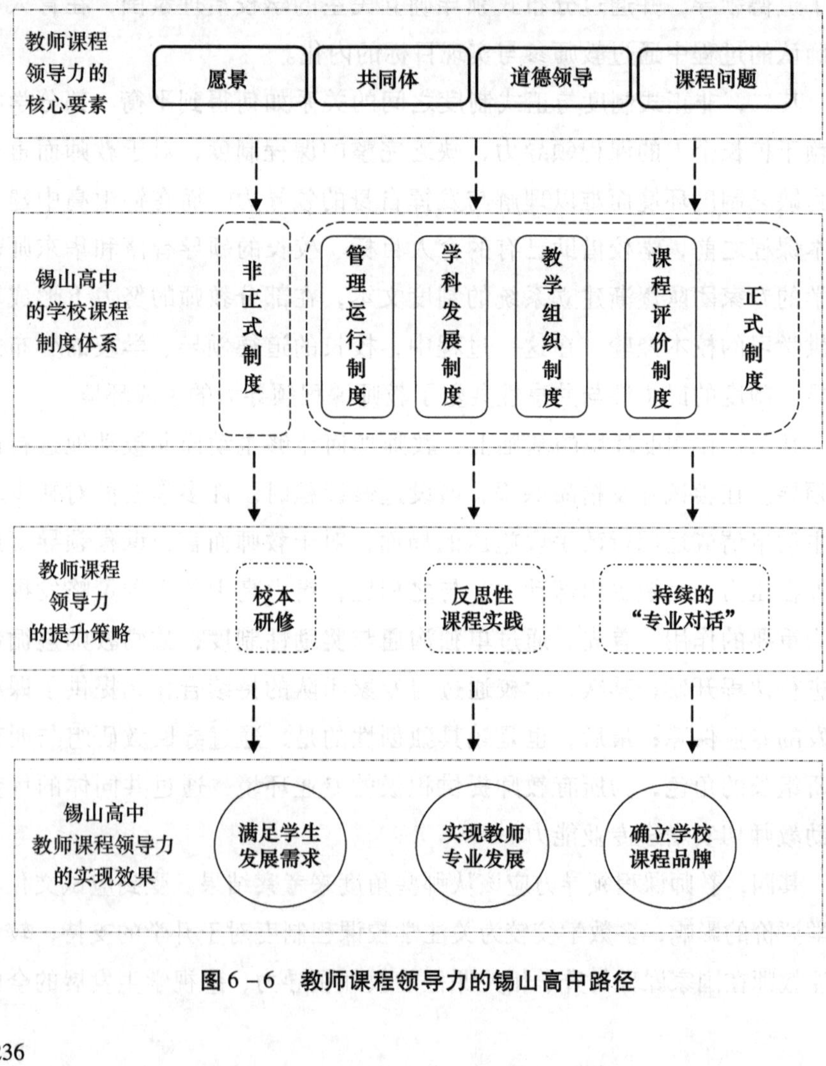

图 6－6　教师课程领导力的锡山高中路径

领导力的核心要素主要包括愿景、课程问题、共同体和引领方式。锡山高中通过完整的学校课程制度体系渗透了对于教师课程领导力的理解，并且通过具体的提升策略保障了领导力的积极发挥，最终通过学校的办学质量彰显教师课程领导力的优势。

（一）以愿景统领教师课程领导力的培育

在经历多次课程改革的过程中，锡山高中都首先厘清当前阶段学校的育人目标，以愿景推动课程问题的解决、共同体的形成及道德领导。锡山高中创建现代高中的理想追求，不仅支持了本校课程体系的完善，也为全省基础教育现代化建设提供了新的样本，以教育理想、培养目标、优化机制确立了教师课程领导力建设的愿景。① 锡山高中的学校哲学可以用“成全人”这 3 个字来概括，具体可以解释为“健全人格，发展个性”，这具体包括 3 个维度思想凝练：其一，提炼学校历史，从学校 1927 年的“十大训育标准”中引申出培养什么人与怎样培养人的答案，得到了健全人格的锡山答案；其二，开展哲学的阅读，结合课程论、教学论、学习论和哲学书籍奠定理论素养；其三，对于现实的反思，厘清现实中的教育追求。② 从教师专业发展的角度来看，学校不仅要有整体的学校哲学、育人目标，还需要有能够在不同学科领域中的特殊表达，这就成为锡山高中探索学科宣言的缘由。2009 年秋天，在学校转型发展务虚研讨会上，锡山高中将创建学科教研中心作为各学科未来几年的建设任务，将学科宣言作为学科教研中心的考核重点，提炼具有普遍的学科意义与凸显学校学科特色的宣言。③ 在这一影响下，每个学科都通过课程标准与学校哲学进行了个性化表达，如锡山高中体育学科宣言，表 6－4 所示。④

① 朱卫国：《学习锡山高中经验　推进课程教学改革》，《教育视界》2015 年第 Z1 期。

② 唐江澎、梁国祥：《第二章 基于学校哲学的培养目标》，《教育视界》2015 年第 Z1 期。

③ 张克中：《培养终身阅读者，培养负责任表达者——江苏省锡山高中语文学科宣言的诞生》，《人民教育》2014 年第 13 期。

④ 梁伟国、赖配根：《江苏省锡山高级中学体育学科宣言》，《人民教育》2014 年第 13 期。

表 6－4　锡山高中体育学科宣言

<table>
<tr><th colspan="2">体育学科宣言</th></tr>
<tr><td>宣言内容</td><td>做终身体育的践行人，做健康生活的拥有者</td></tr>
<tr><td>宣言内涵</td><td>体育学科在“健康第一”的思想指引下，依据学校成全“生命旺盛、精神高贵、智慧卓越、情感丰满”时代新人的办学理念和《体育与健康课程标准》的精神与要求，以“锻炼健康强壮之体魄，学会终身体育之技能，培育坚毅奋进之精神，养成健康生活之方式”为目标，以终身体育和健康生活为主线，以体育活动为载体，以选项教学与俱乐部制为组织形式，创新组织与实施选项教学与阳光体育活动，努力使学生成为终身体育的践行人和健康生活的拥有者。在此基础上，我们提出了“做终身体育的践行人，做健康生活的拥有者”的学科宣言。
“做终身体育的践行人”是依据《体育与健康课程标准》的要求，从运动参与和运动技能两个方面体现。要求学生能获得和应用运动基础知识；掌握和运用运动技能；自觉参与体育锻炼；运用科学方法参加体育锻炼。通过选项教学、大课间活动、阳光体育活动等形式，学生能关注自身的兴趣爱好和个性发展，全面提高运动技能水平，加深对体育与健康知识和技能的理解，形成运动爱好和专长，培养终身体育的意识和习惯。
“做健康生活的拥有者”是依据学校成全人的教育理念和《体育与健康课程标准》的要求，从身体健康、心理健康及社会适应 3 个方面体现。要求学生能全面发展体能；提高预防疾病的意识和能力；理解营养、环境和生活方式对身体健康的影响，改善身体健康状况；培养积极的自我价值感；提高调控情绪的能力；形成坚强的意志品质；具有和谐的人际关系、良好的合作精神和体育道德；具有积极的社会责任感。通过模块学习、阳光体育活动、游戏和体育比赛、健康知识讲座等，学生能增强健康意识，塑造健康体魄，形成健康、充满活力的生活方式和积极进取的人生态度，提高人际交往技能和团队意识。</td></tr>
</table>

学校的愿景在提出之后，必然要通过所有教师的认可而发挥作用，形成价值共享的共同体是决定愿景实质可行的关键。在 1997—1998 年开展校本课程实验时，学校通过调研 328 名学生和 44 名老师确立了当时的育人目标为“站直了的中国人”，由师生共同确定了民族性、现代技能和健康 3 个关键词。[①] 其后，锡山高中又确立了各具特色的学科宣言，通过教师的参与确立了学校不同层面的愿景。为实现愿景的传承，锡山高中通过各种活动综合实现学校愿景的个体内化：通过专家引领增进育人目标的专业化，通过集体教研增进课程理解的开放性，通过读书行动、学科规划、新技能学习等活动增进共同体的学习性，通过学科宣言增进

① 王淑芬：《学校课程领导发展的个案研究——以江苏省锡山高级中学为例》，教育科学出版社 2017 年版，第 62 页。

合作的对话性。[①]

在锡山高中的课程改革过程中，校长与其他领导者的道德领导引导全体教师开展积极的探索活动。所谓道德领导，主张学校领导者必须唤醒追随者的公正、义务、善等观念，学校领导者自身必须具有正当、义务、善等观念。[②] 多数学校课程改革的过程都会面临教师知识、能力与意志难以适应新定愿景的问题，道德领导的引导便显得十分重要。在锡山高中，道德领导既体现在校长的以身作则方面，也体现在对于教师的信任与放权方面，正如现任的唐江澎校长在接受《教育视界》记者的访问时所强调的[③]：

> 之前我们学校的朱校长每天第一个起床，然后站到操场，开喇叭喊学生起床，哪一个体育老师如果缺岗他一定会第一时间顶上去，中午吃饭的时候到学生食堂巡查，晚上宿舍巡查完熄灯后才回家。对此，我是肃然起敬，到现在我也做不到这样。搬到新校区之后，学校变大了，原来一百亩现在四百亩，跑不过来了；另外，我也跑不动，我要是到学校跑一圈，我的腰就累得不行了，那这一天什么事情都干不成。另外，我晚上还看书，早上起不来，如果天一亮就起来的话那上半天头晕，下半天也干不成事。咱们要根据自己的特点来设计任务，你要用早上能起得来的人看早操，而不是自己去。想要事事以身作则会很麻烦，有的东西你就作不了那个“则”。事事当表率也是不现实的，你用机制去做表率。所以我认为，我用人用得很好。

学校的愿景也可以帮助教师解决课程开发时遇到的问题，可以帮助教师了解开设什么课程、如何设计课程，如何评价课程效果。从 1992 年开始，锡山高中通过与时俱进地理解课程问题，不断提升教师课程领导能力。在探索选修课、活动课初期，学校主要尝试以延伸传统学科课程的知

---

① 杨九俊：《用高尚的价值观照亮校园》，《教育视界》2015 年第 Z1 期。

② 陈学军：《学校道德领导的意旨、反思与践行》，《教育发展研究》2009 年第 12 期。

③ 本刊编辑部：《第六章 追求有温度的学校管理》，《教育视界》2015 年第 Z1 期。

识空间实现丰富课程类别；在建立研究性课程时，学校改进了教学过程的师生关系；在构建选修 II 系列课程时，学校打造了符合学生需求的、超越传统学科课程的选修课程体系；从 2018 年开始，借助全面深化课程改革的动力，学校形成了面向专业大类的课程体系，更好地沟通了高中育人与高校选拔之间的关系。[①] 2003 年，胡晓军就职锡山高中并开始接触校本课程，2004 年开始尝试开发“网页制作”课程，但被告知因为不具备开设条件而没有通过审核。之后，他通过学习学校编印的《校本课程开发文件汇编》后，逐渐熟悉了校本课程开发的规范流程，撰写了“Flash 动画制作”的课程纲要。在问卷调查的基础上，他了解到学生的信息技术基础，进而灵活设置课程内容，面向高二学生开设了以计算机维护和架设局域网为主要内容的“电脑高手”课程，吸引了大量学生的参与。这门课通过邀请学生讨论修改课程纲要、撰写课程教学建议书、制定评价方案日益完备，如表 6－5 所示，逐渐形成了较为完善的多元分类评价。[②]

随着通信技术的发展，锡山高中通过建设学科专业微信群，进一步实现了在线专业学习社群，促成教师提升自我业务能力。早在 2018 年，学校的不同部门和学科就已经出现带有专业或半专业学习社群性质的微信群，如“百万百卷读书社群”“巅峰体育”“体悟教学教历研究群”“高品质高中推进会”等，在此基础上，学校在 2020 年开展了“江苏省锡山高级中学专业学习社群评优创建”活动，并拨出专项资金作为奖励，通过仪式感和示范性推动教师参与或创建专业学习社群。[③] 在信息技术与学校制度的支持下，教师领导力的发展可以呈现如下优势：其一，教师具有不固定的角色，因群组的功能而进行角色转换，进而实现多面手的培养；其二，实现教师专业成长的自我驱动，创设民主、平等的学术氛围；其三，形成专业发展群落，推动教师学习的深度发展。

---

① 唐江澎：《专业地探索立德树人实践路径——锡山高中课程建设的问题解决方案》，《未来教育家》2021 年第 4 期。

② 朱海莲、佟柠、胡晓军等：《第三章 课程框架的整体构建》，《教育视界》2015 年第 Z1 期。

③ 唐江澎：《基于 OPLC 的教师专业成长路径探索》，《江苏教育》2021 年第 48 期。

表 6－5　　　　校本课程"电脑高手"课程表（2011）

序号	评价项目	评价方式	权重	得分
1	"谁是装机王"完成时间，3 分钟内为合格以上	教师评价	10%	
2	"学学修电脑实验报告"完成情况，完成实验报告且答案合理、真实为合格以上	小组评价	20%	
3	"架设局域网"实验完成情况，所在小组完成任务则所有成员为合格以上	小组评价	20%	
4	"硬件共享"能够使用共享打印机打印实验报告，所在小组成员为合格以上	小组评价	10%	
5	"电脑安全"能够完成实验报告且数据真实则为合格以上	小组评价	10%	
6	积极参与过纲要的讨论，提出修改意见；完成个人课程学习	教师评价	10%	
7	不缺席迟到；爱护设备；遵守安全规定	教师评价	20%	
合计				

评分等级：优秀（≥85 分）、良好（84 分≥X≥75 分）、合格（74 分≥X≥60 分）、不合格（≤59 分）。

（二）培养领导者的非正式制度和分布式的课程领导制度体系

愿景的渗透与学校内部的道德领导孕育了锡山高中培养领导者的非正式制度。与明文规定的正式制度相比，非正式制度是对人们的行为不成文的限制，包括价值信念、伦理规范、道德观念、风俗习惯和意识形态等。① 锡山高中注重培养领袖人物、鼓励大胆的创新行为和尊重专业特长，形成了教师队伍积极主动的发展氛围。如上所述，校长的道德领导通过信任与赋权，增加了部分教师的组织责任感，同时也可以培养具有英雄气质的领导者，这被现任的唐江澎校长总结为"在锡山高中培育、培养学科领袖——让教研组长、骨干教师成为学科领袖"；教师能够将学校的专业建设与个人的发展目标紧密结合，提出团队变革的需求，比如在学校创建语文课程基地后，硬件环境对于学生出现了较为积极的影响，这激发了英语组教师参与课程基地的建设，利用演讲厅和辩论厅

① 崔万田、周晔馨：《正式制度与非正式制度的关系探析》，《教学与研究》2006 年第 8 期。

进行教学、引进哈佛演讲课程，进一步开拓专业空间；在校长的敏锐观察下，学校会通过培养在知识和专业方面具有潜在特长的人，承担学科发展的重任、形成学科人才梯队。①

如图 6－7 所示，锡山高中通过有章可循的正式制度，合理约束与引导了教师开展教师领导行为，切实创设了有利于学生全面发展的课程体系。其一，为使课程整体规划、管理、评价、资源配置等重要的职能拥有组织架构的保障，学校在 2006 年建立了校内三级管理运行体制：第一级是学校课程领导委员会，负责课程规划和整体方案的构建；第二级是以课程教学处为中心，以教师发展处、学生工作处为两翼的课程管理和专业支持机制；第三级为学科组，负责学科的课程建设。校内三级课程运行制度把课程改革的责任落实在相应的行政体系中，保障了课程的有序组织和高效运转。②

锡山高中在管理运行制度方面具有如下有益探索：首先，形成分布式的管理结构，在学科课程领导委员会的规划下，教师发展处承担教师专业发展的责任，学生工作处引导学生有序开展各项活动，课程教学处承担课程管理的重要职责，最后通过学科教研中心促进管理运行制度的持续改进。其次，与当时多数学校的组织机构相比，建立了教师发展与学生工作在课程体系运行过程中的关系，形成相关主体的内在联系，尤其是引入学生工作处可以落实学生在课程建设过程的主体地位。最后，当时多数学校都存在缺乏教研组织或者教研组织难以发挥实际作用的问题，锡山高中通过学科教研的参与确保了课程体系的科学性。

其二，如表 6－6 所示，锡山高中从信念作风、队伍建设、课堂教学、校本教研、知识管理、特色建设 6 个维度构建了学科发展规划与评估方案，建设学科发展制度，提出学科发展的目标、内容和路径，引领学科组专业发展的方向。在同一时期，多数学校在学科发展方面主要聚

① 杨九俊：《用高尚的价值观照亮校园》，《教育视界》2015 年第 Z1 期。

② 王晓健、佟柠、夏雷震等：《第四章 课程制度的整体构建与运作》，《教育视界》2015 年第 Z1 期。

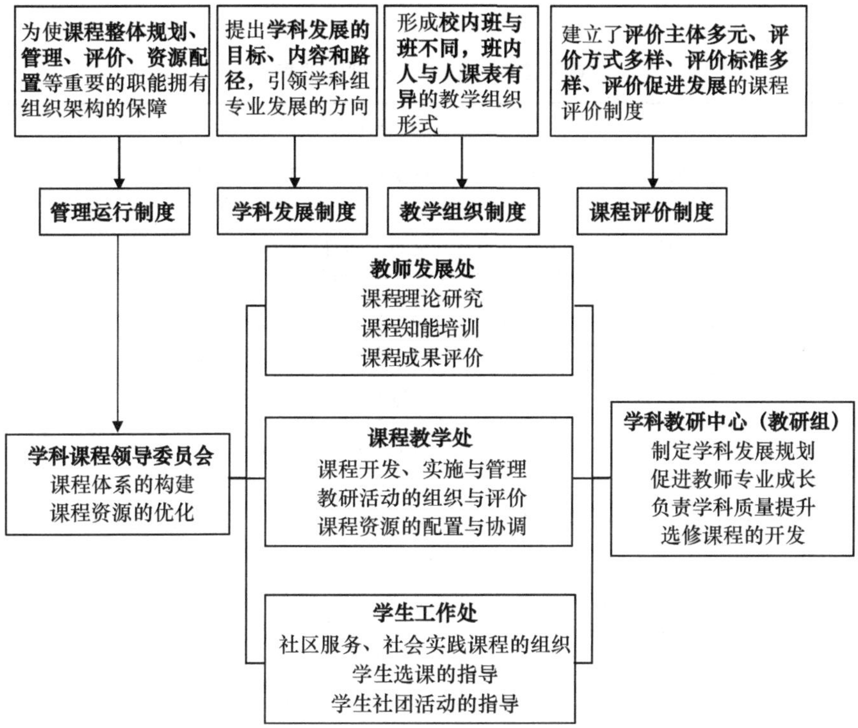

图 6－7　锡山高中课程领导制度体系

焦于学生成绩与教学效果，比如安排同一学科的教师进行听评课、实施集体备课或同课异构，也就是说立足学科共同体寻求提升教学质量的方案。① 与之相比，锡山高中在学科发展方面具有如下创新：首先，建立了涵盖学科信念、学科共同体、学科教学、学科资源与学科特色的系统化工程，超越了多数学校只关注教师学科知识与学科能力的思维；其次，以学科信念承接学校愿景，实现了愿景的层次性，能够具体解决教师专业信念实现的问题；最后，超越于课堂教学层面的学科思考可以丰富学科发展的成果，从单纯的学生成绩转向教师专业共同体和学校课程改革的多项成果。

① 王晓健、佟柠、夏雷震等：《第四章 课程制度的整体构建与运作》，《教育视界》2015 年第 Z1 期。

表6-6　锡山高中学科发展规划评估表

框架内容	指标体系
信念作风	1. 学科宣言：有体现学科价值追求的学科宣言，并做出科学解释；在阐释中能够体现出正确的学生观、教师观、教育观、学科观及其行动追求
	2. 师德组风：教研组长提升自身凝聚力、感召力和影响力的目标；组内有体现良好师德追求的组风并涌现体现组风精神的优秀教师典型
	3. 年度规划：每学年有依据《发展规划》制定的行动方案；教研组长与组员围绕目标规划都有明确的分工和责任，建构良好的合作关系
队伍建设	1. 专业规划：组内教师成长目标与个体发展规划
	2. 途径与方法：有切实的师德与教风的建设举措，有切实的组内教师学习与提高的途径和方法
	3. 重点项目：确立本组教师发展的重点内容，分析本组教师发展迫切需要解决的问题并提出举措
课堂教学	1. 课程开发：形成必修模块课程实施纲要；形成选修Ⅰ课程开设模块及规划；探索形成大学先修课程体系内相关课程开发的规划；研究学科在选修Ⅱ课程框架下开发高质量的课程规划，形成若干课程纲要
	2. 课堂教学：明确本学科变革课堂教学当前需解决的问题及其实践途径，教学方法、学习方法上有具体改进目标，教学改革有项目和抓手
	3. 学科质量：有明确的学科教学质量目标、《学科教学质量标准》（也可以是《学生学业成就标准》），在减轻学生学业负担方面有举措
校本教研	1. 教研制度：有常规的教研制度、不断创新的教研方式、不断提高的教研实效
	2. 教研内容：能关注课程标准的落实、教学与评价的一致性、命题与作业等研究，有教材分析与聚焦教学设计能力提高的具体举措
	3. 教研方法：有外出研修与交流学习的机制，有个人反思、同伴互助等常态研究的基本制度和方法，相互诊断总结教学风格
	4. 教研成果：围绕学校发展和学科建设中的大问题组织攻关，申报课题，完成研究项目，对教师发表论文等物化科研成果的数量与质量有年度计划要求
知识管理	1. 科组档案：建立记载学科发展大事的文献体系，建立完整的个人专业档案
	2. 业务档案：梳理公开课、论文等学科业务档案库。归纳整理学科教学资料库
	3. 宣传推介：利用各种媒体宣传学科建设成果和教师典型，重点利用“六校联盟”网站等资源扩大学术交流的范围和影响，对宣传内容有记载和归纳整理
特色建设	特色项目：教研组根据学科发展要求拟定特色建设计划

其三，针对学校教学组织形式“统得过死无法选择，全部放开不可操作”的现实问题，锡山高中制定了全新的教学组织制度，最后形成校内班与班课程不同、班内人与人课表有异的教学组织形式。① 锡山高中的教学组织制度具有如下特点：首先，具有超前性，满足学生个性化需求的选修课分类早于多数普通高中的探索，也有助于为走班制积累经验；其次，具有灵活性，并制定“长（两课时）短（一课时）课时结合，选科（8 种）组合、选课（100 余门）走班”的选课制度；最后，具有秩序性，通过学生工作处的努力，配套的学生选课指导制度能够为教师的专长与学生的兴趣搭建桥梁，实现课程资源的充分运用，避免选课的潮汐现象。

其四，建立健全课程审议评估制度，从是否达成学生学业成就质量标准和是否满足学生个性化发展需求两方面来评估课程质量。② 锡山高中通过以评促教的形式保证了课程的持续改进：首先，以各学科的《学生学业质量标准》促进学生相应能力的发展，并开展个性化学习；其次，运用学生评价反馈教学实效，推进教学的不断改进，保障课程品质和教学质量。

（三）凸显专业生活的发展策略

基于课程领导制度体系，锡山高中的发展策略凸显了教师队伍的整体发展，而非个体发展，以提升教师专业生活品质为核心，具体通过制度实现的各种活动构建专业发展的积极生态。③ 教师的专业生活重点通过校本教研活动、反思性的课程实践和持续的“专业对话”来实现。

其一，学校自 2006 年之后持续塑造教研共同体，以教研组长的领导者魅力、教研组织的专业化生态建立了教师的常规化教研思考。年级组、备课组和教研组是所有中小学都具备的管理体系，但从多数学校的经验

① 王晓健、佟柠、夏雷震等：《第四章 课程制度的整体构建与运作》，《教育视界》2015 年第 Z1 期。

② 王晓健、佟柠、夏雷震等：《第四章 课程制度的整体构建与运作》，《教育视界》2015 年第 Z1 期。

③ 朱卫国：《学习锡山高中经验　推进课程教学改革》，《教育视界》2015 年第 Z1 期。

来看，年级组和备课组的影响更为明显，而教研组的影响相对较小。20世纪90年代中后期，与许多高中一样，锡山高中规模增大，选择了扁平化的管理体系，实行级部管理，弱化了教研组和教研组长的角色，出现了学科建设的问题。2006年，锡山高中开始有意识地推进学科建设，将重点放在学科领袖的培育方面，启动“找回教研组长”计划，通过增强凝聚力、提升感召力、扩大影响力造就学科领袖，以“教研组三年发展规划”为行动路径。[①] 此后，锡山高中的教研组先后制定了2006年版、2009年版和2013年版3个学科发展规划，不仅强化了教研组的角色，也推动了学科的进阶式发展，具体内容如表6－7所示。在科研环境方面，学校也做出了大量努力：通过经常编印《教育文摘》、分层组织课题研究、按年举行论文报告会、组织本校优秀教师教育思想研讨会和学校重要课题开题会、聘请著名专家学者来校讲学、鼓励和支持教师参加各级征文竞赛、编辑出版《学校教育教学论文》等工作，营造浓厚的学术氛围，活跃教育教学科研活动。[②]

其二，通过项目研究，教师能够通过自我反思深化对于课程的理解。在现有的教师与学校评价体系中，科研项目具有重要影响，可以在课堂教学、学科发展、学校改进等方面发挥作用。然而，多数学校会遭遇科研项目教师申请人数少、参与度低的问题，限制项目的成果转化，而锡山高中则通过持续的研究实现了教学、课程与学校的整体发展。在国家、省市级课题的引领下，教师们先后开展了课标分解项目研究、教学目标叙写研究、课堂观察项目研究、促进学习的课堂评价项目研究等。比如，课堂观察项目的研究，对教师的专业帮助有两个向度：一是让被观察者清楚地认识到自己的课堂教学存在哪些可测量的问题；二是让观察者学会了如何更专业地观察一堂课的教学。[③]

① 唐江澎：《学科建设，决定学校的教育高度》，《人民教育》2014年第13期。

② 朱士雄：《实现教育现代化 培养现代化人才》，《中国教育学刊》1998年第1期。

③ 杨志文、杨梅、佟柠等：《第五章 让教师过上丰富多彩的专业生活》，《教育视界》2015年第Z1期。

表6－7　　锡山高中2006年版、2009年版和2013年版学科规划主要内容

版本	主要内容
2006年版	①“在哪里”，准确把握教研组的发展现状
	②“去哪里”，合理确定教研组的建设目标
	③“怎样走”，具体规划教研组的行动路径
	④“需什么”，科学分析学科发展的支持系统
2009年版	① 强调走向专业研究
	② 强调形成阅读习惯
	③ 强调重建教研制度
2013年版	① 用学科宣言澄清学科的教育价值
	② 用课程整合，实现科学的教育价值
	③ 用学习方式变革，培育未来的终身学习者

其三，通过形成阅读习惯和专家指导，教师能够持续而深入地开展专业对话。2010年9月，锡山高中启动“百万百卷读书行动”，决定在5年中投入100万促成每位教师阅读100本书籍，经由个别阅读、绝大多数观望实现了一批人阅读、多数人参与的状态。[①] 虽然许多学校都会通过建设书香校园、布置读书笔记以提升教师的教育理念，但是，习惯将阅读视为个体的发展路径而非集体的智慧生成。与之相比，锡山高中的阅读活动更凸显了共同体的价值：首先，建立比赛交流机制，教师通过读书报告会、阅读沙龙、读书之星评比、好书推荐等活动，互相交流阅读心得，互相推荐优秀书籍，在交流中相互激励、分享，共同成长；其次，以教师的特点形成小型的交流集体，或以年龄、学科为标准组织小范围的读书交流、荐书活动，建立教师之间的共同话题；最后，通过榜样引导教师之间的书籍共享，在一年一度的读书之星评比中，“读书之星”们都会撰写自己的阅读历程和心得，并列出本年度的阅读清单和推荐书目。[②] 如前所述，无论是锡山高中的愿景，还是学校课程体系的

① 杨志文、杨梅、佟柠等：《第五章 让教师过上丰富多彩的专业生活》，《教育视界》2015年第Z1期。

② 杨志文、杨梅、佟柠等：《第五章 让教师过上丰富多彩的专业生活》，《教育视界》2015年第Z1期。

形成，都涉及专家团队的指导，以校内外的专业交流实现了教育观念的不断变革。

（四）以教师专业发展提升学校吸引力

多年以来，唯分数、唯升学的顽瘴痼疾在普通高中具有十分消极的影响，具有偏差的评价理念不利于学生的全面发展与立德树人根本任务的实现，而纠正片面追求升学率对于改善教育生态显得日益重要。[①] 由于家长和社会将高考成绩作为评价高中教学质量的主要维度，这限制了学校的课程开发诉求与课程类型需求，比如重视国家课程而轻视校本课程、重视升学相关课程而轻视体艺类课程。因此，许多高中对于教师专业发展的评价局限于对学生成绩的考察，将教师的课程领导能力局限于能够提升学生某一门学科的成绩。2006 年暑期，唐江澎接任锡山高中校长，面对的头等难题就是招生，以及家长根据升学情况提出的质疑，在此基础上，学校并没有选择将教育生命耗费在生源竞争中而是关注提升教师教育品质的专业自信，从教师的专业发展寻求学校的整体变革。[②]

锡山高中在课程改革的过程中建立了科学的评价体系，促成了学生、教师和学校的整体发展。首先，为促进学生的全面发展，学校鼓励教师开发丰富多样的课程。在国内顶尖专家团队的指导与论证下，学校根据自身人才培养规格中关键词的英文首字母，即 B—Beauty 美感、E—Energetic 旺盛、T—Teamwork 团队合作、O—Outstanding 卓越、P—Passion 激情，提出“巅峰”（BETOP）体育课程，旨在让学生通过系统化、系列化、个性化的体育课程学习，增强体质、增进健康、提升终身体育的意识与能力，促进学生“生命旺盛”，推进学校特色建设。[③] 学校通过将体育教学、课外体育锻炼、课余训练与竞赛等活动纳入课程，整合每周两节体育课、两节体育课外活动和一节班会课，形成“4 +1”的课程实施

① 《深化新时代教育评价改革总体方案》，2022 年 4 月 1 日，（https：//www. gov. cn/gongbao/content/2020/content_ 5554488. htm）。

② 唐江澎：《教师群体的专业生活方式决定着学校教育的高度》，《基础教育课程》2013 年第 Z2 期。

③ 秦红敏：《如何实现普通高中“每天一节体育课”》，《人民教育》2017 年第 Z1 期。

方式，保障了学生每天锻炼时间在80分钟以上，让“天天一节体育课、每天锻炼一小时”的理念成为普通高中的常态。唐江澎认为，开设巅峰体育课程有助于实现“每天都有体育课”的梦想，而且学校规定学生在假期都有体育作业，形成覆盖学期与假期的体育课程体系，全校教师在每星期二到星期五的16：20之后停下全部工作开展体育锻炼。①

其次，受到教师课程领导力的影响，教师在专业领域可以获得更大的认可。比如在艺术领域，艾薇老师带领的校合唱团曾经用天籁般的和声唱响维也纳金色大厅，并多次在无锡市甚至江苏省合唱比赛中获奖；黄宏老师撰写的“校园微电影”课程纲要曾经获得全国校本课程设计大赛特等奖，微电影课程班的同学们拍摄的微电影《省锡中的一天》用美的视听语言表达对青春的赞美、对学校的热爱；朱海莲老师开发的“插画艺术”课程受到业内专家的一致好评；王佳晶老师指导的校民乐团以精湛的技巧在无锡市崭露头角；中国书法家会员刘研老师执教书法课程；江苏省美术家协会会员吴文鸿老师指导国画课程，6位教师组成的艺术教师团队充分实现了“鉴赏艺术之美、发现生活之美、创造人生之美”的学科宣言。② 2020年初，随着新冠疫情的影响不断显现，为承担学生精神整体成长的责任、应对灾疫场景提供的长周期教育机会，锡山高中开设了“校长阅读课‘灾难当前’专题”，组合了《普通高中课程方案和语文等学科课程标准（2017年版）》中“当代文化参与”“跨媒介阅读与交流”“语言积累、梳理与探究”“文学阅读与写作”“思辨性阅读与表达”“实用类阅读与交流”“中华传统文化经典研习”等任务群的学习要求，共9个专题18个学时，涵盖“导语”“文本推荐嘉宾”“阅读材料”“思考探究（阅读提示、活动设计）”“链接拓展”5个版块，在学校微信公众号持续推出。③ 面对突发疫情，教师队伍能够通过自身的

---

① 王晓健、孙震、秦洪敏等：《第一章 锡山高中的表情与符号》，《教育视界》2015年第Z1期。

② 王晓健、孙震、秦洪敏等：《第一章 锡山高中的表情与符号》，《教育视界》2015年第Z1期。

③ 唐江澎：《让语文课在灾疫场域中展开》，《基础教育课程》2020年第6期。

专业能力解决学生的课程需求、承担教育的社会责任，其专业精神也能得到具体体现。

最后，在满足学生需求、推动教师专业发展的基础上，锡山高中的课程改革经验帮助学校建立了独树一帜的品牌。锡山高中自 2011 年至 2019 年先后申报并立项了"想象 · 创造"课程基地、巅峰体育课程基地、"云学习"课程基地、胡氏三杰自然科学实验中心、校园情境综合实践课程基地等共计 6 个课程基地，课程基地建设的教学成果"巅峰体育：普通高中学生'每天锻炼一小时'百分百行动"和"'大设计观'视域下'想象 · 创造'课程群的开发与实施"在 2017 年均获得江苏省教学成果一等奖。① 2014 年，在教育部公布的首届基础教育国家级教学成果奖名单中，锡山高中独立完成的"江苏锡山高中学校课程体系的整体构建与实践创新"荣获 2014 年基础教育国家级教学成果奖一等奖，参与完成的"基于课程标准的教学研究与实践"荣获二等奖，而锡山高中的改革经验也不断得到外界的宣传与学习。②

① 胡晓军：《提档升级：课程基地高峰建设的路径之一》，《江苏教育研究》2019 年第 31 期。

② 王晓健、孙震、秦洪敏等：《第一章 锡山高中的表情与符号》，《教育视界》2015 年第 Z1 期。

第七章

教师课程领导力的提升策略和政策建议

中国开启了一场轰轰烈烈的基础教育课程改革，在这一改革过程中，基础教育的课程体系、结构、内容等被全面重构了，尤其是相关教师的角色定位发生了深刻变化，因为要深入推进课程改革，就需要教师由课程执行者转变为课程参与者、课程领导者，具备课程领导力。从本质上来说，教师课程领导力既是课程改革中的重大理论课题，更是课程改革中的重大实践问题。因此，教师课程领导力研究需要在理论的关照下探寻实践中存在的问题及其背后的作用机制，在加深理解教师课程领导力的前提下更好地解决当前实践中的现实问题。前面 6 章，通过对国内外教师课程领导力的主要研究文献进行回顾梳理、现场调查研究和案例分析，建构了教师课程领导力研究的理论框架，分析了发展现状和存在问题，从理论和实践两个方面回答并呈现了教师课程领导力的重要关切。这一章，旨在国家、社会和时代需求的大背景下，全面总结、分析和提炼当前教师课程领导力的提升策略，以期为提高教师能力素质、促进课程改革提供有益借鉴和参考。

第一节　教师课程领导力实践中存在的问题

可以说，从事基础教育工作的教师不完全是理论导向的，更多的是实践教学导向。那么，在此思维惯性下，这些教师作为课程改革中的“关键少数”，就需要主动地、有效地“对接”国家课程政策，将自己的知识储备和课程能力主动“嵌入”国家、区域和学校的课程方案中，努力取得优良的教学效果。长此以往，尽管中国基础教育课程改革取得了一系列的成绩，教师课程领导力也受到了前所未有的关注与重视；但随着课程改革向纵深推进，各种课程问题层出不穷，导致新一轮课程改革所要求的课程领导力存在弱化和虚化的不良趋势。

与此同时，随着“互联网 + 教育”、新冠肺炎疫情、“双减”政策等外部环境急剧变化，这些又对教师课程领导力的实践带来了尖锐的矛盾，形成了新的挑战与要求。比如，“双减”政策的贯彻执行，使得从事基础教育的教师需要在课程意识、课程参与、课程设计、课程创生、课程影响等诸多方面发挥越来越重要的作用。如此一来，如何提升教师课程领导力越来越受到教育管理部门、教育改革研究者等各方面的广泛关注。所以，当前的一项迫切任务就是，系统梳理新一轮课程改革实践中的困难问题与各种障碍，以便找到影响教师课程领导力提升的关键因素，研讨相应的思路与对策。

通过对相关文献进行梳理，结合 2020 年江苏省教师课程领导力的一项调查研究结果，我们将教师课程领导力实践中的主要问题归纳为如下 4 个方面。

一　教师课程意识淡薄，专业技能不足

课程意识是教师在思考和处理课程问题时，对课程价值以及如何实施课程的基本认识，是教师对实然课程的反映和对应然课程的追求。[①]这意味着“教师即课程”，教师是课程的动态构建者、课程的生成者。[②]课程意识是教师对课程目标、内容、实施和评价等方面的综合反映，是教师课程领导力产生的前提，支配着教师课程活动的方方面面。我们开展的这项问卷调查结果表明，在课程内容设计上，超过50% 的教师认

① 钟勇为、郝德永：《课程意识：蕴涵与路径》，《当代教育科学》2005 年第 8 期。

② 郭元祥：《教师的课程意识及其生成》，《教育研究》2003 年第 6 期。

为，当前的最大问题是，如何结合国家课程标准研制课程纲要以及如何编写单元与课时方案；在课程开发方面，46.5%的教师认为，课程开发过程需要得到外界的指导与帮助；在课程实施方面，50.6%的教师感到力不从心。这些数据表明，大约一半的教师在课程意识上是浅薄的，专业技能存在明显不足。

二　教师教育理念陈旧，跟不上时代发展

传统的学校科层制管理模式，使得教师习惯于自上而下的等级管理制度，安于教学现状，导致教师较为缺乏课程变革或创新的信念，难以胜任教师课程领导的角色和任务。当然，这种管理体制严重阻碍了教师参与课程改革的热情，也导致教师的专业自主性和课程开发能力逐渐丧失，难以将生活世界与课程内容联系起来。调查发现，54.4%的教师认为，自己在教育理念上跟不上时代发展的步伐，课程开发中遇到的最大问题是资源与时间不足，而资源受限在一定程度上又导致了教师对现代信息技术应用的陌生、不适应"互联网+"时代的要求。

三　教学评价的功利导向，不利于教师课程领导力的发挥

在"唯分数、唯升学"的教学评价导向下，很多学校、家长和教师的注意力集中在"主科"上，致力于提高学生考试科目的成绩，而无暇研究考试之外的"副科"以及学生的真正发展需求，这导致多数教师难以把自己作为教育主体深度参与学校课程建设当中。针对课程实施压力的调研数据也显示，67.7%的教师认为，课程教学实施方面遇到的最大问题是学生的考试压力大，无法摆脱考试成绩的指挥棒作用，这就限制了很多教学内容的扩展、教学策略的应用以及学科融合教育的尝试等，从根本上不利于教师课程领导力的作用发挥。

四　学校文化认同不足，人际关系疏离

课程是文化的载体，从深层意义上说，课程改革就是文化的变革。[①]

① 肖正德：《课程改革中的文化冲突与整合》，《教育研究》2008年第4期。

学校文化是学校组织内在的价值、信念和标准，它在实质上构成了教师课程领导力的底色和背景。教师在习俗、道德、舆论等各种社会文化因素和教育管理部门、学校等各种组织的影响下，逐渐遵守规范、汲取知识、形成能力，慢慢形成一套习以为常的思维定势和行动模式。

学校课程建设的首要任务是，在学校内部形成一种支持教师课程领导的文化，使教师成为课程领导者的可接受性与合法性得到认同；同时，人际关系作为教师课程领导力的重要影响因素，也会制约着学校课程变革的进程。调查数据显示，仍有40%左右的教师不认可自己专注工作能够获得晋升机会，超过50%的教师认为校长大都忙于专业之外的工作、专注课程教学的时间和精力较少。调查也发现，超过35%的教师都有与搭班教师争夺教学时间的情况，此类竞争会影响到教师之间的相互信任和合作互助，甚至削减教师的领导能力。除此之外，部分教师领导者由于在权力与资源配置方面享受优待或倾斜，容易遭到其他教师的抵触与不配合，甚至引起不满而对课程领导力的实践形成各种阻力。

当然，除了上面的4个主要问题之外，我们也发现，课程改革指令的下达、新教材新课标的颁布、教师职前职后培训的加强，并没有从根本上提高教师的课程能力和专业素养，反而使中国的课程改革实践渐趋错综复杂，超前的课程理念和过急的功利追求也使国家课程方案的有效落实大打折扣。总之，当前的教师课程领导力实践存在不容小觑的一系列问题，迫切需要加强认识并认真对待。

第二节　从影响因素看教师课程领导力的作用机制

一　从教师课程领导力的影响因素看问题

在上面的调查分析中，我们罗列了教师课程领导力实践中存在的一些表象问题，而这些问题受到哪些因素的影响，究竟是如何产生的呢？

“教师课程意识淡薄，专业技能不足”，固然是受到教师个人内在因素的影响，说明了教师的课程意识、课程理解和课程参与是提升教师课程领导力的重要发力点，但也间接说明了，教育行政部门、学校等外部因素可以发挥更好的促进作用，在教师专业发展的系统性建设上持续着力。

“教师教育理念陈旧”，表面上看是由教师的个人因素形成的，细究就会发现，科层制的管理体制等外部环境因素才是深层因素，导致部分教师不敢创造性地发挥课程领导力作用。这也间接说明，教育行政部门、学校等外部因素需要为教师提供优质丰富的教学资源，通过培训、研讨等方式提供专家指导以促进教师的反思性实践，创新体制机制以便为教师专业发展提供保障。

“教学评价的功利导向”属于影响教师课程领导力的外部因素，尤其是近些年来一些家长的问责做法更是导致教师群体墨守成规、不敢“越雷池一步”，这正如叶澜所言的，“传统的课程教学由于其超常的稳定性和可操作性，使得其深入实践主根之深、形式硬壳之坚、传习的可接受性之强甚为罕见”。①

“学校文化认同不足”属于外部环境因素，需要学校转变思维以充分赋权给教师，建设支持教师课程领导的文化；“人际关系疏离”则属于内外互动角度的人际因素，需要具备课程领导力的教师转变思维加以认识，毕竟教师之间的竞争与合作是课程变革中难以避免的常态，需要学会调适自己的心态，抓住相互合作的机会。

二　以系统思维来认识教师课程领导力的作用机制

马克思主义认为，社会存在决定社会意识，社会意识反作用于社会存在，这其实也可以用来分析教师课程领导力的内外部影响因素与作用机制。

从教师课程领导力的影响因素出发，必须将教师在课程变革前所处的专业技能、组织情境、教学模式等个人、人际和环境因素作为课程变革的起点来部署和考虑。如果要探讨教师课程领导力的作用机制，那么，

① 叶澜：《让课堂焕发出生命活力——论中小学教学改革的深化》，《教育研究》1997 年第 9 期。

必然要将教师课程领导力看作一个系统，以便寻求教师在课程领导实践中的关键因素，并且选择性地提炼和抽象出其中主导的因果关系，进而揭示教师课程领导力为什么发生以及如何发生的过程“黑箱”。①

从教师课程领导力的理论视角出发，无论是教师课程领导力的内在机制还是专业影响力，都必须紧紧围绕课程变革的 4 个关键要素持续改进，即为什么（愿景）、做什么（课程问题）、谁来做（共同体）、怎么做（引领方式）。②

从教师课程领导力的内在机制出发，无论是教师的课程发展能力、专业引领能力还是自我发展能力，都离不开教师的课程参与，它既是教师课程领导力发展的初始条件也是终结条件，自始至终教师都在课程领导实践中“摸着石头过河”。这意味着，教师通过课程参与将一切课程转化为校本课程，其间孕育着教师的课程意识与课程认同，将课程开发变成自己或团队的行动研究，从而让自己逐渐成长为课程领导者。

总之，教师课程领导力的作用机制，并不是一个简答题，而是一个复杂的论述题。它既涉及我们所处的历史大方位，也受制于学校和教师的鲜活个体，它是时代大叙事和个人小叙事之间的同音共律。

三　教师课程领导力的内在机制

教师是推动学校课程改革的主体。有学者从文化—个人视角提出，教师对课程改革的适应性应该包括 4 个关键因素：思想上的认同、能力上的胜任、情感上的关注和文化上的融入。③ 还有一些学者认为，推动学校课程改革内源发展的作用机制在于教师的课程认同、课程参与和课程意识。④ 结合相关学者的观点以及课程改革的实践，我们倾向于认为，

---

① Hedstrom, P., Petri, Y., “Causal Mechanisms in the Social Sciences”, *Annual Review of Sociology*, No. 36, 2010, pp. 49 – 67.

② 王淑芬：《教师课程领导力研究框架探析》，《社会科学战线》2020 年第 11 期。

③ 靳玉乐、于泽元：《文化—个人视角下教师对新课程改革的适应性探讨》，《西南大学学报》（社会科学报）2009 年第 2 期。

④ 王牧华、全晓洁：《论教师促进学校课程改革内源发展的机制与策略》，《课程·教材·教法》2015 年第 7 期。

教师课程领导力形成的内在机制在于课程参与、课程意识和课程认同，三者相辅相成，互为基础、互相作用。

课程参与是教师课程领导力产生的基础。教师在参与课程实践的过程中逐步掌握课程权力，批判性地选择与解读教材，进行校本课程开发，创造性地实施教学，逐步更新教育观念，发现课程问题，形成科研意识和创新能力。[①] 教师参与课程建设，实际上就是逐渐参与共同体活动、成为共同体成员的过程。在此过程中，新手教师通过参与具体的课程活动将体验具体化为实物形式，其角色逐渐发生积极的变化，从课程执行者变为课程的研究者、设计者和评价者，从而加深对课程的理解和认同。

课程意识是教师课程领导力产生的前提。课程意识是教师对教育活动体系中课程系统的一种认识，它不仅是连接课程理念与课程领导行为的纽带，而且是教师从事课程领导的思想动力源泉，在教师整个课程领导活动中发挥着重要作用。教师在课程参与过程中，可以根据课程理念和学生的需要、特点以及学校实际，对课程目标、课程内容、课程实施与评价进行决策与执行，使自己的课程观念和课程能力得到进一步提升。

课程认同是教师课程领导力产生的保障。教师专业发展的基本任务是更新学科知识，增强教学技能，提升教育理论水平。但要唤醒教师的课程意识，必须增进教师对自己以往专业实践的理解，增强教师对参与课程改革所必须具备的程序性知识或条件性知识的掌握，以及提高教师对参与课程改革的代价和回报的获得感。只有教师的利益期望得到满足、专业知能得到提升，才会对课程改革持认同态度。

通过以上的分析，我们可以看出，教师课程领导力受到个人因素、人际因素、环境因素 3 个方面的影响，作用机制也较为复杂。

第三节　赋权增能视角下教师课程领导力的提升策略

三级课程管理制度的确立，标志着中国基础教育课程权力从集中统

① 沈建民：《教师课程创生“三状态”的哲学思考》，《教育发展研究》2014 年第 2 期。

一转向权力分享，也意味着学校在课程运作的各个环节要切实将教师摆进去，使教师真正参与课程运作的全过程，为教师赋权增能。或者说，教师课程领导力受到教师个人素养、组织环境等内外部多种因素的复杂影响，可以借鉴赋权增能的理论来加以理解教师课程领导力发展的作用机制，并在这一视角下思考提升策略，以破解当前中国教师课程领导力发展面临的困境。

一　充分赋权增能，强化教师的课程意识和课程参与

教师作为课程的具体执行者，在课程实施中起着关键作用，如果要进一步深化课程改革，就要注重从教师层面寻求智慧资源，对教师赋权增能，进一步扩大教师的专业自主权，发挥教师在课程改革中的主体作用。有学者提出，真正意义上的赋权增能，既不是“有权无能”，也不是“有能无权”，权和能两者缺一不可，“外在赋权”与“内在增能”相互统一才是有效的赋权增能。[①] 也有学者指出，具有赋权感的教师能有效处理其情绪、技能、知识和资源，从而胜任教学工作，并获得自我满足感和加强自尊。[②]

教师课程领导力发展的前提是，唤醒其课程意识。[③] 首先，学校必须赋予教师专业自主权和决策参与权，以满足其专业发展的基本心理需求和自我效能感。毕竟位置决定视角，一个人处于不同的社会位置，不仅会对同样的事物、事件或概念有着不同的看法，甚至会谈论不同的事物、事件，使用不同的概念。[④] 得到赋权的教师，内在动力才会得到激发，潜能才会得到发挥，会为了实现愿景而贡献自己的心力。

其次，学校要为教师创造更多的机会参与课程改革实践，帮助教师减少参与课程变革的“不适应”和“无助感”。社会行动理论认为，教

① 赵垣可：《教师课程领导力的实践困境及生成策略》，《江苏教育》2017 年第 22 期。

② 操太圣、卢乃桂：《教师赋权增能：内涵、意义与策略》，《课程·教材·教法》2006 年第 10 期。

③ 穆湘兰：《赋权·增能·共享：地方高校教师教育者课程领导力发展的策略》，《教育观察》2021 年第 33 期。

④ 王淑芬：《走向卓越的学校课程领导的成功归因》，《教学与管理》2017 年第 6 期。

师是不是领导取决于其是否积极行动，“教师领导力与其说是一种领导权，不如说是一种行动权”。[①] 也就是说，教师的专业知能只有在专业实践与专业参与的过程中才能得到涵养，专业实践主要指参与学校课程决策、设计课程方案、开发课程资源、改进课程教学等专业社群活动。更为重要的是，教师专业参与的过程，也是知识分享的过程，这个过程有利于形成共享的氛围和机制，有利于产生更多的教师课程领导者。

二　转变教育理念，建立健全教师专业成长的长效机制

教师教育理念的转变是一个复杂多维的过程。迈克尔·富兰认为，教师改变包含 3 个维度，即课程材料、教学实践以及教师对改革的信念与理解，其中，教师信念、理解和思维方面的改变最难出现，所需时间也最长。只有当这 3 个维度都发生变化时，教师才会出现真正的改变。[②] 从教师专业发展的角度来看，要消解教师课程实施中的困境，必须从教师的日常专业实践入手，为教师专业发展提供相应的增能支持。

第一，校长给予足够支持。校长是学校课程改革的第一责任人，在领导学校课程改革中提出的主张、规划与举措，决定着学校教育的高度和样式。高支持型的校长一方面要与教师进行反复沟通，向其表达成熟的教育理念和改革方略，以此赢得教师的信任和支持；另一方面要通过自身的专业权威和领导地位，为教师提供认知、时间和资源的支持，引领教师聚焦主导性问题集中攻关，通过问题解决来推动学校课程改革，提高教师课程领导力。

第二，建立持续的“专业对话”机制。学校要借助外部专家学者的力量，建立研究者与实践者之间的协作关系，开展持续的“专业对话”，为教师自主发展提供知识与技能的有力支撑。特别是对新任教师来说，专家学者的介入不仅能帮助其将一些经验的知识概念化，形成指导实践的理论，而且能使教师在教学中逐渐掌握课程开发的技术。

---

① 郭凯：《教师领导力：理解与启示》，《课程·教材·教法》2011 年第 6 期。

② 转引自尹弘飚、李子建《论课程改革中的教师改变》，《教育研究》2007 年第 3 期。

第三，促进反思性实践。反思性实践是一种思考经验问题的方式，它把关注教师学习和行为变化的思想和行动整合起来，使教师在专业实践中不断了解自我、了解他人，并在工作中与他人建立起一种相互信任、相互关怀、相互学习的互助式合作关系。[①] 面对未来复杂多变的国内国际环境，反思性实践不但是一个促进教师专业发展的过程，而且是一种促进教师自我变化的有效工具。

三　改革教师评价体系，营造良好的外部环境

传统的唯分数论评价制度体系，忽视了学生作为主体、作为真正意义上的人的价值，难以评价出学生学习的实际效果。教育评价必须做出改变，坚决改变唯分数论。

首先，扭转“唯分数”的单一评价指标。新课程改革倡导多元评价，其目的是让每一位学生体验到成功的快乐，增强学习的兴趣，树立人生的信心，获得前进的动力。借助于多元化的评价手段，教师可以帮助学生增强自信、汲取力量，为学生健康发展提供有益反馈，最终实现学校的教育目标。教育需要评价，而评价需要智慧和能力。教师怎样把课程知识内化为学生的知识、将国家主流意识形态内化为学生的情感态度和价值观，是衡量教师课程领导力的重要指标。

其次，突出教师教书育人的职责。教书强调的是知识和技能的传授；育人注重的是价值引导、心智启迪和精神构建。简言之，教书育人即传授知识和涵养品德。评价优秀教师的内在指标之一是看教师是否具备“深深的学习意识、浓浓的学生意识以及厚厚的学者意识”[②]。从教师本体来讲，教书育人是教师的天职，也是教师的第一要务。

最后，尽量减少不必要的评比。办学有规律，学校有主业，各级党委和政府要尽可能地减少不必要的检查和评比。[③] 学校是办学主体，教

---

① 卢真金：《反思性实践是教师专业发展的重要举措》，《比较教育研究》2001 年第 5 期。

② 胡东芳：《从“教”者走向“学”者——论教师内涵性专业发展路向及其实现》，《教师教育研究》2010 年第 12 期。

③ 王定华：《新时代我国教育改革发展的新方向新要求——学习习近平总书记在全国教育大会上的重要讲话》，《教育研究》2018 年第 10 期。

师是教学的主体，学校运行有其自洽的一套规则体系，各级党委和政府要坚持“放管服”的原则，将属于学校的权力和责任赋权下放给学校。

四　改革组织管理体制机制，创建支持型的学校文化

在一定程度上说，如果学校内部尚未形成教师领导的文化，则教师成为课程领导者的可接受性与合法性将受到挑战，同时也难以得到教师们的内心认可。阿斯普兰·I. 迈克弗沙等人提出学校课程领导主要受学校课程框架、学校文化、学校组织结构这 3 个方面的影响，而影响教师参与课程领导的个人因素包括教师对课程新观念的接受程度、对持续发展课程的承诺、对自己信念的确认以及对参与课程领导的信心等等。[①] 因此，要想促进教师课程领导力的提升，必须改革组织管理体制机制，创建支持型的校园文化，引导教师积极参与学校课程变革。

首先，努力确立共同的课程愿景，以促进教师的认知、情感和价值的统一。学校课程愿景一旦形成，就具有“共生性”和“固着性”，它会把所有教师凝聚起来，朝着共同的目标努力，使习惯于“单打独斗”的教师个体转变为拥有共同价值观的合作共同体。

其次，构建参与式的组织管理体制。教师是课程变革的执行者和实施者，在学校课程发展中起着重要作用。必须改变学校集权化的行政管理模式，实现组织管理扁平化，增加组织成员之间的交流对话，使每一位教师不仅能够在某一特定领域有机会进行创新和发展，而且还能够积极参与学校课程改革。

最后，营造相互信任的学校文化氛围。教师课程领导力发展的前提是，营造一种自由安全、相互信任的学校文化。一般来讲，作为中层的学科负责人、教研组长、年级主任的课程领导力不仅仅来源于行政权力，更多来源于他们的专业权威；毕竟他们肩负着对学科建设团队的专业指导和培训，承担着跨越层级的合作项目攻关或课题研究，当他们合理公

---

① Macpherson, I. Aspland, T. Elliott, B. Proudford, C., “Theorising Positioning Curriculum Leadership for Effective Learning and Teaching”, *Curriculum and Teaching*, Vol. 11, No. 1, 1996, pp. 23 - 34.

正地运用权力推进工作时，会促进彼此之间的信任和支持。当相互信任的文化氛围在校长、中层和教师之间逐步形成时，学校的课程决策就有可能采用自上而下和自下而上相结合的方式制定，教师就有可能与校长、中层共享决策权，充当课程领导的协调人。

第四节　教师课程领导力提升的政策建议

通过调查研究和案例分析，我们从教师课程领导实践中梳理出存在的问题、分析背后的作用机制，并从赋权增能的视角提出针对性的提升策略，包括建立健全教师专业成长的长效机制、改革教师评价体系和学校组织管理体制机制等，而要推行这些策略无一不要结合学校内外的政策。虽然个别教师可以具有独立进行课程领导的可能，但是，学校教师队伍协同共进的课程领导需要通过各种政策实现认知的内化、行为的规范、效果的监测，进而实现学生成长与学校发展的多重目的。从中国中小学的外部治理结构来看，不同层级的政府可以通过约束与激励政策形成学校课程领导行为的不断丰富，而具有本土特色的教研室和教师发展学校也为教师提供了专业化的指导形式；从内部治理结构来看，学校层面赋权增能的全面实现有赖于良好的领导生态，正如案例中所强调的，学校的教师培养机制、共同体培育机制、特色建设模式都可以促成校本化的教师领导行为。

一　完善省—市—县三级政府的专业服务

在政府本位的教育管理体制下，许多重要的教育改革都是由政府自上而下推行的“官方教育方案”，而任何层面上的官方教育改革都需要有顶层设计及官方资源的基本分配，且这种顶层设计及资源分配只能非政府部门莫属，这就难免会使相关政府部门处于强势地位。[①] 因此，提

① 吴康宁：《政府部门超强控制：制约教育改革深入推进的一个要害性问题》，《南京师大学报》（社会科学版）2012 年第 5 期。

升教师课程领导力，需要借助政府层面出台的官方文件和制度设计，并以此来推动和促进学校课程改革落地生根，进而形成良好的教育生态。

政府主要通过制度规则、资源供给、经验推广等方式影响教师队伍的建设。比如，省级政府可以确定全省职前教师的培养工作，省—市—县通过部门协作确定教师招聘数量，不同层级的政府会针对不同范围的在职教师提供学习机会。从政府内设机构的职责来看，省级、市级和县级政府对于教师专业发展具有总体一致、细节差异的影响。如表 7 - 1 所示，以江苏省为例，省教育厅、市教育局、区教育局在教师专业发展方面都承担了一定的职责。

通过比较省、市、县三级教育部门对教师的相关职责，结合前面的一些案例分析可以发现，三级教育行政机构在教师专业发展方面具有如下特点：其一，机构定位具有中国条条块块的管理特点，一方面需要服从所在区域政府的总体规划，另一方面需要响应上级部门的业务指导，正如在乡村振兴的背景下，政府会着重乡村教师的专业发展，而省级、县级教育部门会在上级教育部门的指导下明确路径；其二，省、市、县都会通过内设的人事科具体管理教师的准入资格、资格评审、荣誉授予等工作，省、市会安排针对教师专业发展的机构负责政策制定、教师学习，而受到资源束缚、人员精简的需要，县级教育部门以人事科整体负责教师专业发展；其三，自市县级、市级至省级的教师荣誉具有不同层次的效用，而拥有的荣誉层次越高，教师获得的专业支持也越多、越高级。

表 7 - 1　**省级、市级、县级教育部门在职教师相关职责比较**

	江苏省教育厅	南京市教育局	鼓楼区教育局
机构介绍	省教育厅（省委教育工委）负责贯彻落实中央关于教育工作的方针政策和省委的决策部署，在履行职责过程中坚持和加强党对全省教育工作的集中统一领导。	市教育局（市委教育工委）负责贯彻落实中央关于教育工作的方针政策和省委、市委的决策部署，在履行职责过程中坚持和加强党对全市教育工作的集中统一领导。	区教育局负责贯彻落实中央关于教育工作的方针政策和省委、市委、区委的决策部署，在履行职责过程中坚持和加强党对教育工作的集中统一领导。

续表

	江苏省教育厅	南京市教育局	鼓楼区教育局
教师相关职责	指导全省教师工作，组织、指导实施教师资格制度，组织、指导教育系统专业技术职务评审聘任工作，指导协调教育系统人才队伍建设、人事分配制度改革工作。	指导全市教师队伍建设工作。负责全市教育系统有关人事工作，指导教育人事制度改革。组织实施教师和教育管理人员的继续教育。指导协调教育系统人才队伍建设。	主管全区教师队伍建设工作；负责全区教育系统的有关人事工作；组织实施教师和教育管理人员的继续教育。
内设机构及相关职责	①人事处：统筹指导教育系统评优表彰奖励工作，负责各级各类学校省级及以上优秀教师、优秀教育工作者等表彰奖励和推荐工作，负责高校享受政府特贴专家、国家与省有突出贡献专家的推荐选拔工作；规划指导、组织中小学特级教师的选拔、培养和管理工作。②教师工作处：统筹管理全省教师队伍建设，拟定教师队伍建设规划和政策；指导各级各类学校教师师德师风建设；指导教师专业发展，规划、指导和协调各级各类教师和中等及以下学校校（园）长继续教育和培训工作；指导各级各类学校教师专业技术职务评聘工作，组织中小学（幼儿园）教师正高、中等职业学校教师高级专业技术职务评审工作。	①人事处：研究制定全市教师队伍建设规划；指导学校人事制度改革；受市职称管理部门委托，组织有关教师专业技术资格评审工作；统筹管理和指导教育系统教职工绩效考核、评优表彰和行政惩戒工作。②高等教育与师资培训处：综合管理全市各类学校师资队伍继续教育工作；牵头制定师资培养、培训的有关政策措施；规划、指导、组织实施全市教师培训和学历进修工作。	人事科：负责教师队伍建设和管理工作；负责全区教育系统的机构编制管理、教师招聘、教师调配、绩效考核、评优表彰、工资调整、职称评审、资格认定等工作；负责对外支教工作；参与教师培训和继续教育工作。

结合现实来看，政府教育部门主要通过资源与权威两种模式影响教师的专业发展。首先，县级政府提供了教师专业发展所需的基本资源，义务教育县域统筹、县域义务教育均衡等制度，说明了教师专业发展的物质基础受制于县级政府，而省级政府会为高层次人才、相对贫困地区、乡村提供有针对性的专业发展资源。其次，省级、市级政府通过规划、政策等形式规约教师专业发展的环境，而县级政府承接了政策执行的主要压力。除此之外，随着教育督导的健全，对于学校的各种评估也提升了教师专业发展的重要性。结合案例来看，在第四章中，政府的课程改革政策为J教师的课程理解与课程开发提供了指导，各种培训、进修提

供了J教师实现课程领导力的有益思考，职称评审机制成为了J教师勇于尝试课程改革的外在动力；在第五章中，政府开展的学校督导为薄弱学校提供了压力，促成了学校对于P小学课程变革的推进；在第六章中，国家的课程政策与江苏省锡山高中的学校发展愿景相结合，初步建立了学校选修课程，通过国家政策支持了学校的课程建设，以U-G-S协作的方式引入专家资源帮助学校厘清课程改革思路，并借助外力提升学校教师队伍的整体素质。

然而，教育行政部门虽然对学校、教师的专业发展行为具有较大的影响，却具有地方政府的晋升锦标赛特点，从而挑战教师专业发展的整体效果：其一，相对于省、市、县级教育行政部门能够覆盖更大范围的教师学习、荣誉授予、轮岗交流等，贫困地区由于受到当地物质资源、专业资源的限制，难以充分承担教师专业发展的重任，必然需要更高级别的政府安排支援；其二，省、市教育行政部门能够为教师提供更优质的教师专业发展机会，但是，这仅能覆盖部分学校和教师，一般通过遴选优秀教师组织专业学习或者面向贫困地区提供学习资源。因此，多数教师虽然有接受培训的需求，但是他们缺乏外出参加优质学习的机会。

从覆盖所有教师、具有针对性的专业发展来看，省、市、县三级的教育部门应当进一步完善专业服务，警惕行政化的教师队伍建设思维。其一，县级教育行政部门需要建立或争取专业发展基金，协调高校专家资源为教师提供个性化、高质量的学习资源，内设独立于人事科的机构统筹教师专业发展事宜；其二，市级教育部门不仅要发挥督导、评估教师专业发展情况的职责，还应该确定教师专业发展的基本情况，提供面向整体、促进均衡的教师专业发展规划；其三，省级层面需要提供衡量教师专业发展水平的指标体系，建立线上线下的系统性资源库，为所有教师提供学习资源，并反馈教师学习效果，生成教师的个性化发展方案，实现教师队伍整体的、有差别的专业发展。

二　增进教研室在教师培养方面的公平性

虽然政府对于中小学的引导较为有力，但其主要面向的是教师群体，比如名师名校长、优秀教师、新教师、乡村教师等，或者说政府为教师的专业发展提供整体或特殊类型的支持。而与政府相比，专业组织可以面向不同学科、不同发展阶段的老师提供面对面的指导，满足多样化、个性化、层次化的需求。而为了尽可能有针对性地解决教师发展问题，中国通过教研室、教研员、学校联盟等本土化的机制有力促进了教师课程领导力的发展。

（一）教师专业发展的教研室支持

中华人民共和国成立后，为提升在职教师的学习能力，在原有教育行政部门之外增设教学研究机构的需求逐渐提出，也就是说，中国开始建立服务于职后教师专业发展的机构。1954 年，《关于改进和发展中学教育的指示》提出了中学在职教师学习制度的设想，“加强教师政治、文化与业务学习，对改进教学工作，提高中学教育质量是有决定作用的”，“应根据当地情况，制定本地中学教师在职学习的计划，并建立检查制度”，“关于学习的形式，各地已行之有效的，如教师进修学院、函授学校、教学研究会、定期报告等形式，均应结合当地情况，予以推广”。[①] 1954 年，教育部党组提出建立各级教研室的意见和建议，其后各地教研室逐渐成立，而县级教研室是省、市、县三级教研室中等级最低、成立较晚的机构，同时也是与基层学校联系最密切的。[②] 1955 年，《人民教育》针对各地教学研究机构存在的问题，规划了教研室的主要任务：其一，了解教学状况，检查教学质量；其二，搜集、研究、总结和推广教学经验；其三，围绕和领导教学研究会；其四，根据各省市的具体情况和条件，做一些对改进教学、提高教学质量有益的其他工作。[③]

1990 年，国家教委决定由基教司分管教研室工作，通过《关于改进和加强教学研究室工作的若干意见》，正式建立了当时最详细、权威的

---

① 政务院：《关于改进和发展中学教育的指示》，参见何东昌主编《中华人民共和国重要教育文献：1949 年—1997 年》，海南出版社 1998 年版，第 305—307 页。

② 董绍才：《基础教育教研室制度创新研究——基于山东的案例》，博士学位论文，华东师范大学，2009 年，第 40—42 页。

③ 人民教育：《各省市教育厅局必须加强教学研究工作》，《人民教育》1955 年第 11 期。

教研室制度。这一文件将教研室定位在“地方教育行政部门设置的承担中小学教学研究和学科教学业务管理的事业单位”，其基本职责为：其一，根据中小学教学需要，研究教育思想、教学理论、课程设置、教学内容、教学方法、教学手段和学科教学评价等；其二，根据本地实际，提出执行教学计划、教学大纲和使用教材的意见，为教育行政部门决策提供依据；其三，根据地方教育行政部门的部署，组织编写乡土教材和补充教材；其四，组织多层次多形式的教学研究活动，帮助广大教师执行教学计划，钻研、掌握教学大纲和教材，不断改进教学方法，努力提高课堂教学效益；其五，总结、推广教学经验，组织教材实验，探索教学规律，推动教学改革；其六，指导和帮助教师开展学科课外活动；其七，组织对学科教学的检查和质量评估，研究考试方法的改革。[①] 自此之后，中国建立起自中央至地方、自校外至校内的教研组织管理系统：教育部课程教材研究所→省级教研室→市级教研室→县级教研室→乡（镇）中心教研组（部分地区已取消该层级）→学校教研组。[②]

2001 年，教育部颁布《基础教育课程改革纲要（试行）》，新课程改革的理念必然带来教研室功能的变化。这一文件提出，“在教育行政部门的指导下，各中小学教研机构要把基础教育课程改革作为中心工作，充分发挥教学研究、指导和服务等作用，并与基础教育课程研究中心建立联系，发挥各自优势，共同推进基础教育课程改革”。[③] 2005 年，教育部基础教育司制定《关于进一步加强和改进基础教育教学研究工作的指导意见（讨论稿）》规划了教研室制度的 4 个层次的目标：其一，为教育行政部门的决策服务，“以新课程改革为导向，改进教学研究的工作方式，提高教学研究的针对性和时效性”；其二，为学校的新课程改革服务，“帮助学校建立与新课程相适应的常规教学管理制度，对中小学执行国家课程方案实行监管和评估”，“认真研究和总结课程改革中的经

① 《国家教委关于改进和加强教学研究室工作的若干意见》，参见何东昌主编《中华人民共和国重要教育文献：1949 年—1997 年》，海南出版社 1998 年版，第 2984—2985 页。

② 董绍才：《基础教育教研室制度创新研究——基于山东的案例》，博士学位论文，华东师范大学，2009 年，第 49 页。

③ 教育部：《基础教育课程改革纲要（试行）》，《学科教育》2001 年第 7 期。

验和问题，积极推广优秀的教学改革成果”；其三，为教师的专业发展服务，“推进以校为本教研制度的建设，促进教师的专业化成长”；其四，教研室自身发展的目标，“各级教学研究机构要坚持科学发展观，以专业发展和专业服务为出发点，加快教学研究制度改革，形成开放、灵活的教学研究机制”。①

在新课程改革推进的初期，教育行政机构对教研室提出新的目标：其一，教研员能站在研究的前沿，把握工作的科学性与客观性；其二，要形成开放的教研员流动机制，让教研室充满活力；其三，要建立专兼结合的教研队伍，让广大教师及时得到优质服务；其四，要增强教研室的团队力量，加强与高校和其他科研机构的合作；其五，要提高管理与规划的能力，让工作更有成就和价值。②

2019 年，在深化课程改革的背景下，教育部提出“地方各级教育行政部门要进一步明确教研机构的工作职责，充分发挥教研机构在推进区域课程教学改革、教学诊断与改进、课程教学资源建设、培育推广优秀教学成果等方面的重要作用”，“省级教研机构要加强对教研工作的统筹指导，市、县级教研机构要重心下移，深入学校、课堂、教师、学生之中，紧密联系教育教学一线实际开展研究，指导学校和教师加强校本教研，改进教育教学工作，形成在课程目标引领下的备、教、学、评一体化的教学格局”。③

综上所述，基层教研室从提升教学质量逐步扩展出推动课程改革、课堂教学改革、学校变革等系统性功能。当前，教研室是教师专业发展最重要的校外助力，具体的功能变化如表 7 - 2 所示。在中国 20 世纪 80 年代末出版的《教育辞典》中，教研员被定义为“省、市、县教研室的教学研究人员，一般是选择教学水平较高的教师充任”，“教研员的主要任务是研究本地区中、小学教学上的有关问题，搜集、总结、推广教师

① 董绍才：《基础教育教研室制度创新研究——基于山东的案例》，博士学位论文，华东师范大学，2009 年，第 54 页。

② 赵才欣：《教师的期待与教研员的责任》，《人民教育》2008 年第 10 期。

③ 教育部：《关于加强和改进新时代基础教育教研工作的意见》，2022 年 4 月，（http://www.moe.gov.cn/srcsite/A06/s3321/201911/t20191128_409950.html）。

的教学经验，经常了解学校教学情况，发现问题，及时进行指导、辅导”，“他们是教育行政部门直接领导下的从事教学研究的专业人员，不属于教育行政人员编制，不应把他们调离教研室当作行政人员使用”。[①]结合教研室的相关政策和人员职责，可以建立起其独特的教育地位，比如：其一，平衡政府指导与学校发展之间的关系；其二，兼顾教育改革与学校特色的关系；其三，寻求课程变革与教学过程的理念一致；其四，推动科研对于教学创新的支撑作用；其五，实现局部课程改革对整体教育改革的经验推广；其六，建立改革目标与教学成果之间的关系。

表 7－2　　教研室功能的历史变迁

年代	主要功能
1955—1989 年	① 了解教学情况，检查教学质量； ② 搜集、研究、总结和推广教学经验； ③ 围绕和领导教学研究会； ④ 对改进教学、提高教学质量有益的其他工作。
1990—2000 年	① 根据中小学教学需要开展研究； ② 为教育行政部门提供教学方面的意见； ③ 根据地方教育行政部门的部署，组织编写乡土教材和补充教材； ④ 组织教学研究活动以帮助教师实施教学； ⑤ 总结、推广教学经验，推动教学改革； ⑥ 指导和帮助教师开展学科课外活动； ⑦ 组织对学科教学的检查和质量评估。
2001 年至今	① 为教育行政部门的决策服务，践行课程改革理念，改进教研工作方式； ② 为学校的新课程改革服务，完善教学管理制度，监督与评估学校教学行为，推广改革成果； ③ 为教师专业发展服务，推进校本教研； ④ 实现自身的专业组织建设。

（二）基于教研室的教师课程领导力建设

从现实经验来看，教研室可以通过研讨、观摩、同课异构等方式为教师提供具有针对性的帮助，对于教师提升教学能力、课标解读能力、

① 张焕庭：《教育辞典》，江苏教育出版社 1989 年版，第 751 页。

课程实施能力等具有很大帮助。从案例的角度来看，在第四章中，J教师通过与教研员交流，获得了综合性学习方面的理念认可，进而坚定了自身课程开发的信念；在第五章中，P小学在教师教学能力、课程开发等方面都会获得教研员的关注与支持；在第六章中，江苏省锡山高中不仅实现了校外与校内教研活动的丰富与统整，还为教研室提供了能力卓越的教研员，实现教师专业发展与教研室建设的互构。从功能上看，教研室对于教师课程领导力有如下帮助：其一，帮助教师理解教什么、如何教、教得如何等有关课程实施质量的问题，比如教师与教研员最直接的对话便是通过听课、评课实现的；其二，引导教师深化课程实施的科学理念，比如把关校本课程建设、教材编写；其三，促成教师的专业反思，在教研过程中深化对教学、课程的理解。

作为本土化的专业组织，教研室虽然对教师队伍的专业化发挥了重要作用，但在当前现实境遇下也面临一定的内外部挑战，限制了其功能的实现，进而影响其在教师专业发展方面的效用发挥。比如，在外部环境方面，存在上下级职能划分模糊不清、与各平行机构职能交叉、受同级教育行政部门的左右与限制；在内部环境方面，存在职责繁多、偏重学科化的问题。[①] 具体到教师领导力的建设，教研室功能需要进一步完善：其一，在教师教学方面，教研员数量有限，难以为所有教师提供个性化的专业指导，尤其是偏远农村的教师获得的指导相对较少，听评课、同课异构、教研活动的开展受到一定的时空限制；其二，在课程建设方面，教研员因为具有一定的学科背景，有助于学科教学的指导，但在选修课程开发、综合性实践开展方面并没有绝对的专业权威，还需要关注经验推广的功能；其三，在教研方面，教研员虽然以实践见长，但是在培养研究型教师的当下，研究员的理论权威未必充分。

因此，教师课程领导力的建设，亟须教研室发挥助推教育公平的功能：其一，在教学方面，需要拓展教研员教学指导的时空，通过线上线

① 郭增才：《县级教研室职能定位研究》，硕士学位论文，山东师范大学，2003年，第10—12页。

下交流方式提升乡村地区、薄弱学校教师的教学能力；其二，教研室在课程开发方面需要更多地梳理与推广已有经验，推动学校联盟的课程经验共享，丰富教师课程领导力的实现模式；其三，教研室不仅是教师教研能力的来源、也是工具，在自身理论思考的基础上，可以为中小学与高校搭建教研平台，深化教师对于课程领导力的理解。

三　完善学校层面教师课程领导力的生态系统

2002 年，教育部通过《关于积极推进中小学评价与考试制度改革的通知》，在有关学校教育质量评价体系的内容中提出教学研究制度的建设："学校应建立以校为本、自下而上的教学研究制度，鼓励教师参与教学改革，从改革实践中提出教研课题；学校应有归纳课题、组织进行教学研究的能力，有促进教师专业发展的规划与措施。"[①] 由此，中国明确了基于校本的教学研究制度，从依赖于教研室的自上而下的教学研究制度转向自下而上的新型发展趋势。自下而上的课程改革和教学研究制度都将学校作为教师专业成长的主阵地，结合案例来看，学校提供了教师课程领导的生态与基础。

（一）个体专业发展角度的课程领导力生成

从基于江苏省的一项调研来看，教师普遍认为，课程变革的核心目的不是提高学生的成绩，而是激发学生的自主性，增强学生在思维、表达、探究等方面的综合能力，这说明教师的课程愿景与当前教育改革的目标具有一致性。因此，从教师个体专业发展的角度来看，教师课程领导力的生成离不开其积极主动地参与学校课程改革。

首先，教师在解决课程问题的过程中生发了课程领导力。从第四、五、六章的案例分析来看，J 教师的主要问题是如何根据课程改革的理念和课程标准的要求，立足学情、校情，校本化实施国家课程。P 学校则是在谋求学校改进的过程中尝试建立具有特色的校本课程，锡山高中

① 教育部：《关于积极推进中小学评价与考试制度改革的通知》，2022 年 4 月，(http://www.moe.gov.cn/srcsite/A26/s7054/200212/t20021227_166074.html)。

则是按照国家课程方案全方位多角度探索符合新课程理念的学校一级的课程体系。

其次，教师在民主开放的合作过程中增强了课程领导力。J 教师在刚具有综合性课程意识的时候，没有其他教师与学校领导的支持，但是通过自身的努力，坚持不懈地进行课改实验，最终获得学校、社会和家长的认同；P 学校则是通过教师之间、师生之间的交流，自主探索一条适应政府和教研部门课改要求的学校特色发展之路，构建了富有特色的学校课程体系；锡山高中与多数学校不同的地方就在于，借助高校专家夯实理论基础，通过调研教师、学生、家长收集教育愿景，综合考虑学生发展需求，将国家课程方案创造性地转化为学校课程方案，将教师、学校、学生的目标愿景有机统一起来，从而实现分层分布式课程领导。

最后，教师可以借助共同体、引导共同体实现自身课程领导能力的提升与辐射。锡山高中在持续课程改革的过程中，形成了完整的教师梯队，并且十分重视对新入职教师的引导，进而达成教师共同体对学校课程愿景的共识；J 教师不仅开发了综合性学习课程，还通过经验推广、线上研讨创设了校内校外的教师学习共同体。

（二）学科共同体角度的课程领导力共育

从案例经验来看，无论教师个体还是学校整体都需要学科共同体内部的课程领导力共育。对于教师个体来说，学科是自己课程领导力的探索之基，而共同体则是持续探索的重要支撑；对学校而言，学科是课程改革的原点，而共同体则是建立课程制度的基点。首先，教师个体的课程领导力包含对于他人的课程影响。J 教师与锡山高中的优秀教师，都是以自身积淀的学科素养尝试进行课程开发，并且以共同体的形式不断厘清新课程的理念与实施方式。其次，学校的课程领导力建设必然经历从优势学科扩展到所有学科的过程。P 学校和锡山高中在校本课程建设初期都从个别优势学科出发，逐步扩大优秀教师对于其他教师的影响力，而某些学科的课程优势一旦建立，其他学科也将受到鼓舞并进行内部动员、坚定信念。

（三）学校品牌角度的课程领导力创生

从没有品牌阶段迈向形成品牌阶段，学校并不能一蹴而就，会面临缺乏对品牌理念、行为和形象 3 个方面设计的问题，而学校如果可以形成特色品牌校本课程，并产生区域影响力，便能够将校本课程特色上升为整个学校或某些项目、品牌定位的出发点。[①] J 教师、P 学校和锡山高中的案例都说明，教师课程领导力奠定了学校品牌建设的基础，通过课程确立独树一帜的育人理念、形成特色的课程体系、具有知名的教师团队。

首先，教师课程领导行为富含教师、学校的育人理念。J 教师尊重儿童天性，为“综合性学习”赋予“陪孩子玩”的精神内核，恰恰验证了独树一帜的育人理念能够取得更好的课程建设效果；P 学校以创新拓展课程理解，建立独有的育人目标；锡山高中在深厚的历史传承中不断优化学校育人目标，持续完善课程愿景与学校一级课程体系。

其次，教师课程领导力推动了学校课程体系的丰富与完善。J 教师以“综合性学习”为联结点，盘活语文课程和综合实践活动课程的学习内容和方式，整合并丰富了学生的学习实验，产生了课程的品牌效应；P 小学依靠教师队伍整体的课程领导行为不断形成基础课程、拓展课程、品牌课程的完整体系，建立持续增加课程模块的经验；锡山高中则结合国家政策、学校发展特点持续完善课程体系，并以多项国家级教学成果奖反映了学校课程改革成果的巨大影响。

最后，教师课程领导力以教师队伍彰显了学校品牌。J 教师以自身的课程领导力，以“综合性学习”增添了学校的课程荣誉，呈现了教师专业发展与学校特色发展相互促进的良好生态；P 学校从薄弱学校建设成为特色化学校，既反映了教师队伍课程领导能力的整体提升，也反映了教师队伍的整体实力，可以为学校课程发展转化更多的育人成果；锡山高中在课程建设的过程中孕育了各个学科的知名教师，一方面保障了所有学科的高质量发展，另一方面也向外部呈现了完善的课程体系与有

① 王淑娟：《学校品牌塑造视域中的校本课程改进》，《教学与管理》2010 年第 28 期。

序的教师发展梯队。如果说J教师凭借课程领导力将个人荣誉与学校发展结合在一起，P学校逐渐出现了追求创新的教师队伍，那么，锡山高中则实现了学校、课程与教师发展同频共振、同向同行，不仅成为在全国享有盛誉的名校，而且为江苏各地输送了大量优秀教师，其中不乏一些优秀校长，可以说，锡山高中高素质教师队伍保障了学校持续的高质量发展，成为学校走向卓越的不竭源泉。

结　语

20多年前，广泛的社会大讨论引发了一场轰轰烈烈的基础教育课程改革，这轮改革无论在深度还是在广度上都达到了前所未有的高度，取得了举世瞩目的成绩。这其中，教师在推动课程改革的过程中起着关键作用，教师的专业发展得到前所未有的重视，教师课程领导力对于课程变革发挥着极为重要的作用。

20多年后的今天，我们正处在一个新的历史起点上，无论是开启中国式现代化建设新征程、还是应对百年未有之大变局，基础教育课程改革都面临着许多过去从来没有遇到过的新挑战。而要正确处理和应对这些挑战，也就亟须开启新一轮的包括政府官员、专家学者、教研员、校长、一线教师、学生和家长等各界共同参与的课程改革大讨论，以适应“互联网+教育”和“双减”政策环境给教师课程领导力带来的新要求。比如，教师作为课程改革的主体，如何充分发挥课程领导力作用、有效控制学生无效学习的时间？如何最大限度地满足学生的兴趣、爱好和特长？如何协调动员学校和社会资源，以开展跨学科学习与项目学习？如何对教研员进行全新定位，以发挥教研员在课程标准和课程实施之间的桥梁与纽带作用？如何从区域层面整体推进新一轮课程改革？如何加强学校与家长和社会的有效沟通，引导全社会理解和支持学校的课程改革？这些问题，需要社会各方共同参与、共同破解。

主要参考文献

著作

陈寒：《教育学教程》，北京师范大学出版社 2011 年版。

陈永明：《教育领导学》，北京大学出版社 2010 年版。

蔡清田：《课程领导与学校本位课程发展》，五南图书出版股份有限公司 2005 年版。

丛立新：《课程论问题》，教育科学出版社 2000 年版。

崔允漷：《校本课程开发：理论与实践》，教育科学出版社 2000 年版。

崔允漷、唐江澎主编：《有效，无限的探寻》，华东师范大学出版社 2004 年版。

黄显华、朱嘉颖：《课程领导与校本课程发展》，教育科学出版社 2005 年版。

黄旭钧：《课程领导：理论与实务》，心理出版社 2003 年版。

靳玉乐：《课程论》，人民教育出版社 2015 年版。

康永久：《教育制度的生成与变革：新制度教育学论纲》，教育科学出版社 2003 年版。

卢乃桂、操太圣：《中国教师的专业发展与变迁》，教育科学出版社 2009 年版。

陆志平：《语文课程新探：语文新课程研究》，东北师范大学出版社 2012 年版。

上海市教育委员会教学研究室主编：《基于问题解决：提升课程领导力的行动》，华东师范大学出版社 2014 年版。

王本陆：《课程与教学论》，高等教育出版社 2009 年版。
王淑芬：《学校课程领导发展的个案研究：以江苏省锡山高级中学为例》，教育科学出版社 2017 年版。
万伟：《课程的力量——学校课程规划、设计与实施》，华东师范大学出版社 2017 年版。
夏雪梅：《项目化学习设计：学习素养视角下的国际与本土实践》，教育科学出版社 2018 年版。
徐继存、张广君主编：《当代课程论文选》，山东教育出版社 2013 年版。
杨九诠主编：《学生发展核心素养三十人谈》，华东师范大学出版社 2017 年版。
杨现民：《中国基础教育大数据 2016—2017：走向数据驱动的精准教学》，科学出版社 2018 年版。
于泽元：《课程变革与学校课程领导》，重庆大学出版社 2006 年版。
余进利：《课程领导研究》，上海教育出版社 2009 年版。
张凌燕：《设计思维——右脑时代必备创新思考力》，人民邮电出版社 2015 年版。
张焕庭：《教育辞典》，江苏教育出版社 1989 年版。
郑燕祥：《教育领导与改革新范式》，上海教育出版社 2005 年版。
钟启泉：《课程论》，教育科学出版社 2007 年版。
［巴西］保罗·弗莱雷：《被压迫者教育学》，顾建新等译，华东师范大学出版社 2001 年版。
［德］柯武刚、史漫飞：《制度经济学：社会秩序与公共政策》，韩朝华译，商务印书馆 2000 年版。
［加］迈克尔·富兰：《教育变革新意义》，赵中建、陈霞、李敏译，教育科学出版社 2005 年版。
［捷］扬·阿姆斯·夸美纽斯：《大教学论》，傅任敢译，教育科学出版社 1999 年版。
［美］艾伦·A. 格拉索恩：《校长的课程领导》，单文经等译，华东师范大学出版社 2003 年版。
［美］艾伦·C. 奥恩斯坦、费朗西斯·P. 汉金斯：《课程：基础、原理

和问题》，柯森译，江苏教育出版社 2002 年版。

［美］道格拉斯·C. 诺思：《制度、制度变迁与经济绩效》，杭行译，格致出版社、上海三联书店、上海人民出版社 2014 年版。

［美］加里·尤克尔：《组织领导学》，陶文昭译，中国人民大学出版社 2004 年版。

［美］杰克·奈特：《制度与社会冲突》，周伟林译，上海人民出版社 2009 年版。

［美］利奥·H. 布拉德利：《课程领导：超越统一的课程标准》，吕立杰等译，中国轻工业出版社 2007 年版。

［美］罗伯特·G. 欧文斯：《教育组织行为学》，窦卫霖等译，华东师范大学出版社 2001 年版。

［美］玛丽·K. 里琪：《可见的学习与思维教学》，林文静译，中国青年出版社 2017 年版。

［美］乔斯琳·R. 戴维斯：《论领导力》，侯贝贝译，电子工业出版社 2018 年版。

［美］托马斯·库恩：《科学革命的结构（第四版）》，胡新和译，北京大学出版社 2012 年版。

［美］托马斯·萨乔万尼：《道德领导：抵及学校改善的核心》，冯大鸣译，上海教育出版社 2002 年版。

［美］小威廉姆·E. 多尔：《后现代课程观》，王红宇译，教育科学出版社 2000 年版。

［日］中岛直忠：《教育行政学的课题》，东京教育开发研究所 1992 年版。

［英］阿尔玛·哈里斯、丹尼尔·缪伊斯：《教师领导力与学校发展》，许联、吴合文译，北京师范大学出版社 2007 年版。

Brubaker，D. L.，*Creative Curriculum Leadership*，Thousand Oaks，California：Corwin Press，1994.

J. M. Burns，*Leadership*，NewYork：Harper & Row，1978.

R. C. Doll，*Curriculum Improvement*：*Decision Making and Process*，Boston：Allyn and Bacon，1996.

Glatthorn, Allan A., *Curriculum Leadership*, Glenview, Illinois: Scott, Foresman and Company, 1987.

Glatthorn. A. A., *The Principal as Curriculum Leader: Shaping What is Taught & Tested*, California: Corwin Press, 2000.

A. Harris, *Distributed Leadership: Different Perspectives*, Milton: Springer, 2009.

Henderson, J. G. & Hawthorne, R. D., *Transformative Curriculum Leadership* (2th ed.), New Jersey: Prentice-Hall, Inc., 2000.

Pellicer, L. O., Anderson, L. W., *A Handbook for Teacher Leaders*, California: Corwin Press, 1995.

附件一

教师课程领导力调查问卷

尊敬的老师：

您好！

这是一份关于教师课程领导实践的调查问卷，我们想了解在新课改的背景下，您是如何运用课程资源和关注学生真实做法和想法的。下面每一道题，请您根据自己的实际情况在括号内填写合适的选项。

您的建议对教师课程领导力的改进和提升十分重要！请您认真作答，行使自己神圣的权利，谢谢您的支持和配合！

【背景信息】

1. 您的性别（　）

A. 男　　B. 女

2. 您的年龄（　）

A. 30 岁以下　　B. 31—40 岁

C. 41—50 岁　　D. 51 岁以上

3. 您的教龄（　）

A. 5 年以下　　B. 5—10 年　　C. 11—15 年

D. 16—20 年　　E. 20 年以上

4. 您的专业职务（职称）（　）

A. 二级及以下　B. 中小学一级　C. 中小学高级及以上

5. 您现在的学历（含在读）（　）

A. 高中、中专或中师　B. 大专

C. 本科　D. 研究生（含教育硕士）

E. 博士研究生

6. 您的职务（　）

A. 校长　B. 副校长

C. 中层干部　D. 普通教师

7. 您所教的学段（　）

A. 小学　B. 初中

C. 高中　D. 其他

8. 您执教的学科（可多选）（　）

A. 语文　B. 数学　C. 外语

D. 物理　E. 化学　F. 生物

G. 道德与法治　H. 历史　I. 地理

J. 音乐　K. 体育　L. 美术

M. 技术　N. 科学　O. 综合实践活动

【题项】

一、课程意识和课程理解

1. 您是如何理解“课程”和教师角色定位的？（　）

A. 课程是法定的教育要素或知识，教师执行既定知识

B. 课程是儿童在教师指导下所获取的所有经验，师生共同创造、建构课程

2. 您对校本课程开发持什么态度？（　）

A. 主动参与　B. 被动参加

3. 您认为学校的课程资源是否丰富？（　）

A. 很丰富　　B. 一般　　C. 不丰富

4. 您认为参与校本课程开发有哪些好处？（可多选）（　）

A. 可以发挥自己的特长

B. 可以促进自己的专业成长

C. 可以增强学生动手解决问题的能力

D. 有助于培养学生的兴趣和爱好，给学生更多的课程选择权

5. 您通常使用哪些方法促进自己教学目标的达成？（可多选）（　）

A. 预习　　B. 提问　　C. 练习

D. 根据班级学生的水平，不断调整自己的教学任务

E. 根据教参所呈现的教学目标

F. 在上课一开始就告诉学生本节课的学习重点

6. 在教学内容的传递中，您常常采用的教学策略是？（可多选）（　）

A. 背诵记忆　　B. 实战演练

C. 通过案例、故事、推演等方式让学生理解相关内容

D. 通过一些问题让学生表达自己的观点

E. 告诉学生新旧知识之间的联系

F. 和学生交流一些学习方法和技巧

G. 根据班级学生的水平调整教学任务

H. 完全依据教科书来讲

7. 您如何看待评价的功能？（可多选）（　）

A. 可以反映学生的学习水平

B. 可以衡量教师的教学水平

C. 可以衡量学校的办学水平

D. 其他（请补充）______

8. 您认为考试的主要目的是？（　）（注意：单选题）

A. 诊断学生的学习，检验学生的学习结果

B. 了解学生知识掌握的情况，帮助学生改进学习

C. 为升学考试服务

D. 其他（请补充）______

二、建立愿景

1. 您参与学校愿景的讨论吗？（　）

A. 参与　　B. 不参与

2. 您对学校设定的愿景持什么态度？（　）

A. 接纳　　B. 无所谓

C. 反对　　D. 不了解

3. 您对学校课程愿景的形成过程有比较明确的了解吗？（　）

A. 有　　B. 没有

4. 在设定学校愿景的过程中，你们学校教师参与的程度？（　）

A. 全部　　B. 大部分

C. 少部分　　D. 没有

5. 学校在课程建设方面有明确的育人目标（　）

A. 很符合　　B. 比较符合　　C. 基本符合

D. 不太符合　　E. 不符合

6. 您觉得学校的育人目标与课程愿景相契合吗？（　）

A. 契合　　B. 不契合　　C. 不清楚

7. 校长对于学校的发展方向和愿景投入的精力如何？（　）

A. 投入精力很多　　B. 投入精力一般　　C. 没投入精力

8. 您觉得学校的课程愿景是否有利于促进学校的改革与发展？（　）

A. 有利于　　B. 不利于

三、构建共同体

1. 您所在的科室或教研组成员在一起分享教学经验吗？（　）

A. 总是　　B. 经常

C. 偶尔　　D. 从不

2. 学校层面组织的集体学习机会怎样？（　）

A. 总是　　B. 经常

C. 偶尔　　D. 从不

3. 您在课程教学中出现困难时，同事愿意帮助您一起解决吗？（　）

A. 总是　　B. 经常

C. 偶尔　　D. 从不

4. 您所在科室或教研组成员围绕某一问题展开讨论时，相互之间能够接受不同意见或批判性建议吗？（　）

A. 能接受　　B. 偶尔能接受

C. 不太接受　　D. 从不接受

5. 您获得荣誉时，有同事祝贺发生的概率是（　）

A. 总是　　B. 经常

C. 偶尔　　D. 从不

6. 您与搭班老师之间有没有出现过争夺教学时间的问题（　）

A. 有　　B. 偶尔　　C. 没有

7. 您教过的学生旷课与迟到早退现象发生的概率是（　）

A. 总是　　B. 经常

C. 偶尔　　D. 从不

8. 您和学生之间建立的师生关系是（可多选）（　）

A. 轻松和谐　　B. 紧张敌对

C. 友好信任　　D. 民主协商

9. 您了解学生的途径是（可多选）（　）

A. 与学生个别交流，聊天或谈心

B. 调查问卷　　C. 家访

D. 其他（请补充）______

四、课程开发

1. 您参与校本课程开发的情况？（　）

A. 独立开发　　B. 合作开发

C. 持观望态度　　D. 没有参与

2. 在课程开发前，您会向学生做相关的需要调查吗？（　）

A. 是的，经常做　　B. 很少做调查　　C. 不做调查

3. 请在您符合的单元格里打钩。

具体内容	很符合	比较符合	基本符合	不太符合	不符合
您能够根据自身特长独立自主地进行校本课程开发					
您在课程开发时能够围绕育人目标展开					
您在进行校本课程开发时，能够较好地进行目标设计、整体规划、内容架构、组织研讨、论证需求等					
您在课程开发过程中经常组织研讨和学习					
您的专业水平能够胜任学校课程开发的任务					

4. 您认为校本课程建设存在的困难是（可多选）（　）

A. 教师的专业能力不足

B. 课时难以保障

C. 学校管理层不够重视

D. 资源缺乏

E. 不算工作量，与职称也不挂钩，没有动力

F. 时间精力不够

G. 其他（请补充）______

5. 您希望在课程建设方面得到的帮助是（请按需求程度从高到低排序）（　）

A. 听专业知识讲座　B. 专家引领

C. 看其他学校和教师的典型示范

D. 政策支持　　　　E. 同伴支持

F. 参加课程编制方面的操作技术培训

G. 提供可供选择、丰富的课程资源

五、领导方式

1. 您所在学校的决策类型属于以下哪一种？（　）

A. 传统领导　　B. 民主领导

2. 您所在学校校长的关注点是通过完成任务来改善效果还是通过改

变文化的形态来达到优秀？（　）

A. 通过完成任务来改善效果

B. 通过改变文化的形态来达到优秀

3. 您所在学校的领导结构是校长领导还是团体领导？（　）

A. 校长领导　　　　B. 团体领导

4. 您个人的影响力是来源于自己所处的角色还是教师们的共同认可？（　）

A. 制度角色　　　　B. 教师口碑

5. 您所在学校课程决策的制定是单边领导层决定还是经过教师的共同讨论？（　）

A. 单边领导层　　　B. 教师共同参与

6. 您所在学校的组织结构是层级式的集权型还是共同体式的非集权化？（　）

A. 层级式的集权型　B. 共同体式的非集权化

7. 您所在学校推进课程改革是关注特定的目标还是关注教师的持续发展？（可多选）（　）

A. 关注特定的目标　B. 关注教师的持续发展

8. 您所在学校对教师的评价是侧重于技术的能力还是侧重于道德作用？（　）

A. 技术的能力　　　B. 道德作用

9. 您是如何看待学校给予的物质刺激的？（　）

A. 重要，正当的价值回馈

B. 不重要，提升自己的专业发展

10. 您是如何看待评估的？（　）

A. 定期检查很重要　B. 建立质量，减少检查

11. 您所在的学校校长的领导风格具有以下哪种特点？（　）

A. 秉持传统　　　　B. 勇于创新

12. 您认为学校常用的专业引领方式有哪些？（可多选）（　）

A. 理念指导式　　　B. 合作探究式　　　C. 内部生成式

D. 跟踪辅导式　　　E. 校际互带式

六、解决课程问题

1. 您所在学校校长参与学校课程与教学事务的时间是否充足？（ ）

A. 充足　　B. 一般　　C. 不充足

2. 您觉得校长对本校教师自身专业发展持什么样的态度？（ ）

A. 非常重视　　B. 比较重视　　C. 一般

D. 不重视　　E. 非常不重视

3. 当您投入精力专注于工作时会获得相应的晋升机会吗？（ ）

A. 会　　B. 不会

4. 请在符合您看法的单元格里打钩。

具体内容	完全不符合	基本不符合	基本符合	完全符合
校长作为组织的代表发言和行动				
校长认可下属的主体性和决策，能够接受不同意见，遇到问题不急不躁，游刃有余				
校长有效地展开说服和议论，表现出坚定的信念				
校长明确界定自己的角色作用，使下属胸有成竹				
校长积极地行使领导的作用，修身洁行				
校长重视下属的苦乐、福利、地位和贡献				
校长施加压力，强调控制和监督，以提高升学率				
校长具有正确地预见未来结果的先见之明				
校长能够维持组织的凝聚性和团结，解决成员之间的冲突和混乱				
校长能够同核心层保持密切关系，指导他们敬业乐群				

5. 您觉得校长在促进教师专业发展的举措上是否有力？（ ）

A. 有力可行，出台了很多支持教师专业发展的制度

B. 虽有举措但不切实际

C. 校长不过多干预，主要是教研组层面上的自觉行为

6. 您在专业发展的过程中是如何抓住机会的？（可多选）（ ）

A. 积极参与课程决策

B. 借助专家引领和同伴支持

C. 通过培训、学习和研讨等活动提升课程能力

D. 自觉开展课题研究、项目研究，在课程实践中积累经验和能力

E. 其他（请补充）______

7. 您觉得学校开展的教研活动在各种工作中的优先性是否明显？（　）

A. 明显　　　　B. 不明显

8. 您所感知的专业发展机会是否充裕？（　）

A. 充裕　　　　B. 不充裕

9. 您平均每月“针对某个专题的教学方法”进行交流的频率（　）

A. 无　　　　B. 1 次　　　　C. 2 次

D. 3 次　　　　E. 4 次　　　　F. 4 次以上

10. 您所在学校近年来是否进行过改革（　）（如果选 B 请跳过下一题）

A. 是　　　　B. 否

11. 您如何看待学校近年来的改革？（　）

A. 认同并积极参与

B. 不认同，但为了大局勉强参与

C. 不认同不参与

12. 您在课程实施前，通常采用哪些课程行为？（可多选）（　）

A. 能够把握新课程的精髓并将其运用到课程实践中去

B. 主动了解学生的兴趣、能力和经验，满足学生发展的需要

C. 根据课程目标的要求，围绕学生的全部经验，将国家课程和校本课程相联结，不断拓宽课程的内容

D. 在理解课程标准的基础上，努力结合地区和学校的实际，充分利用校内外的课程资源，优化课程结构，创造性地组织课程内容

13. 您在课程实施中，采用哪些教学方法和策略？（可多选）（　）

A. 灵活运用教学方法和策略激发学生的学习动机

B. 根据学科和学生的情况编排学习内容的顺序

C. 掌握各单元学习内容之间的关联

D. 整合各学习领域之间相关的学习内容

E. 运用现代科学和技术手段帮助学生学习和体验

14. 您在课程实施后，是如何进行课程评价和反馈的？（可多选）（ ）

A. 通过确立评量学生学习成就的标准与方式

B. 通过了解学生对课程内容掌握的真实情况

C. 利用评鉴结果改进教材内容

D. 其他（请补充）______

15. 您认为课程实施的阻力来自（可多选）（ ）

A. 教学理念跟不上

B. 学科素养有待提高

C. 对教材理解不深入

D. 学生能力不够

E. 资源支撑不到位

F. 考试压力大

G. 其他（请补充）______

16. 学校的课程变革对提高课堂教学质量的作用如何？（ ）

A. 有很大提高　　B. 有一定提高

C. 没有提高　　D. 不清楚

17. 课程变革对您的学生产生的影响是（可多选）（ ）

A. 激发了学生的自主性

B. 提升了学生的自信心

C. 增强了学生的表达能力

D. 增强了学生的思维能力

E. 增强了学生的探究能力

F. 增强了学生的思维能力

G. 无影响　　H. 其他（请补充）______

18. 您认为教师的课程领导力体现在哪些方面？（可多选）（　）

A. 过硬的专业知识和技能

B. 参与学校决策的制定

C. 和谐的人际关系

D. 课程开发能力

E. 反思性实践

F. 专业影响力

G. 其他（请补充）______

19. 您对课程标准如何分解是否具备相应的能力？（　）（如果没有，请跳过下一题）

A. 熟练掌握　　B. 掌握　　C. 一般

D. 不清楚　　E. 没有掌握

20. 您觉得对课程标准分解技术的掌握是否有利于提高您的教学效果？（　）

A. 有利于　　B. 不利于　　C. 不清楚

21. 您在课程教学过程中存在哪些困难？（可多选）（　）

A. 将国家课程方案转化成学校课程规划方案

B. 基于课程标准与学情研制学期或模块课程纲要

C. 基于内容标准编写单元或课时方案

D. 课程标准的分解技术

E. 国家课程校本化实施

F. 校本课程开发

G. 课程融合或整合

H. 其他（请补充）______

22. 您在课程教学中遇到的课程问题是采用什么方式解决的（可多选）（　）

A. 独立解决　　B. 专家指导　　C. 同伴互助

D. 校长引领　　E. 校际合作　　F. 其他（请补充）____

后　记

本书的直接来源是我主持的国家社会科学基金教育学一般项目“赋权增能视角下教师课程领导力研究”（课题批准号：BHA170128），该研究课题的主要结项成果即是这本凝结集体智慧结晶的图书，而书中两个章节的内容分别有幸被《新华文摘》纸质版及网络版全文转载。

本书是课题组全体成员共同努力的结果，具体分工如下：第一章《课程领导的本土化研究》由南京师范大学吴晓玲博士和江苏第二师范学院王艳博士共同撰写；第二章的《教师课程领导力的理论建构》以及第三章的《基于江苏教师课程领导力的调查研究》由本人撰写；第四章的《教师课程领导力是如何炼成的?》由吴晓玲博士撰写；第五章的《课程领导：学校特色发展的支点》，由徐州工程学院王坤教授撰写；第六章的《基于学校课程制度的教师课程领导力培育》由浙江师范大学韩月博士撰写；第七章的《教师课程领导力的提升策略和政策建议》由本人撰写1—3节、韩月博士参与撰写第4节。本人负责全书统稿。

在这里，特别感谢华东师范大学崔允漷教授对这项课题给予的关心、帮助和鼓励，并且再次于百忙中欣然作序，感激之情，无以言表。感谢王涛博士在数据分析与处理过程中给予的专业支持。本书的出版还得益于我原工作单位江苏第二师范学院对于国家级课题的配套资助，以及课题组秘书李佳莲老师的大力支持和周到服务。当然，基础教育专业领域专家以及江苏省锡山高级中学等基层实践单位的指点帮助，都是本书得以顺利完成的基础所在。

最后，特别感谢课题组全体成员的理解与支持。因为，2019 年，我调到江苏省哲学社会科学界联合会工作，从事科研的时间和精力大大减少，而课题组原有团队成员也发生了较大变化。在课题研究的中途，课题组新老成员的持续努力和付出是对我的最大鼓励。未来，愿与大家一道百尺竿头，继续深耕基础教育和教师教育领域，努力贡献微薄力量。

最后，特别感谢中国社会科学出版社出版本书，感谢责任编辑赵丽老师为本书付出了大量辛勤劳动，感谢王斌主任为本书出版所做的大量工作。凡此种种，在此一并谨致谢忱！

王淑芬

2023 年 11 月于南京